Standop / Meyer • Die Form der wissenschaftlichen Arbeit

Ewald Standop / Matthias L. G. Meyer

Die Form der wissenschaftlichen Arbeit

Grundlagen, Technik und Praxis für Schule, Studium und Beruf

Quelle & Meyer Verlag • Wiebelsheim

Prof. Dr. Matthias L. G. Meyer
Englisches Seminar der
Universität Kiel

Bibliografische Information Der Deutschen Bibliothek
Die Deutsche Bibliothek verzeichnet diese Publikation in der Deutschen Nationalbibliografie; detaillierte
bibliografische Daten sind im Internet unter http://dnb.ddb.de abrufbar.

18., bearbeitete und erweiterte Auflage 2008
© 1973, 2008, by Quelle & Meyer Verlag GmbH & Co., Wiebelsheim
www.verlagsgemeinschaft.com

Titelabbildungen: istock.com
Satz/DTP: Pro Image C. Drescher und J. Schüneman GbR, Marburg
Druck und Verarbeitung: Media-Print Informationstechnologie, Paderborn
Printed in Germany/Imprimé en Allemagne
ISBN 978-3-494-01437-1

Inhalt

Abkürzungsverzeichnis

Im Folgenden werden die in diesem Buch verwendeten Abkürzungen aufgelistet, soweit sie über das Verzeichnis der wichtigsten allgemeinen Abkürzungen in Anhang III hinausgehen; es handelt sich im Wesentlichen um solche aus dem EDV-Bereich.

AAP: Association of American Publishers

ANSI: American National Standardization Institute; alle Windows-Versionen benutzen den ANSI-Code, bei dem sich die Lage der Umlaute von den ASCII-Standards unter DOS und UNIX unterscheidet

ASCII: American Standard Code for Information Interchange; dieser Zeichencode ist nur bis zum 127. Zeichen international genormt; höherliegende Zeichen wie die deutschen Umlaute werden je nach gewählter Landes-Tastaturunterstützung und abhängig vom Betriebssystem unterschiedlich interpretiert

ATM: Adobe Type Manager

AWK: Programmiersprache zur Textdatenverarbeitung für alle gängigen Betriebssysteme; Akronym aus den Initialen der Entwickler Aho, Weinberger und Kernighan; siehe den Wikipedia-Artikel "AWK (programming language)"

dpi: dots per inch 'Punkte pro Zoll'

DR: *Duden: Die deutsche Rechtschreibung* (Kürzel bezieht sich auf die 24. Auflage, soweit nicht anders angegeben)

DTP: Desktop Publishing

EDV: Elektronische Datenverarbeitung

EPS: Encapsulated Postscript (Postscript-Datei innerhalb eines Dokuments; verbreitetes Grafikformat)

GIF: Graphics Interchange Format

HF: Hauptform (empfohlene Schreibweise eines Wortes gemäß DR)

HMI: Horizontal Motion Index

HP: Hewlett Packard

HTML: HyperText Markup Language

HTTP: HyperText Transfer Protocol

IPA: International Phonetic Association

IRV: International Reference Version (des ASCII-Kodes)

ISBN:	Internationale Standard-Buchnummer (engl. ISSN 'International Standard Serial Number')
ISO:	International Standardization Organisation
JPEG:	Joint Photographic Experts Group (weiterentwickelt von Luratech zu 'JPEG2000')
KB:	Kilobyte (1 KB = 1024 Byte; 1 Byte = 8 Bit)
LCD:	Liquid Crystal Display
MLA:	Modern Language Association
NF:	Nebenform (zulässige, aber nicht empfohlene Schreibweise gemäß DR)
OPAC:	Online Publications Access Catalogue
p:	Punkt (typografisches Maß; siehe Abschnitt 8.4)
PC:	Personal Computer ('Persönlicher Computer', nicht 'Personalcomputer')
PDF:	Portable Document Format (von Adobe entwickeltes, plattformübergreifendes Dateiformat für Dokumente)
Perl:	Practical extraction and report-generating language; sehr universelle, kostenlos verfügbare Programmiersprache für alle Betriebssysteme mit besonderen Stärken in der Dokumentbearbeitung und Verwaltung (siehe www.perl.com)
PS:	Postscript (von Adobe entwickelter Standard zur Beschreibung einer Druckseite)
RAK:	Regeln für die alphabetische Katalogisierung; man unterscheidet die RAK-WB (für wissenschaftliche Bibliotheken) und die RAK-ÖB (für öffentliche Bibliotheken)
RET:	Resolution Enhancement Technology (Verfahren zur Kantenglättung in Laser-Ausdrucken)
SGML:	Standardized General Markup Language
TIFF:	Tagged Image File Format
WWW:	World Wide Web
URL:	Uniform Resource Locator (Adresse von Web-Seiten)
WYSIWYG:	What you see is what you get (Übereinstimmung von Bildschirmdarstellung und Ausdruck)

Vorwort zur 18. Auflage

Mit der vorliegenden Neuauflage wurde ein deutlich größeres Papierformat gewählt, das nun eine Marginalienspalte ermöglicht, die eine wesentlich schnellere Orientierung auf jeder Seite erlaubt und damit vor allem Benutzern entgegenkommt, die das Buch als Nachschlagewerk benutzen. Neu ist auch die Hinzunahme der Farbe Blau zur besseren Abhebung von Beispielen und Tafeln. Der Index verweist nunmehr auf Seitenzahlen und nicht mehr auf Abschnitte. Der besonders häufig konsultierte frühere Anhang II "Das Wichtigste in Kürze" wurde zum neuen Kapitel 1 und dient als überarbeiteter Schnellüberblick über die wichtigsten formalen und inhaltlichen Regeln. Er hilft gerade Neulingen, die eine erste größere Arbeit zu bewältigen haben, die gröbsten Fehler zu vermeiden.

Für die 18. Auflage wurde der gesamte Text durchgesehen und auf den neuesten Stand gebracht. Ausführungen zur Schreibmaschine und zu Nadeldruckern, die bereits in den letzten beiden Auflagen stark gegenüber der elektronischen Texterstellung in den Hintergrund getreten waren, wurden nun gänzlich getilgt. Neu hinzugekommen bzw weitgehend neu geschrieben wurden insbesondere die Abschnitte zu Präsentationen mit praktischen Tipps (2.1.5), zu *Mindmapping*-Programmen (2.3.6), zum Umgang mit Tabellen und Grafiken (3.11 und 9.2(13)), zur Kommentarfunktion in Textverarbeitungsprogrammen (8.14) und zur Ermittlung eines gefälligen, professionellen Seitenlayouts (9.1).

Ewald Standop brachte wiederum Anhang II "Die häufigsten Schreib- und Stilfehler" auf den neuesten Stand. Die neue Fassung berücksichtigt die am 01. August 2007 in Kraft getretene Modifikation der Rechtschreibreform und nimmt auch zu Bastian Sick Stellung.

Zu ganz besonderem Dank verpflichtet bin ich diesmal Dr. Lutz Wittenmayer, der mir nach gründlicher und sachkundiger Lektüre der 17. Auflage ein ganzes Dossier mit hilfreichen Anregungen, Hintergrundinformationen und Korrekturen zur

Verfügung stellte, von denen viele berücksichtigt wurden. Insbesondere gehen auf seine Anregung und Lektüreempfehlung meine neuen Ausführungen zu einem gefälligen Satzspiegel in Abschnitt 9.1 sowie Hinweise zu Unicode- bzw OpenType-Schriften in Abschnitt 8.5 zurück.

Wertvolle Hilfe wurde mir auch durch Frau Kristina Liefke zuteil, die die Musterseiten 7 und 8 in Anhang I sowie die Formeln in den Abschnitten 4.11 und 9.1 beisteuerte und für die Neuauflage in TeX setzte. Von ihr stammt auch die neue Beispielseite in Abschnitt 8.14, die die Kommentarfunktion in Microsoft Word illustriert. Frau Janina Raschke verdanke ich die neue Balkengrafik, die Tortendiagramme sowie eine Vorlage für die Tabellen aus Abschnitt 9.1. Frau Liefke und Frau Raschke halfen auch bei der Aktualisierung der bibliografischen Beispiele, des Literaturverzeichnisses und der Querverweise. Herr Jan Wiebe hat die Verweise einer nochmaligen abschließenden Prüfung unterzogen. Frau Nicole Eschenburgs Durchsicht der Umbruchkorrektur der ersten drei Kapitel verdanke ich weitere Korrekturen.

Besonderer Dank gebührt auch dem Verlag Quelle & Meyer für die freundliche Unterstützung bei der Herstellung des neuen Manuskripts. Einige Tafeln, wie zB die Illustrationen zur Ermittlung eines perfekten Satzspiegels in Abschnitt 9.1 wurden vom Verlag nach meinen Vorgaben neu erstellt.

Nicht zuletzt danke ich meiner Frau Christine für ihre penible Durchsicht des gesamten Manuskripts, ihre Geduld und ihren Rat in zahlreichen Einzelfragen. Selbstverständlich bin ich für alle eventuell verbleibenden Mängel allein verantwortlich.

Kiel, im Oktober 2007
M. Meyer

Vorwort zur 17. Auflage

Für die 17. Auflage habe ich das Buch erneut durchgesehen und an vielen Stellen Detailverbesserungen bzw Korrekturen vorgenommen. Anhang III wurde wie bereits in der 15. und 16. Auflage von Ewald Standop überarbeitet. Besonderer Dank gebührt diesmal Frau Nicole Eschenburg von der Universität Kiel, die die 16. Auflage komplett durchsah und mir eine Reihe wertvoller Anregungen unterbreitete, sowie Frau Maike Timmann, die mir bibliografische Hilfe zuteil werden ließ. Dr. Margret Popp ließ mir eine Liste mit Korrekturvorschlägen zukommen. Prof. Dr. Klaus Adolphi von der Universität Köln verdanke ich Erläuterungen zur Schreibung und Bedeutung chemischer Nomenklaturen und Herrn Thorsten Wilkenings Ausführungen zum typografischen Punkt veranlassten mich, Abschnitt 7.5 ("Maße und Abstände") neu zu schreiben. Frau Rebekka Mösenfechtel verdanke ich zwei Korrekturen in den Musterseiten, die ich zum Anlass nahm, das Erscheinungsbild aller Musterseiten zu optimieren. Eine Überarbeitung größeren Umfangs erfuhr auch Abschnitt 8.2(11) zu PDF und Postscript. Für die 17. Auflage wurden zudem viele bibliografische Angaben (vor allem in den Kapiteln 5 und 6 sowie in der Bibliografie am Ende dieses Buches) auf den neuesten Stand gebracht. Auch allen, die mir Verbesserungsvorschläge oder Hinweise unterbreiteten und hier nicht namentlich genannt werden können, sei an dieser Stelle herzlich gedankt. Natürlich bin ich für die Umsetzung der Änderungen und Korrekturen allein verantwortlich.

Kiel, im März 2004
M. Meyer

Vorwort zur Taschenbuch- ausgabe mit Ergänzungen aus dem Vorwort zur 10. Auflage

Seit das vorliegende Bändchen in erster Auflage unter dem Titel *Die Form des wissenschaftlichen Manuskripts* erschien, hat es seine Funktion vollauf erfüllt. Es hat nicht nur den Studierenden bei ihren Seminar- und Prüfungsarbeiten als willkommener Leitfaden gedient, sondern auch Autoren, Herausgebern und Verlegern manche Entscheidung in Bezug auf konkurrierende Konventionen erleichtert. Dass mir hierbei meine Kenntnis der nach wie vor in allen Wissenschaftsbereichen vorbildlichen angelsächsischen Buchproduktion zustatten gekommen ist, bedarf keiner Frage. […]

Über den Wert des formal Korrekten und im äußeren Bild Ansprechenden einer wissenschaftlichen Arbeit kann man geteilter Meinung sein, und es soll ausdrücklich gesagt werden, dass es mir fern liegt, Äußerlichkeiten zu sehr zu betonen. Ich unterschreibe den treffenden Satz eines Rezensenten: "Die Studierenden sollen nicht basteln, sondern arbeiten." Aber gerade weil die Universität Formfragen ebenso wie Fragen des Stils höchstens am Rande berühren kann, erweist sich eine Anleitung wie die vorliegende als notwendig und praktisch. Die Regeln wollen als Vorschläge gewertet werden, so orthodox sie auch manchmal klingen mögen. Abwandlungen und Ergänzungen sind denkbar und für bestimmte Arbeiten sogar unvermeidlich.

Wer ein Buch dieser Art verfasst, ist zahlreichen Vorbildern und Vorgängern verpflichtet. Von den verschiedenen 'Style Sheets' amerikanischer Zeitschriften und Verlage wurde ebenso dankbar Gebrauch gemacht wie von einschlägigen deutsch- und englischsprachigen Standardwerken der Setz- und Drucktechnik. Auch von einigen deutschen Publikationen vergleichbarer Zielsetzung habe ich profitiert, doch geht hier der Einfluss eher in die umgekehrte Richtung. Man vergleiche:

Standop [1959]: "[Das Vorwort] ist sozusagen ein Begleitbrief, den der Verfasser seiner Arbeit mit auf den Weg gibt … Das Vorwort kann daher Persönliches enthalten … Im Vorwort finden Platz: Bemerkungen zur Entstehung der Arbeit, zB Hinweise auf besondere Schwierigkeiten …; Ausführungen über Sinn, Zweck, Umfang, Absicht, Grenzen der Arbeit; der Dank für Hilfe und Anregungen, die dem Verfasser zuteil geworden sind … Man beachte, dass kürzere Arbeiten … höchstens eine Vorbemerkung enthalten sollten."

Autor A [1964]: "Als persönlich gefärbter 'Begleitbrief' nimmt das Vorwort alle Ausführungen auf, die nicht in die Arbeit selbst gehören: Bemerkungen zur Entstehung der Arbeit, Hinweise auf besondere Schwierigkeiten, Absicht, Sinn der Arbeit, Dank für Hilfe und Anregungen, die dem Verfasser zuteil geworden sind."

Autor B [1973]: "Bei 'Vorbemerkung' und 'Vorwort' handelt es sich um zwei verschiedene Arten eines persönlich gefärbten 'Begleitbriefes' zu einer Arbeit … 'Vorworte' enthalten meist Bemerkungen über die Themenwahl sowie über Entstehung und Sinn und Zweck der Arbeit, über die Absicht der Verfassers, Hinweise über besondere Schwierigkeiten, Dank für Anregungen und Hilfen, die dem Verfasser zuteil wurden."

Weitere Beispiele ließen sich anführen. So nehme ich es amüsiert zur Kenntnis, dass Autor B sich offenbar in meine 'Präliminarien' aus Kapitel II verliebt hat, das Wort aber nur in Klammern zu setzen wagt und dafür als eigenen Terminus die 'Nichtausführungen zum Thema' erfindet. Der Benutzer meines Buches möge Verständnis dafür haben, dass ich unter diesen Umständen darauf verzichtet habe, eine Bibliografie mitzuliefern. Schließlich wollte ich auch keine wissenschaftliche, sondern nur eine praktische Darstellung der Form wissenschaftlicher Arbeiten geben.

ESt

1 Das Wichtigste im Schnellüberblick

Die Praxis hat gezeigt, dass dieses Buch besonders oft unter Zeitdruck konsultiert wird, dh zu einem Zeitpunkt, an dem der Rat suchende Verfasser einer wissenschaftlichen Arbeit bereits die wichtigste Literatur gefunden, studiert und oft auch bereits einen Rohentwurf fertiggestellt hat. In einer solchen Situation geht es darum, als Erstes die wichtigsten Regeln der formalen Gestaltung kennen zu lernen und dabei die häufigsten Fehler zu vermeiden. Wir stellen daher zunächst die wichtigsten Eckpfeiler der formalen Gestaltung und der inhaltlichen Konzeption in einer knappen Übersicht zusammen. Diese dürften auch dem Leser willkommen sein, der – etwa anlässlich einer größeren anzufertigenden Arbeit oder einer geplanten Publikation – zu einem gründlicheren Studium der vorliegenden Monografie bereit ist, aber zunächst eine Vorstellung davon gewinnen möchte, wie seine Arbeit aussehen wird, wenn er dem hier gegebenen Leitfaden folgt. Der Schnellüberblick wird ergänzt durch eine Reihe von Musterseiten in Anhang I, die die gegebenen Ratschläge illustrieren und eine sofortige ästhetische Beurteilung ganzer Druckseiten erlauben.

1.1 Formales

(1) Alle wissenschaftlichen Arbeiten (ausgenommen Zeitschriftenaufsätze, Protokolle und Thesenpapiere) sollten auf ein Titelblatt nicht verzichten, das mindestens den Titel, den Typ der Arbeit (Referat, Hausarbeit, Diplomarbeit, Zulassungsarbeit usw), den Namen des Verfassers, sowie Ort und Jahr der Abgabe, ggf. auch das Seminar oder der Kurs, im Rahmen dessen die Arbeit angefertigt wurde, enthält. Falls Ihnen die Form vorgeschrieben wurde, folgen Sie den Vorgaben; andernfalls können Sie den Musterseiten eine gefällige Vorlage entnehmen. Optisch besonders

Titelblatt mit zentriertem Text

günstig ist hierbei eine durchgehende Zentrierung. Abschnitt 3.3 gibt eine detailliertere Hilfestellung zur Herstellung eines gelungenen Titelblattes für die Fach- und die Seminararbeit.

Titelverzeichnis mit Dezimalzählung und Seitenangaben

(2) Ebenfalls unverzichtbar ist es, auch kürzeren Arbeiten ein Inhaltsverzeichnis mit Seitenangaben voranzustellen, das alle Gliederungstitel der Arbeit (nicht etwa nur die Ziffern) aufführt. Musterseite 4 in Anhang I enthält ein Beispiel für ein solches Inhaltsverzeichnis. In den meisten Fällen dürfte die Dezimalzählung (ohne abschließenden Punkt) die geeignetste Form der Abschnittszählung sein.

Zeilenabstand und Ränder

(3) Zu benotende Arbeiten (auch Diplomarbeiten, Zulassungsarbeiten und andere Arbeiten, die gebunden eingereicht werden) und Vorlagen für Zeitschriftenpublikationen sollten Zeilenabstand 1,5 für den Haupttext aufweisen; die Randeinstellungen sollten links 2 cm und rechts 4 cm (für Korrekturen) betragen. Empfehlungen zu den Randeinstellungen für eine gefällige Buchpublikation mit Kopfzeilen im A4-Format finden sich in Tafel 9.1d (s. Abschn. 9.1). Längere Zitate und Exkurse (weniger wichtiges Material oder Erläuterungen, die den Gang der Argumentation unterbrechen) werden als eingerückter Text mit einfachem Zeilenabstand, mit einem um 2 Punkt kleinerem Schriftgrad sowie mit einer halben Zeile zusätzlichem Durchschuss zum vorangehenden und folgenden Haupttext abgesetzt. Die Endfassungen von Protokollen können für die Vervielfältigung zur Raumeinsparung insgesamt mit engem Zeilenabstand und 2 cm Rand geschrieben werden.

Absatzkennzeichnung durch Erstzeileneinzug

(4) Absätze sind bei einer 12-Punkt-Schrift und Zeilenabstand 1,5 durch einen Einzug der ersten Zeile um 2 Geviert (ca 0,8 cm) zu kennzeichnen. Engzeiligen Text rücke man um ein Geviert (ca 0,4 cm bei 12 Punkt) ein. Alternativ kann man einen neuen Absatz auch durch eine vorausgehende halbe Leerzeile kennzeichnen, was jedoch nicht empfohlen wird. Einrückungen unterbleiben in diesem Fall ebenso wie unmittelbar nach abgesetzten Überschriften, zu Beginn eines abgesetzten Zitats (oder einer anderen Einschaltung) und bei Wiederaufnahme des Haupttextes

nach einer Einschaltung. Vermeiden Sie zu kleine Absätze, die etwa nur aus einem Satz bestehen (häufiger Fehler!).

keine zu kleinen Absätze

(5) Abschnittsüberschriften stehen linksbündig frei ohne abschließenden Punkt. Ansprechender als durch Unterstreichung lassen sich Überschriften durch größere Schrift und/oder durch größere Abstände zum laufenden Text absetzen. Für Hauptüberschriften kommt auch Fettdruck infrage. Abschnittstitel der untersten Ebene können, sofern sie sich jeweils auf nur einen Abschnitt von maximal einer Seite Länge beziehen, halbfett oder kursiv gesetzt und mit einem Punkt abgeschlossen werden, wobei dann in derselben Zeile weiterzuschreiben ist. Solche Abschnitte haben normalen Erstzeileneinzug (siehe Punkt (4)). Nehmen Sie nicht durch Pro-Formen (*dies, hiermit, dadurch* usw) auf Titel Bezug. Sporadische Ausnahmen bestätigen die Regel. Es heißt also etwa: 2.2.1 *Die politische Lage.* Über die politische Lage sind wir durch Quellen informiert …; nicht: 2.2.1 *Die politische Lage.* Hierüber sind wir …; Über diese sind wir … (falls die Wiederholung nicht auf andere Weise vermeidbar ist).

Überschriften auszeichnen

(6) Dezimalzählung der Abschnitte ist erwünscht, aber bitte (a) die Feingliederung nicht übertreiben und (b) logisch bleiben. Die Einleitung zu einem neuen Abschnitt steht ohne Zählung einfach unter der Überschrift des Abschnittes (es ist überflüssig, hierfür etwa 2.0 zu setzen). Wer A sagt, muss auch B sagen, also nicht 2.1, wenn nicht wenigstens ein 2.2 folgt.

Dezimalzählung

kein 2.1 ohne ein 2.2

(7) Abgesetzte Beispielsätze sind um 2–2,5 cm einzuziehen und, falls mehrere Zeilen umfassend, engzeilig zu schreiben. Identifikationsziffern stehen vor jedem Beispiel linksbündig in Klammern, zB

Umgang mit Beispielsätzen

(11)　　Er traf den Touristen mit der Kamera.
(15)　(a)　Sie beneideten ihn um seinen Erfolg.
　　　(b)　Wir neideten ihm seinen Erfolg.

Ein einleitendes 'zB' oder 'Beispiel:' gehört ans Ende der letzten Zeile des vorangehenden Haupttextes und wird selbst nicht abgesetzt (häufiger Fehler). Bemerkungen zu einzelnen Beispielen werden wie normaler Text behandelt und von Rand zu Rand durchgeschrieben, es sei denn, es handelt sich nur um eine kurze Bemerkung, die den Beispielen in Klammern hinzugefügt werden kann.

Auszeichnungen im Text

(8) Im Text integrierte Beispiele (auch ganze Sätze) werden kursiviert, ebenso Wörter und Wendungen, die als solche, dh als linguistische Formen diskutiert werden. Wichtige Begriffe u. dgl. nicht kursiv setzen, es sei denn, sie sollen besonders betont werden. Bedeutungsangaben stehen in einfachen Anführungszeichen, zB *book* 'Buch'. Man gehe sparsam mit doppelten Anführungszeichen um; sie sind im Wesentlichen für Zitate reserviert.

Auszeichnungen in bibliografischen Angaben

(9) Titel von Monografien und Zeitschriften werden kursiv gesetzt, Aufsatztitel stehen in normalen Anführungszeichen, auch in der Bibliografie. Vollständige bibliografische Angaben gehören nur in die Bibliographie und sind im laufenden Text nur in Ausnahmefällen notwendig; meist genügt eine Kurzreferenz (siehe Punkt (13)) oder ein Kürzel.

fremdsprachliche Ausdrücke und Denglisch

(10) Fremdsprachliche Ausdrücke, die dem eigenen Stil angehören, werden kursiviert. Sie sollten jedoch wo immer möglich durch deutschsprachige Ausdrücke ersetzt werden; dem sogenannten *Denglisch* sollte man aktiv entgegentreten. Es besteht kein Grund, von *Foldern*, *Files* oder einer *Mailmerge*-Funktion zu sprechen, wenn diese Ausdrücke ohne Präzisionsverlust durch 'Ordner', 'Dateien', bzw 'Serienbrieffunktion' wiedergegeben werden können. Man beachte, dass bei integrierten Fremdwörtern die Schreibung angeglichen wird, zB *Kurrikulum*, nicht *Curriculum*; *platzieren*, nicht *placieren*.

Die Vermeidung von Anglizismen ist nicht immer möglich, ohne eine gewisse stilistische Künstlichkeit nach sich zu ziehen. Man mag mit gutem Grund dort zögern, wo der englische Terminus nur durch eine wenig oder nicht etablierte Übersetzung vermeidbar ist (zB 'Mausmatte' für *mouse pad*, 'Internet-Zugriffsprogramm' für *browser*). Anstelle von einem *service point* sollte man aber ruhig von einem Informationsschalter sprechen. Ein gewisses stilistisches Gespür ist vonnöten, um auch strukturelle Übernahmen aus dem Englischen (unnötige Lehnübersetzungen) zu vermeiden. Hierher gehört zB *Die Kamera kommt mit einem Zeiss-Zoomobjektiv* (engl. *comes with*) für *Die Kamera wird mit einem Zeiss-Zoomobjektiv geliefert* oder *Das Verfahren wurde in 2006 zum Patent angemeldet* für *... wurde 2006 zum Patent ...*. Siehe hierzu auch die Anhangsabschnitte II.1.1.3 sowie II.5.7.

Die hier in früheren Auflagen propagierte Schreibung *Komputer* hat leider keinen Eingang in die Rechtschreibreform gefunden, wohl aber *-graf(ie)* für früheres *graph(ie)* in *Bibliografie, Orthografie, Bibliograf*. Die alten Schreibungen mit *ph* sind zwar noch zulässig, sollten aber nicht mehr benutzt werden.

(11) Handelt es sich bei Aufzählungen um längere Passagen (so wie hier), so sind wie hier normale Absätze zu bilden (keine hängenden Absätze mit herausgestellter Ziffer, weil dadurch ein breiterer Rand entstünde). Man vollführe keine Anordnungsexperimente, weder hier noch bei abgesetzten Beispielen (Punkt (7)). Werden Aufzählungspunkte '•' verwendet, sind hängende Absätze tolerabel, wenn die einzelnen Abschnitte der Aufzählung nicht länger als zwei bis drei Zeilen lang sind. Die Aufzählungspunkte sollten nicht aus dem Satzspiegel herausragen.

Aufzählungen

(12) Anmerkungen werden idealerweise als Fußnoten auf der betreffenden Textseite untergebracht, können notfalls jedoch auch ans Ende der Arbeit (aber vor die Bibliografie) gestellt werden. Die erste Zeile einschließlich der Fußnotenziffer wird wie ein normaler Absatz eingezogen; Folgezeilen sind wieder linksbündig auszurichten. Für Literaturangaben sind in der Regel keine Fußnoten vonnöten; siehe hierzu Punkt (13).

Fußnoten, Endnoten

(13) Literaturhinweise sollen in der Regel bereits im Text erscheinen (Fußnote überflüssig), und zwar in der Form: (Wilpert, 2001:338). Diese moderne Zitierweise (Harvard-Notation) verweist mit Hilfe des Autorennamens und der Jahreszahl auf den bibliografischen Eintrag am Ende der Arbeit; 338 ist die Seiten-

Literaturhinweise in Form der Harvard-Notation

angabe. Werden neben Sekundärwerken auch neuere Ausgaben älterer Primärtexte zitiert, die man nicht in Kurzform zitieren möchte, so kann man entweder Kürzel oder Siglen für die benutzten Ausgaben oder Texte einführen (zB RS für *The Riverside Shakespeare*; die Sigle sollte dann auch dem Bibliografieeintrag in eckigen Klammern vorangestellt werden oder einen Querverweis auf *Shakespeare* einleiten) oder ein konsequentes Mischsystem anwenden: Sekundärliteratur wird in Kurzform zitiert (Harvard-Notation), alle Primärtexte mit voller Referenz in Fußnoten.

Literaturverzeichnis

(14) Im *Literaturverzeichnis* erhalten die Einträge die Form hängender Absätze (Zeichensetzung beachten!). Folgezeilen sind dabei stets konstant (etwa 1 cm) einzuziehen, nicht etwa um die zufällige Breite des Autornamens. Im Englischen setzt sich die Kleinschreibung bei Titeln zunehmend durch (stets groß zu Schreibendes ausgenommen) und bedeutet eine Vereinfachung und damit eine Fehlerquelle weniger. Man benutze möglichst die jeweils neueste Auflage und achte bei der Angabe der Jahreszahl darauf, das erste Erscheinungsjahr der benutzten Auflage (nicht das von Nachdrucken!) anzugeben.

Baugh, Albert C. & Thomas Cable. ^{5}2002 [^{1}1951]. *A history of the English language*. London: Routledge.

Charon, Irène & Olivier Hudry. 2007. "A survey on the linear ordering problem for weighted or unweighted tournaments." *4OR: A quarterly journal of operations research* 5/1, 5–60.

Schmid, Beatrice. 1992. "Spanisch: Geschichte der Verschriftung." In: Günter Holtus & Michael Metzeltin & Christian Schmitt (Hgg.). *Lexikon der romanistischen Linguistik*. Bd. 3/1. Tübingen: Niemeyer, 414–427.

Zu den Besonderheiten, die für das Zitieren von Internet-Dokumenten gelten, siehe Abschnitt 6.10.5.

Literaturangaben, Ergebnisprotokolle

(15) Die zugezogene oder erwähnte Literatur ist für alle Arten von Arbeiten zu verifizieren und aufzuführen. Im Falle von Protokollen sind Ergebnisprotokolle, keine Verlaufsprotokolle

anzufertigen, dh die Arbeitsergebnisse des Unterrichts sind – gegebenenfalls neu gegliedert – zusammenzufassen, wobei der zeitliche Verlauf im einzelnen keine Rolle spielt. Die Protokollanten sollten die betreffenden Werke unbedingt einsehen und nicht notdürftig von ihrer Erinnerung oder von ihren unvollständigen Aufzeichnungen zehren.

(16) Tabellen, Diagramme und Abbildungen erfordern mindestens eine halbe Zeile Durchschuss zum vorausgehenden und nachfolgenden Text und erhalten praktischerweise jeweils eine eigene Tabellenüberschrift oder -unterschrift mit separater Zählung, so dass man sich im laufenden Text leicht auf sie beziehen kann. Man achte bei Tabellen besonders darauf, dass ihr linker Rand nicht unbeabsichtigt um etwa 2 mm aus dem Satzspiegel herausragt (häufiger Fehler, der durch die Voreinstellung mancher Textverarbeitungen hervorgerufen wird). Sofern nicht besondere Gründe dagegen sprechen, ist der Text in jeder Tabellenzeile vertikal zu zentrieren. Seitenumbrüche innerhalb von Tabellen sollte man möglichst vermeiden; ist dies nicht möglich, muss die Überschriftszeile der Tabelle auf der Folgeseite wiederholt werden (in den gängigen Textverarbeitungen automatisierbar). Siehe hierzu auch die Abschnitte 3.11 und 9.2(13).

Platzierung von Tabellen und Grafiken

Achtung: Unbeabsichtigt aus dem Satzspiegel herausragende Tabellen vermeiden!

1.2 Methodisches und Inhaltliches

(1) Nehmen Sie den Titel und ggf. Schwerpunkte, die durch den Untertitel gesetzt werden, ernst. Lautet ein Referatsthema etwa "Die Verbkomplementation in Grammatik X und Grammatik Y: Ein kritischer Vergleich", so ist der Schwerpunkt auf den kritischen Vergleich zwischen beiden Werken zu legen. Ziel einer solchen Arbeit ist es also nicht, getrennte Paraphrasen der einschlägigen Kapitel beider Werke zu geben, sondern Gemeinsamkeiten und Unterschiede zu erkennen und zu bewerten. Dies hat unmittelbare Auswirkungen auf die Gliederung, die problemorientiert und unabhängig von der Gliederung der bearbeiteten Werke sein sollte.

Titel beachten

keine Plagiate

(2) Vor Plagiaten sei ausdrücklich gewarnt (siehe Abschnitt II.6). Die Trennung zwischen eigenem Gedankengut und wörtlich oder sinngemäß Übernommenem erfordert stilistisches Geschick und ist trainierbar. Für den Leser muss an jeder beliebigen Stelle klar erkennbar sein, ob der Referent direkt spricht oder ob er fremde Ergebnisse wiedergibt. Quellen aus dem Internet sind genauso penibel anzugeben wie die gedruckte Literatur.

Farbe bekennen

(3) Beziehen Sie Position; weichen Sie einer eigenen Bewertung nicht aus. Lassen Sie den Leser mit einer Aussage wie "Autor A rechnet diesen Text zu den Novellen, während Autor B ihn als Roman einstuft" nicht allein. Sie sollten bei widersprüchlichen Darstellungen oder Bewertungen dem Leser sagen, zu welcher Position *Sie* neigen und/oder wie sich ein solcher Widerspruch auflösen lässt.

der Arbeit Profil geben

(4) Geben Sie Ihrer Arbeit Profil, dh arbeiten Sie bestimmte Problemkreise heraus, zu denen Sie glauben, etwas sagen zu können. Konzentrieren Sie sich lieber auf weniger Einzelphänomene, beleuchten Sie diese dafür aber um so gründlicher. Handelt es sich um einen Vortrag, so wird dieser dadurch wesentlich interessanter und ist für die Zuhörer leichter zu behalten.

Einleitung sinnvoll nutzen

(5) Nutzen Sie die Einleitung, um den Leser über Aufbau und Schwerpunkte Ihrer Arbeit zu informieren. Sagen Sie gleich zu Beginn, wenn Sie bestimmte Problemkreise zugunsten anderer nicht behandeln. Wenn Sie das Weggelassene kurz benennen, wird Ihnen niemand Unvollständigkeit vorwerfen (es sei denn, Sie lassen den für die Themenstellung zentralen Problemkreis weg).

Motiv für die Arbeit finden und anführen

(6) Finden Sie ein Motiv, weshalb Sie Ihre Arbeit schreiben und teilen Sie es dem Leser (am besten in der Einleitung) mit. Sie könnten zB anführen, dass (a) Probleme A und B zwar schon häufig diskutiert wurden, Problem C, dem Sie sich schwerpunktmäßig widmen wollen, hingegen nicht oder nur unzureichend berücksichtigt wurde (Forschungslücke); (b) ein Problem in der Forschung sehr umstritten ist und deshalb noch immer einer Klärung bedarf (Problematik des Themas); (c) erst kürzlich eine

aktuelle Publikation zu Ihrem Thema erschienen ist, die es zu bewerten gilt (Aktualitätsbezug); (d) Ihr Thema für bestimmte benachbarte Disziplinen von besonderer Wichtigkeit ist (Bedeutung des Themas) oder (e) dass Sie zu einem bestimmten Sachverhalt neue Erkenntnisse hinzufügen können oder durch neues Nachdenken eine bessere Lösung als die der eingesehenen Literatur anbieten können (eigener Forschungsbeitrag).

(7) Vermeiden Sie unnötige und unkorrekte Generalisierungen. Schreiben Sie also nicht "man unterscheidet ...", nur weil Autor XY dies tut. Schreiben Sie (mit Quellenangabe) "Autor XY unterscheidet ... (2007:67)".

keine unnötigen Generalisierungen

(8) Formulieren Sie zusammenhängenden Text und meiden Sie Telegrammstil und Stichpunkte (außer in Tabellen und bestimmten Aufzählungen). Bedenken Sie, dass die Hauptleistung einer wissenschaftlichen Arbeit in der eigenständigen Verknüpfung von Gedanken und Argumenten liegt und nicht in der bloßen Reihung derselben.

Telegrammstil vermeiden

(9) Gehen Sie kritisch mit allen benutzten Quellen um und überprüfen Sie möglichst viele Aussagen. Dies gilt in ganz besonderer Weise für Online-Dokumente, die oft nur ungeprüfte Informationen von Laien und/oder aus zweiter oder gar dritter Hand enthalten. Halten Sie sich vor Augen, dass Suchmaschinen professionelle Fachbibliografien nicht ersetzen. Ringen Sie sich zu einer eigenen Strukturierung Ihrer Arbeit durch, möglichst unbeeinflusst von den Vorgaben der Quellen.

sorgfältiger Umgang mit Quellen

(10) Muten Sie dem Leser keine Aussagen zu, die Sie selbst nicht verstanden haben. Sollte Ihnen eine Passage trotz intensiven Bemühens unverständlich bleiben, so sollten Sie entsprechende Kritik äußern, sofern Sie auf die Passage nicht ganz verzichten können. Gerade schwierige Aussagen oder Sachverhalte erfordern Ihren Kommentar und gerade hier sollten Sie den Leser nicht allein lassen.

Als Verfasser müssen Sie selbst hinter Ihren Aussagen stehen!

2 Zur Technik des wissen- schaftlichen Arbeitens

Norm für wissenschaftliche Arbeiten

Wissenschaftliche Abhandlungen dienen der Verbreitung wissenschaftlicher Erkenntnisse. Sie können in der klassischen gedruckten Form vorliegen, werden zunehmend jedoch auch online, dh in elektronischer Form veröffentlicht. Auch im Zeitalter des Internet bleibt die gedruckte Form jedoch das Maß aller Dinge, sodass die nachfolgenden Vorschläge zur Anlage und äußeren Form mit primärem Blick auf die Publikation in Druckform gemacht werden. Sofern für eine Online-Veröffentlichung das von der Firma Adobe entwickelte PDF-Format (,Portable Document Format') gewählt wird, ist die elektronische Veröffentlichung mit einer gedruckten Veröffentlichung gleichen Formats identisch, da das PDF-Format den genauen Satzspiegel und alle Formatinformationen ebenso genau festlegen kann und muss wie bei einer Reprovorlage. Gedruckte Arbeiten bzw erstklassige PDF- oder Postscriptvorlagen definieren das Ideal, nach dem sich auch kürzere und längere Arbeiten an Universität und Schule (Seminararbeit, Diplomarbeit, Zulassungsarbeit u.a.) zu richten haben. Vielfach erfolgt sogar die Veröffentlichung eines Werkes in Gestalt einer fotomechanischen Wiedergabe des Manuskripts oder der Autor hat eine fertige Satzvorlage (meist im o.g. PDF- oder Postscriptformat) zu liefern, sodass die Buchseite mit der Manuskriptseite identisch ist. Streng genommen stellt ein Computerausdruck kein Manuskript, sondern ein Typoskript dar. Da Manuskripte im wörtlichen Sinne jedoch kaum noch eine Rolle spielen, lässt sich die Bezeichnung ohne Bedenken auch auf Computerskripte übertragen.

2.1 Arten von Arbeiten

Vielfältig wie die Wissenschaft selbst und ihre Methoden sind naturgemäß auch die Arten und Formen der wissenschaftlichen

Arbeiten. Die wichtigsten sind die Einzeldarstellung in Buchform (Monografie), der Zeitschriftenartikel oder Aufsatz, die Präsentation, die Rezension, die kurze Notiz oder Miszelle und die Korrespondenz. Längere Arbeiten an Universität und Schule (Diplom- bzw Zulassungsarbeiten, Seminararbeiten u.a.) orientieren sich an den Vorgaben für Monografien. Nicht in allen Bereichen lassen sich fächerübergreifende Normen festlegen; eine mathematische Arbeit wird anders aussehen als eine sprachwissenschaftliche, eine juristische anders als eine medizinische; die Grundzüge der formalen Anlage werden sich jedoch ähneln. Sonderformen wie Bibliografien, Textausgaben, Wörterbücher, Tabellensammlungen usw verlangen natürlich eine zweckgebundene Gestaltung und müssen hier zunächst außer Betracht bleiben. Eine Zwischenform stellt der Essay dar, den man sich gewöhnlich ohne einen wissenschaftlichen Apparat von Fußnoten vorstellt. Es wäre gut, den Terminus für die kürzere, nicht erzählende Abhandlung zu reservieren, ohne wiederum zu übersehen, dass zB gerade der literaturkritische Essay ein typischer Grenzfall sein kann, der eine Brücke schlägt zwischen Wissenschaft und schöner Literatur. Weder von seiner Form noch von seinem Stil her kann jedoch 'Essayistisches' letztlich als wissenschaftliche Norm gelten.

Monografien, Aufsätze, Rezensionen, Diplomarbeiten u.a.

2.1.1 Dissertation und Prüfungsarbeit

Obwohl die Dissertation zur Erlangung des Doktorgrades eine Erstlingsarbeit ist, stellt sie doch auch als solche einen vollgültigen Forschungsbeitrag dar. Sie ist weder eine Prüfungs- noch eine Übungsarbeit und für ihr Gebiet ebenso wichtig (oder vielleicht unwichtig) wie jedes andere Werk. Zulassungs-, Magister- und Diplomarbeiten, deren Veröffentlichung nicht vorgesehen ist, tragen stärker den Charakter der Prüfungsarbeit. Geprüft werden soll die Fähigkeit des Verfassers, wissenschaftlich selbstständig zu arbeiten. Im Idealfalle entsprechen somit auch solche Arbeiten den an eine Dissertation gestellten Anforderungen. Sie können jedoch kürzer sein oder trotz einer gewissen Ausführ-

Dissertation, Prüfungsarbeit, Diplomarbeit, Magisterarbeit

lichkeit in geringerem Maße zum wissenschaftlichen Fortschritt beitragen, ohne deswegen weniger annehmbar zu sein.

2.1.2 Die Seminararbeit

Hausarbeit Das in den Seminaren und Übungen übliche 'Referat' wird am besten als wissenschaftliche Übungsarbeit angesehen. Es stellt den Bericht des Seminarmitgliedes über das Ergebnis der ihm im Rahmen des Seminars gestellten Aufgabe dar und kann durchaus wertvolle Erkenntnisse zutage fördern. Obwohl man sich oft mit einem mündlichen Vortrag begnügen wird, ist doch die schriftliche Fixierung und Durchformulierung einer solchen Arbeit wünschenswert. Die Anfertigung einer schriftlichen Hausarbeit ist jedenfalls eine unerlässliche Übung im Hinblick auf eine später zu bewältigende größere Aufgabe. Dass es dabei auch darauf ankommt, gerade die Technik der Darstellung zu erlernen und sich der in langer Entwicklung entstandenen konventionellen Formen zu bedienen, deren Sinn es ist, die Verständigung im Bereich der Wissenschaft zu erleichtern, darf nicht übersehen werden.

Vorbild Zeitschriften- aufsatz Als Vorbild einer meist in einem Semester zu bewältigenden Hausarbeit kann man den wissenschaftlichen Zeitschriftenaufsatz ansehen, sofern eine deutliche Stoffgliederung und die Mitlieferung einer Bibliografie zur Bedingung gemacht wird. Die erste Seite enthalte Titel, Verfassername, Datum der Anfertigung und Anlass der Arbeit (Thema und Semester des Seminars), die zweite unter 'Inhalt' die Stoffgliederung mit Seitenangabe für die einzelnen Kapitel und Abschnitte, und am Ende stehe auf jeden Fall eine Bibliografie. Beachtet man noch, dass die unter 'Inhalt' aufgeführten Kapitel- und Abschnittstitel unter allen Umständen innerhalb der Arbeit zu wiederholen sind, so sind damit die wichtigsten Erfordernisse genannt. Für viele Fächer gibt es an Schulen und Universitäten Richtlinien bezüglich der Länge, die eingehalten werden sollten. Werden nur ungefähre Seitenangaben gemacht, so sind diese häufig auf die Verwendung einer Times New Roman bei Zeilenabstand 1,5 bezogen. Über die Länge einer Seminararbeit lässt sich ansonsten nichts Allgemeingültiges sagen.

Länge der Seminararbeit

siehe 1.1(3)

Die Erfahrung lehrt, dass zehn Seiten schnell erreicht werden und dass Arbeiten von über 20 Seiten oft der Weitschweifigkeit verfallen und in diesem Sinne als zu lang gelten müssen.

2.1.3 Die Facharbeit

Sofern die Bundesländer (noch) eine Facharbeit fordern, haben sie hierfür ähnliche Anforderungen; für Bayern sind sie in der *Handreichung für den Englischunterricht in der Kollegstufe des Gymnasiums, 3. Folge* des Staatsinstituts für Schulpädagogik und Bildungsforschung, München, sowie in einer Anlage zum kultusministeriellen Schreiben vom 05.11.1990 niedergelegt. Nach den dortigen Richtlinien liegt der Umfang einer Facharbeit zwischen 10 und 20 Druckseiten mit 40 Zeilen pro Seite (Zeilenabstand 1,5) und damit im Rahmen einer universitären Seminararbeit, deren Niveau jedoch ausdrücklich nicht gefordert werden kann. Der Kollegiat soll zeigen, dass er in der Lage ist,

Anforderungen an eine Facharbeit

"ein gewähltes Thema klar zu erfassen und selbstständig zu bearbeiten, fachbezogene Denkweisen und Arbeitsformen anzuwenden, die zur Ausarbeitung erforderliche Literatur bzw das notwendige Material zu beschaffen, den Stoff sinnvoll zu gliedern, die Ergebnisse in angemessenem Umfang darzustellen, seine Ergebnisse sprachlich einwandfrei und für den Leser verständlich zu formulieren, richtig und einheitlich zu zitieren und der Arbeit eine korrekte äußere Form zu geben." ("Merkblatt zur Facharbeit", Anlage zum KMS v. 5. 11. 1990, S. 1)

2.1.4 Das Protokoll

Über das ideale Protokoll werden die Meinungen stärker auseinander gehen als über die ideale Hausarbeit. Man denkt zunächst gern an solche Protokolle, deren Aufgabe es ist, eine Diskussion oder eine Debatte möglichst wortgetreu wiederzugeben. In diesem Falle kämen Stenogramm- oder Tonbandwiedergaben dem Ideal am nächsten. Es ist unschwer einzusehen, dass Sitzungsprotokolle, wie sie in den Seminaren üblich sind, eine andere Zielsetzung haben müssen. Ihr Wert steht und fällt mit dem Nutzen, den

Ergebnisprotokolle statt Verlaufsprotokolle

die Seminarmitglieder oder andere Leser aus ihnen ziehen können, sodass sie eher die Form von Ergebnis- als von Verlaufsprotokollen haben sollten. Ergebnisprotokolle stellen höhere Anforderungen an den Verfasser, weil es nunmehr nicht mehr sinnvoll ist, sich hinter den Unzulänglichkeiten eines Referats oder einer Diskussion zu verstecken. Der Leser ist nicht an Sackgassen oder sonstigen Einzelheiten eines Sitzungsverlaufs interessiert, er möchte lieber Fakten und Ergebnisse sehen. Obwohl jeder Seminarleiter hierzu eigene Vorstellungen haben wird, dürften doch folgende Ratschläge für Ergebnisprotokolle brauchbar sein:

(1) In ein Protokoll gehören keine allzu persönlichen Schilderungen. Die Aufmerksamkeit des Lesers gebührt nicht den Referenten, sondern den diskutierten Thesen und Problemen. Der Name der Referenten wird zur Orientierung in knapper Form, etwa in Klammern, beigefügt.

(2) Man sollte möglichst ohne überflüssige Regiebemerkungen direkt zur Sache kommen. Statt des umständlichen Beginns:

Nachdem die Seminarleiterin darauf hingewiesen hatte, dass …, ergriff Frau X das Wort zu dem Thema 'Symbol und Allegorie.' Sie führte aus, dass die Definition dieser Begriffe aus mehreren Gründen schwierig sei …

bevorzugt man besser die sachliche Form und gibt dem Stoff eine angemessene Gliederung

0 Vorbemerkung
Die Begriffe 'Symbol' und 'Allegorie' sind aus mehreren Gründen schwierig zu definieren. Einerseits …
1   Symbol und Allegorie (Referentin: Sonja Weinert)
1.1 Schwierigkeiten der Definition [usw]

(3) Der Protokollant sollte sich nach Möglichkeit mit den Referenten in Verbindung setzen. Jede Zusammenarbeit kann in der Wissenschaft nur von Nutzen sein.

(4) Alle in der Sitzung nur angedeuteten oder unvollständig gebliebenen Literaturhinweise sind vom Protokollanten nachzuprüfen und zu vervollständigen. Er sollte auch sonstigen Hinweisen im Rahmen des Möglichen nachgehen und sich vor Augen halten, dass ein wortgetreues Protokoll ohne zusätzliche eigene Arbeit von geringem praktischen Wert ist.

(5) Auch einem Protokoll kann es nicht schaden, wenn ihm eine Gliederung vorausgeht und eine Bibliografie folgt.

Die Gliederung kann man mithilfe der Gliederungsfunktion moderner Textverarbeitungssysteme automatisch generieren lassen, sofern man alle Überschriften mit einer entsprechenden Formatvorlage eindeutig gekennzeichnet hat. Es werden dabei auch automatisch die korrekten Seitenzahlen eingefügt.

Tipp: Gliederungsfunktion nutzen

Wie weit der Protokollant sich über das in der betreffenden Sitzung Gebotene hinaus selbst um eine Lösung der Probleme bemühen soll, hängt von seinem Geschick, von der ihm zur Verfügung stehenden Zeit und von dem ihm erteilten Auftrag ab. Fügt er dem Protokoll Eigenes hinzu, was über eine zu erwartende Vervollständigung und Ergänzung hinausgeht – und daran sollte eigentlich niemand gehindert sein –, so sollte dies in einer Anmerkung geschehen, auf jeden Fall aber kenntlich gemacht werden.

2.1.5 Die Präsentation

In Schulen und Universitäten, aber auch im Geschäftsbereich werden Präsentationen mittels einschlägiger Präsentationsprogramme wie *Microsoft Powerpoint* oder dem kostenlosen *OpenOffice Impress* immer beliebter und ersetzen zunehmend den rein Thesenpapier- bzw. Overheadprojektor-gestützten mündlichen Vortrag. Auch in der Präsentation selbst muss man eine eigenständige wissenschaftliche Leistung sehen, sodass bezüglich der wissenschaftlichen Genauigkeit und Ehrlichkeit die gleichen Anforderungen gelten müssen wie bei schriftlichen Arbeiten. Da-

Präsentationsprogramm statt Overheadprojektor

rüber hinaus erfordern die interaktiven Möglichkeiten heutiger Präsentationsprogramme und die Flüchtigkeit der einzelnen Folien besondere Rücksicht auf das neue Medium:

Begrüßungsbildschirm

(1) Präsentationen sollten eine Eingangsfolie enthalten, die dem Titelblatt entspricht und mindestens Thema und Autor(en) enthält, ferner meist auch den Namen der Einrichtung, für die die Präsentation erstellt wurde.

Bibliografie

(2) Die letzte Folie sollte eine vollständige Bibliografie der benutzten Literatur enthalten, auch wenn die Bibliografie im Rahmen des Vortrags oft nicht gezeigt wird. Sie ist aber bei Rückfragen nach Quellen unerlässlich.

Gliederung voranstellen

(3) Anstelle eines regulären Inhaltsverzeichnisses mit Seitenangabe ist eine vorangestellte Gliederung des Vortrags meist sehr hilfreich, weil sie dem Zuhörer einen Leitfaden vermittelt, der es erleichtert, der Argumentation zu folgen. Die Angabe der Folienseiten (als Äquivalent zur Seitenangabe in Referaten) ist nicht erforderlich und kann sogar pedantisch wirken.

Überschriften

(4) Auch in Präsentationen sollte man auf Überschriften mit Dezimalzählung nicht verzichten, wobei Ausnahmen die Regel bestätigen. Man vermeide besonders eine zu starke Untergliederung; meist sind mehr als zwei Gliederungsebenen hier schon zu viel des Guten.

dezenten Hintergrund wählen

(5) Da ein weißer Hintergrund bei der Beamer-Projektion relativ grell wirkt, ist ein augenschonender, farbiger Hintergrund für alle Folien von Vorteil. Man verfalle nicht der Versuchung, aus dem meist großen Repertoire von Hintergrundbildern gleich mehrere in eine Präsentation zu integrieren. Man verwende allenfalls für den Begrüßungsbildschirm (die Titelfolie) einen eigenen Hintergrund; alle weiteren Folien sollten, von begründeten Ausnahmen abgesehen, den gleichen Hintergrund erhalten. Ein einfarbiger Hintergrund in einer zarten Pastellfarbe (zB ein blasses Gelb) eignet sich meist am besten. Die verwendete Schrift muss sich klar gegen den Hintergrund abheben. Hintergrundgra-

fiken, Muster und spektakuläre Farbübergänge lenken meist von
der Präsentation selbst ab und erzeugen, nachrichtentechnisch
gesehen, 'Geräusch im Kanal'.

(6) Man finde eine Balance zwischen einer Überfrachtung einzelner Folien mit zu viel Text und zu häufigen Folienwechseln.
Mehr als fünfzehn Zeilen Text pro Folie sollten die Ausnahme
bleiben. Als grobe Faustregel kann man davon ausgehen, dass
eine Schriftgröße von weniger als 22 Punkt bei einer Projektions-
diagonale von 1,5 Metern und einem Betrachtungsabstand von
fünf Metern oft als zu klein empfunden wird. Bei unbekannten
Projektionssituationen wähle man im Zweifelsfall eine deutlich
größere Hauptschrift (mindestens 26 Punkt). Umgekehrt fülle
man auch nicht Folien mit nur drei Zeilen übergroßem Text, weil
der dadurch notwendige häufige Folienwechsel dem Betrachter
die Möglichkeit nimmt, das soeben Besprochene noch eine Weile
zu betrachten oder es ggf. mit aktuellen Diagrammen, Beispielen
oder Thesen zu vergleichen. Zu häufiger Folienwechsel macht die
Präsentation unruhig.

Überfrachtung von Folien vermeiden

(7) Man kann zu häufigem Folienwechsel wirksam dadurch begegnen, dass man ein Informationselement erst in dem Moment
einblendet, in dem man es benötigt bzw bespricht. Neue Elemente
sollte man dabei möglichst zügig einblenden, da ein langsamer
Aufbau ebenso wie Textrotation und weitere Spielereien, die das
Animationsmenü der Präsentation anbietet, vom Wesentlichen
ablenken. Schlichte Folienübergänge ohne besondere Effekte sind
der Wissenschaft am zuträglichsten.

keinen zu häufigen Folienwechsel

2.2 Der Stil wissenschaftlicher Arbeiten

Wie man sich in einer wissenschaftlichen Arbeit ausdrückt, ist
nicht nur eine Sache des Geschmacks. Der wissenschaftliche Stil
ist sachlich und auf Präzision abgestellt. Weitschweifigkeit und
prätentiöses Aufbauschen sind unangebracht. Die Methode ist
nicht die der Überredung, sondern die des logischen Argumen-

tierens, beruhend auf Tatsachen und Schlussfolgerungen, auf Behauptung und Beweis, Darstellung und Zusammenfassung. Der berühmte Ausspruch von Georges-Louis Buffon "Le style est l'homme même" ist in erster Linie moralisch zu verstehen; siehe dazu Abschnitt II.5.5 über Jargon. Insgesamt ist der Stil eines Autors so eng mit seiner Persönlichkeitsstruktur verbunden, dass sich sein stilistischer Habitus nicht einfach durch Befolgung gut gemeinter Ratschläge, sondern allenfalls durch Übung und Nachahmung guter Vorbilder ändern lässt. Dennoch kann man die eine oder andere Ungeschicklichkeit vermeiden, wenn man einmal darauf hingewiesen worden ist. Diesem Ziel dienen die Anhangsabschnitte II.4 und II.5.

2.3 Arbeitsmethodik

Nicht nur die Themen der Arbeiten, sondern auch die jeweiligen Umstände, Voraussetzungen und Absichten, unter denen Arbeiten entstehen, sind zahlreich und unterschiedlich. Es kommt hinzu, dass jeder Forscher eine ihm gemäße Art und Weise des praktischen Vorgehens entwickeln muss, sodass Anregungen nicht allgemeingültig sein können. So mag zB ein Bibliografieprogramm für den einen ein Horror sein, für den anderen hingegen eine Selbstverständlichkeit und für den dritten eine unabdingbare Voraussetzung auf Grund seines gewählten Themas.

2.3.1 Das Thema

Der einfachste Fall ist der, dass der Dozent das zu bearbeitende Thema als Aufgabe oder Prüfungsarbeit kurzerhand stellt. Dann sollte man die Formulierung des Themas gut durchdenken, um eine 'Verfehlung des Themas' zu vermeiden. Wissenschaftlich beurteilt ist dieses Verfahren jedoch von zweifelhaftem Wert. Jedes gestellte Thema kann im Grunde nur ein vorläufiges Arbeitsthema sein, und der Verfasser muss selber zu einer endgültigen Formulierung seines Themas kommen dürfen, womit er natür-

Mitverantwortung des Autors für das gewählte Thema

lich auch allein die Verantwortung dafür übernimmt. Der Lehrer bzw Seminarleiter kann immer nur auf Probleme und bearbeitenswerte Gegenstände hinweisen; erst die fertige Arbeit wird jedoch zeigen, ob solche Hinweise berechtigt und fruchtbar waren. Auch wenn sich viele Themen in der gestellten Form für eine Bearbeitung eignen, kann man manchmal durch Erweiterungen, Einschränkungen oder sonstige Abänderungen eine bessere Fragestellung erreichen. Das entspricht auch am ehesten der Realität der Forschungssituation. Jedes fertig formulierte und unabänderliche Thema entfremdet den Verfasser von dieser Wirklichkeit und unterstützt die Neigung, einen Fehlschlag nicht sich selbst, sondern der Themenstellung zuzuschreiben.

Folgende Überlegungen sind geeignet, die Themenwahl zu erleichtern: Ist das Thema nicht zu weit gefasst? Kann es in der zur Verfügung stehenden Zeit und mithilfe der erreichbaren Literatur fertig gestellt werden? Ist das Thema nicht zu vage oder gar zu ätherisch? Womit wird man beginnen? Gibt es etwa ein bestimmtes Buch oder einen bestimmten Aufsatz, dessen Lektüre unabdingbar notwendig ist? Lässt sich das zu untersuchende Problem bereits näher umschreiben, und ergibt sich ein gewisser Plan schon fast von selbst? – Am besten ist es immer noch, einem konkreten Problem, auf das man gestoßen ist, nachzugehen. Themen im luftleeren Raum, dh solche, die ohne den unmittelbaren Kontakt mit dem eigenen Studium eher 'gesucht' als gewählt werden, erweisen sich bei der Bearbeitung oft als äußerst spröde. Ein gutes Kriterium für ein richtig gestelltes Thema besteht darin, dass man von vornherein deutliche Vorstellungen von den ersten Schritten hat, die man zu unternehmen gedenkt.

Überlegungen zur Themenwahl

In besonders gelagerten Fällen kann es notwendig sein, das Thema nicht nur abzuändern, sondern seine Bearbeitung gänzlich aufzugeben. Die Erfahrung lehrt jedoch, dass die Notwendigkeit hierzu weit seltener gegeben ist, als oft angenommen wird. Es ist bedauerlich, wenn umfangreiche Vorarbeiten vertan sind, weil der Bearbeiter glaubt, besser etwas gänzlich anderes unternehmen zu sollen. Gerade hier kann dann eine Abwandlung des Themas, eine Verlagerung des Akzents oder eine Veränderung

Wechsel des Untersuchungsgegenstandes

der Perspektive angezeigt sein. Selbst wenn sich herausstellt, dass etwa ein Dissertationsthema bereits von einem anderen bearbeitet wird, sollte man sorgfältig prüfen, ob nicht nahe liegende Ausweichmöglichkeiten bestehen, die eine Duplizität des Arbeitens verhindern, ohne dass ein gänzlicher Neuansatz notwendig würde. Es ist ratsam, an einem einmal gewählten Thema möglichst zäh festzuhalten. Letztlich entscheidet nicht das Thema, sondern sein Bearbeiter über Möglichkeiten und Qualität der Bearbeitung. Kein Thema ist so schlecht oder bereits derart gründlich bearbeitet, dass sich nicht mit Geschick und Ausdauer noch etwas Gutes und Förderliches daraus machen ließe.

2.3.2 Erste Orientierung

konkreter Ausgangspunkt hilfreich

Man gehe möglichst von einem konkreten Ansatzpunkt aus, der im Grunde bereits mit der Festsetzung des Arbeitsthemas gegeben sein sollte. Das kann die Lektüre eines bestimmten Buches sein, das kann die sofortige Aufnahme der Materialsammlung im engeren Sinne (etwa bei sprachwissenschaftlichen Arbeiten) sein, das können auch erste Orientierungen über Begriffe und Personen in größeren Nachschlagewerken sein. Man mache sich jedoch zur Regel, von vornherein Notizen von zweierlei Art anzulegen: erstens bibliografische Notizen und zweitens Notizen allgemeiner Art – eigene und fremde Gedanken –, und zwar letztere gleich unter einem vorläufig gewählten Stichwort.

Ringmappe für unterwegs

Es ist nicht jedermanns Sache, während der Recherche vor Ort (zB im Labor oder in der Bibliothek) immer ein Notebook mitzuführen; oft steht ein solches auch gar nicht zur Verfügung. In diesem Fall ist es praktisch, eine Ringmappe im DIN-A4- oder DIN-A5-Format mit sich zu führen, in die man vor Ort nachgeschlagene Informationen oder Zitate sowie gefundene bibliografische Titel sogleich notieren kann. Man trenne Bibliografisches von übrigen Notizen und zwinge sich, zu allem, was für die spätere Ausführung der Arbeit wichtig oder wünschenswert sein könnte, zumindest ein kurzes Stichwort aufzuschreiben. Manche guten Ideen, Impulse oder Details gehen verloren, weil man sie bis zur Rückkehr zum heimischen Rechner vergessen hat.

Natürlich kann man auch frühe oder unterwegs anfallende Notizen sofort einem mobilen Rechner anvertrauen, was Zeit sparen kann und eine schnelle Integration mit bereits Gefundenem oder Erarbeitetem ermöglicht. Als Werkzeug mag hierfür die eigene Textverarbeitung dienen (siehe 2.3.3), aber sie reicht oftmals nicht aus, wenn man umfangreiches Datenmaterial unter verschiedenen Kriterien ablegen und wieder finden möchte. In diesem Falle sollte man den zusätzlichen Einsatz eines Datenbankprogramms oder eines speziellen Textretrievalprogramms erwägen. Die Datenbank muss unter allen Umständen über eine leistungsfähige Schnittstelle zur verwendeten Textverarbeitung verfügen, wovon man insbesondere bei Datenbanken und anderen Anwendungsprogrammen, die zu einem sogenannten 'Office-Paket' wie dem kostenlosen, plattformübergreifenden OpenOffice gehören, ausgehen kann (auch wenn hier oft der Teufel im Detail steckt).

Notizen in der Textverarbeitung oder einer Datenbank

Office-Pakete

2.3.3 Das Exzerpieren

Es hat wenig Sinn und führt meist zu späteren Ärgernissen, wenn man meint, die einschlägige Literatur zunächst einmal durchlesen und auf sich wirken lassen zu sollen. Man erinnert sich hinterher an gewisse Stellen, die dann nur schwer wieder auffindbar sind. Es ist zweckmäßig, auffällige Thesen, überraschende Formulierungen und sonstige brauchbare Gesichtspunkte nacheinander wenigstens stichwortartig mit Seitenangabe zu notieren.

wichtige Stellen sofort notieren

Man notiert Exzerpte, indem man entweder den Inhalt einer Stelle mit eigenen Worten umreißt oder die Stelle wörtlich unter Verwendung von Anführungszeichen zitiert oder beide Formen miteinander verbindet. Wichtig ist dabei die eindeutige Verzeichnung der Quelle mit genauer Angabe der Seitenzahlen und den vorgenommenen Kürzungen, besonders wenn vielleicht das Buch später nicht mehr verfügbar ist. Die genauen und ausführlichen bibliografischen Angaben werden in der Bibliografie festgehalten – sicherheitshalber ohne Verwendung von Abkürzungen.

Was soll man notieren?

1 2 3 4 5 6 7 8 9 A I A II A III

Satanismus

Okkultorden O.T.O.

"Für die heutige Satanismusszene waren die Okkultorden des 19. und 20. Jahrhunderts die Ideenlieferanten. Als einflussreichster unter ihnen hat sich der O.T.O. ("Ordo Templis Orientis") erwiesen, der [...] den Agenten Theodor Reuß (1855–1923) und den Magier und Hexer Aleister Crowley zu seinen Mitgliedern zählte."

aus: Baunach, Klaus; Kurt Rommel. 1991. Religiöse Strömungen unserer Zeit. Eine Einführung und Orientierung. Stuttgart: Quell Verlag. 60.

Abbildung 2.3.3: Beispiel für einen Exzerptzettel

Das Stichwort *Satanismus* stellt den für eine eventuelle spätere Sortierung wichtigen Oberbegriff dar, *Okkultorden O.T.O.* hingegen das untergeordnete Schlagwort, das die zitierte Textstelle umreißt. Es ist ratsam, für die Schlag- und Stichwörter bereits Gliederungsgesichtspunkte der Arbeit zu verwerten, da erfahrungsgemäß jedes Ordnungsschema mit Überschneidungen und inhärenten Inkonsequenzen zu kämpfen hat. Sicherheitshalber arbeite man mit Querverweisen, zB unter *Okkultismus* siehe auch *Teufelskult*, und umgekehrt. Es genügen inhaltliche Zusammenfassungen mit eigenen Kurzkommentaren, wichtige Stellen zitiere man jedoch wörtlich, vergesse dabei aber nicht, ggf. den Übergang von einer Seite zur nächsten zu markieren, weil man später vielleicht nicht das ganze Zitat übernimmt und sich damit das Verifizieren der genauen Seitenzahl erspart. Auslassungen werden durch drei Punkte in eckigen Klammern bezeichnet.

Gliederungsgesichtspunkte, Querverweise

zentrale Stellen wörtlich notieren

Auslassungen

Wer ein Notebook besitzt, hat die Möglichkeit, in der Bibliothek alle bibliografischen Angaben und sonstige Notizen sofort in eine Datei zu schreiben, der man einen möglichst sprechenden Namen geben sollte. Die Bibliografie sollte man, sofern man sie nicht gleich mit einem professionellen Bibliografieprogramm wie zB *Endnote* erfasst (siehe Abschnitt 2.3.5), in einer eigenen Datei festhalten, die man nach jeder Erweiterung leicht automatisch sortieren kann. Es dient der Datensicherheit und beugt einem versehentlichen Überschreiben neuerer Daten durch ältere vor, wenn man Datum und Uhrzeit der letzten Überarbeitung in einer auf jeder Seite wiederholten Kopfzeile vermerkt. Auf diese Weise kann man auch veraltete Ausdrucke leicht von aktuellen unterscheiden.

Kopfzeile mit Datum in Manuskriptdateien

2.3.4 Arbeitsnotizen: Konventionell und elektronisch

Sofern man bei der Recherche (etwa in der Bibliothek) kein Notebook oder einen noch kleineren mobilen Rechner (zB ein 'Subnotebook' oder einen sogenannten 'Handheld', dh einen Miniaturrechner) zur Verfügung hat, der die sofortige elektronische Speicherung aller Ergebnisse vor Ort ermöglicht, kann es sich auch im EDV-Zeitalter noch lohnen, eine Arbeitsmappe anzulegen und sie zu unterteilen in 'sofort' und 'später.' Dort wird alles das eingetragen oder in Form von Computerausdrucken eingeheftet, was sich im Augenblick nicht erledigen lässt und den Gang der Arbeit stören würde, zB 'Abschnitte zur Absatzplanung in Wöhe & Döring, *Einführung in die allgemeine Betriebswirtschaftslehre,* nachlesen' oder 'Wöhe & Döring, *Einführung in die allgemeine Betriebswirtschaftslehre:* [21]2002 = neueste Auflage?' Bei Rechnerunterstützung vor Ort kann man solche Stichpunkte sofort einer speziell für die strukturierte Ablage vielfältiger Notizen und Daten optimierten Software oder schlicht in einer Textverarbeitungsdatei (zB Magisterarbeit-unerledigt.doc) festhalten, deren Inhalt mit Datum nach Bedarf ausgedruckt und während der Recherche mitgeführt werden kann. Man hebe Auszuformulierendes und Einzuarbeitendes durch eindeutige Zeichenfolgen an Ort und Stelle optisch hervor, etwa in der Form:

Prioritäten setzen: 'sofort' versus 'später'

… (vorausgehender Text)
!!!!!!!!!BEGRIFF ‚CONNECTIONISM' KLÄREN!!!!!!!!!!!!
!!!!!!!!!DEFINITON EINARBEITEN!!!!!!!!!!!!!!!!!!!!!!
… (nachfolgender Text)

Das Erledigte wird jeweils abgehakt oder aus der Datei gelöscht, sodass am Ende die Zeichenfolge '!!!!' nicht mehr vorkommen darf (maschinell leicht zu überprüfen). Für die Einträge besser keinen allzu sparsamen Telegrammstil benutzen: es passiert allzu leicht, dass man später seine eigenen Notizen nicht mehr durchschaut!

Wer umfangreiche Notizen zu verwalten hat, kann auf einschlägige Datenbankprogramme zur Volltextverwaltung zurückgreifen. Vielfach genügt jedoch auch ein einfacheres Spezialprogramm zur strukturierten Ablage von formatierten Notizen und Daten unterschiedlicher Art; Windows-Nutzern sei hier das Freeware-Programm *Scribble Papers* von Jens Hötger empfohlen, das eine hierarchische Strukturierung aller Notizen und ihre einfache Übernahme in die Textverarbeitung erlaubt und die Daten auf Wunsch verschlüsseln kann.

2.3.5 Bibliotheksbenutzung

Wer an einer Arbeit schreibt, die intensive Literaturrecherchen erforderlich macht, dem sei Rupert Hackers *Bibliothekarisches Grundwissen* (siehe Bibliografie) ans Herz gelegt. Neben Fragen, die die Organisation der Bibliotheken insgesamt betreffen (Signierwesen, Fernleihe, Auskunftsdienste u.a.) werden vor allem die wichtigsten Regeln für die alphabetische Katalogisierung (RAK; siehe hierzu auch Abschnitt 6.3) und die Regeln zum Aufbau des Schlagwortkatalogs behandelt. Einige Tipps und Informationen für den wissenschaftlichen Autor werden jedoch auch in diesem Abschnitt gegeben.

Man suche nicht sofort sein Heil in der Fernleihe, wenn man die am Ort vorhandenen Werke zum eigenen Thema nicht wenigstens grob gesichtet und zumindest kursorisch studiert hat. Man mache sich zunächst einmal mit der örtlichen Kollegstufen-, Teil- und/oder Universitätsbibliothek und den dort vorhandenen Möglichkeiten vertraut. Bei den heute weitreichenden Möglichkeiten der Literaturbeschaffung erhebt sich, besonders für kürzere Arbeiten wie zB Seminararbeiten, die Frage: 'Was lese ich alles nicht?' Die Literaturbeschaffung sollte daher Hand in Hand mit der Anlage einer Bibliografie und einer Grobgliederung vonstatten gehen. Im Folgenden werden zwei Wege aufgezeigt, wie man unter Zuhilfenahme der EDV eine Bibliografie aufbaut.

(a) Textbasierte Datenbank mit Steuerkodes. Tafel 2.3.5 zeigt eine einfache und flexible Methode, sich eine EDV-gestützte Bibliografie in Form einer Datenbank aufzubauen.

Tafel 2.3.5: Bibliografische Daten in einer Literaturdatenbank

@ah *Bergner, Heinz (Hg.)
@ja 1985
@ti The Canterbury Tales – Die Canterbury Erzählungen
@or Stuttgart
@ve Reclam
@re Universal Bibliothek Nr. 7744
@is 3 15 007744 3
@si B CHA 160 2
@da <file://C:\text\MiddleEnglish\Canterbury-Quotes.doc>
@ko Enthält nur ausgesuchte Erzählungen; Man of Law's Tale fehlt; Übersetzungen in Prosa; ausführliche Einleitung, Zeittafel, Erläuterungen

Die hier gezeigte Methode einer Titelerfassung ist mit jedem einfachen Editor möglich und daher an kein spezielles Softwareformat oder Betriebssystem gebunden. Jeder Angabe geht eine durch '@' eingeleitete Kodierung voraus, wobei hier *@ah* 'Autor bzw Herausgeber', *@ja* 'Jahr', *@ti* 'Titel', *@or* 'Ort', *@ve* 'Verlag', *@re* 'Reihe', *@is* 'ISBN-Nummer', *@si* 'Signatur', *@da* 'Datei(en)' (Link zu zugeordneten Dateien in beliebigem Format) und *@ko* 'Kommentar' bedeuten. Da es sich um eine reine Textdatei handelt, kann jedes Feld (und somit vor allem der Kommentar) beliebig lang sein. Sofern der benutzte Editor das Verlinken von Dateien und Internetadressen unterstützt (wie zB der kostenlose Notetab Light), können aus einer solchen Datenbank auch weitere Dateien per Mausklick aufgerufen werden. Mithilfe spezieller Werkzeuge wie zB Perl oder AWK (beides *Public-Domain*-Softwarepakete, die inzwischen für alle gängigen Betriebssysteme verfügbar sind) kann hieraus auch die Bibliografie der Arbeit (ohne erneute Abschreibfehler) nach jeder gewünschten Vorgabe generiert werden, wobei sich sowohl einzelne Datensätze als auch einzelne Felder anhand der Kodierung auswählen lassen. Das Kodierungssystem lässt sich bequem den eigenen Bedürfnissen anpassen und kann gut in fremde Formate umgesetzt werden.

(b) Nutzung kommerzieller Bibliografieprogramme. Wer mit besonders vielen Quellen arbeitet oder den Aufbau einer oder mehrerer größerer Literaturdatenbanken plant, deren Daten möglichst einfach und schnell in die Textverarbeitung übernommen werden, kann die Anschaffung eines professionellen Bibliografieprogramms erwägen. Zu den bekanntesten kommerziellen Programmen gehören hier Endnote, Reference Manager, ProCite und Citavi. Endnote (das hier nur exemplarisch herausgegriffen wird), bietet u.a. folgende Möglichkeiten:

Bibliografie-programme Endnote, Reference Manager, ProCite, Citavi

besondere Fähigkeiten von Bibliografieprogrammen

- Literaturrecherche in Online-Datenbanken wie zB *Web of Science, Ovid, PubMed, Library of Congress* sowie auf CD-ROMs über definierte Schnittstellen, die es erlauben, die gefundenen Titel automatisch in strukturierter Form in die eigene Datenbank zu übernehmen;
- vielfältige Sortiermöglichkeiten nach Autor, Titel, Jahreszahl oder weiteren Feldinhalten;
- leichtes Einfügen bibliografischer Daten während der Dokumenterstellung;
- automatische Erstellung eines Literaturverzeichnisses in der eigenen Textverarbeitung mit allen Titeln, die im laufenden Text zitiert wurden, wobei das Format der bibliografischen Einträge aus einer Vielzahl von Vorlagen gewählt oder selbst definiert werden kann;
- Zuordnung von ganzen Dokumenten (zB heruntergeladene Zeitschriftenaufsätze im PDF-Format), Grafiken und Notizen zu einem bibliografischen Eintrag, sodass zB mit einem Mausklick der lokal gespeicherte Volltext zu einer bibliografischen Angabe angezeigt werden kann;

- Unterstützung von Unicode, sodass auch die Verwaltung fremdsprachiger Titel mit Sonderzeichen keine Probleme bereitet.

Unabhängig davon, für welche Methode des Bibliografierens und der Literaturbeschaffung man sich entscheidet, erweist es sich meist nicht als zweckmäßig, gleich zu Beginn die gesamte Arbeitsleistung hierauf zu verwenden. Es ist besser, das vorhandene Material gründlich zu nutzen, als schon in einem frühen Stadium Publikationen nachzujagen, von denen vielleicht das Heil der Arbeit gar nicht abhängt. Die Beschaffung der Literatur erfolgt nach und nach. Bei der heutigen Massenproduktion von Schrifttum ist die Vollständigkeit in vielen Bereichen eine Illusion geworden, womit nicht gesagt werden soll, dass das wirklich einschlägige Schrifttum nicht nach wie vor zugezogen werden müsste.

Wie bereits die Erläuterung professioneller Bibliografieprogramme gezeigt hat, kann sich Literaturbeschaffung heute meist nicht mehr auf die Benutzung einer Seminar- oder Universitätsbibliothek beschränken. Elektronische Medien sind auch in diesem Bereich stark auf dem Vormarsch und ersetzen zunehmend gedruckte Bibliografien wie zB die der *Modern Language Association* (MLA) oder die *Bibliographie Linguistique* (letztere auch online unter http://www.ilx.nl/blonline/searchfields1.htm). Dennoch bietet die Bibliothek vor Ort das am schnellsten erreichbare Schrifttum, sodass man sich auf die folgenden Recherchewege einstellen sollte:

(1) **Lokale Online-Kataloge.** Alle Universitätsbibliotheken sind heute mit einer eigenen Homepage im Internet vertreten, über die sie auch Zugang zu ihrem OPAC-Katalog ('Online Publication Access Catalogue') gewähren, der für Recherchezwecke von jedermann genutzt werden kann (dh man muss keinen Benutzerausweis besitzen). Registrierte Benutzer können unter ihrer durch Passwort geschützten Benutzernummer zudem Bücher und Kopien von Zeitschriftenaufsätzen online bestellen und diese dann in ihrer lokalen Universitätsbibliothek abholen.

OPAC-Katalog

Die einzelnen Kataloge deutscher Bibliotheken haben leider noch keine einheitliche Oberfläche und unterscheiden sich bezüglich der Leistungsfähigkeit der eingesetzten Abfragesoftware. Manche Systeme gestatten es, über die Angabe sogenannter *Wildcards* (dh Zeichen, die stellvertretend für beliebige Textteile stehen) auch Autoren und/oder Titel zu finden, deren Schreibung nicht exakt bekannt ist. Oft kann man auch einzelne Suchkriterien kombinieren und zB nur nach Büchern eines Autors XY suchen, die ab 2006 im Verlag YZ erschienen sind. Vielfach kann man die gefundenen Titel auch ausdrucken (meist gegen Gebühr) oder auf den eigenen Rechner oder (in der Bibliothek) den eigenen *memory stick* herunterladen, sodass man alle Daten in Ruhe zu Hause durchgehen und ggf. weiterverarbeiten kann.

Bibliografien und Datenbanken auf CD-ROM

(2) DVD- und CD-ROM-Datenbanken. Viele wichtige Bibliografien wie zB die der *Modern Language Association* (MLA), *Books in Print* (BIP), oder das *Verzeichnis lieferbarer Bücher* (VLB) sind heute auf CD-ROM und/oder DVD verfügbar. Viele von ihnen sind auch online zugänglich und können, wenn die Lizenzbedingungen dies erlauben, auf jedem an das Universitätsnetz angeschlossenen Rechner zur Verfügung gestellt werden. Der leichte und schnelle Zugriff zB auf mehrere Jahrgänge gedruckter Bibliografien machen einschlägige Datenträger sehr populär; zudem werden sie auch wesentlich häufiger aktualisiert als gedruckte Bibliografien. Neben den bibliografischen Einzelangaben (Autor, Jahreszahl, Titel, Ort, Verlag, ISBN-Nummer) kann auch nach bestimmten Sachgebieten (zB 'Historical Linguistics') gefragt werden. Selbstverständlich besteht auch hier die Möglichkeit des sofortigen Ausdruckens oder Abspeicherns (zB auf einem *memory stick*). Leider enthalten nicht alle Formate eindeutige oder sprechende Kennungen für die einzelnen bibliografischen Angaben, sodass die für die eigene Bibliografie gewünschte Endform oft nur mit größerem Aufwand herstellbar ist. Können die Daten nicht automatisch in ein einschlägiges Bibliografieprogramm übernommen werden und möchte man die entsprechenden Daten nicht aufwendig manuell in der Textverarbeitung nachbearbeiten, so empfiehlt sich der Einsatz spezieller Software-Werkzeuge wie zB Perl oder AWK, die ein maschinelles Zusammenfassen der einzelnen Einträge, ein automatisches Umstellen der Einzelangaben (zB Jahreszahl sofort nach dem Autor), die Eliminierung von Textteilen (zB der Sachgebietsangaben oder der ISBN-Nummer), die Ergänzung der Interpunktion (zB Anführungszeichen für Aufsatztitel, Doppelpunkt zwischen Ort und Verlag) und schließlich die Kursivierung der Titel und die Sortierung der Einträge maschinell erledigen können (zumindest dann, wenn die Daten auf der CD-ROM nach einer einheitlichen Struktur erfasst wurden). Literatur, die lokal nicht vorhanden ist, kann (meist ebenfalls online) per Fernleihe bestellt werden.

(3) **Internetrecherche und Verbundkataloge.** Für umfangreiche Recherchen sehr nützlich sind auch die überregionalen Verbundkataloge, wie zB der Norddeutsche Bibliotheksverbund (http://gso.gbv.de/), der Südwestdeutsche Bibliotheksverbund (http://swb.bsz-bw.de) oder der Bayerische Verbundkatalog (http://bvba2.bib-bvb.de). Ein enormer Bibliotheksbestand wird durch den OPAC der *British Library* (http://blpc.bl.uk/) erschlossen. Gegen Gebühr kann man sich von dort auch Kopien von Aufsätzen per Post, Fax oder E-Mail zuschicken lassen. Auch deutsche Universitätsbibliotheken bieten einen vergleichbaren Service.

Internetrecherche, Verbundkataloge

Online verfügbar ist auch das Verzeichnis lieferbarer Bücher, das in einer kostenpflichtigen Version über http://mvb-vlb.de/default.asp und in einer kostenfreien Version über die Homepage des deutschen Buchhandels (www.buchhandel.de) abgefragt werden kann. Einen recht hilfreichen Überblick über bibliografische Recherchemöglichkeiten im Netz bietet die Seite www.biblint.de von Dr. Michael Mandelartz (mit germanistischem Schwerpunkt). Führen all diese Suchmöglichkeiten nicht zum gewünschten Erfolg, kann man für einzelne Titel oder Sachgebiete schließlich auch eine der großen (Meta-)Suchmaschinen im Internet (zB www.metager.de, www.alltheweb.com, www.google.de, oder http://de.altavista.com) bemühen, die Daten auf indizierten In-

VLB, Suchmaschinen, Copyright

ternetseiten aufspüren können und dem Benutzer damit auch von privater Hand erstellte Bibliografien zugänglich machen. Diese Suchmaschinen erschließen zudem einen nicht unerheblichen Teil des gesamten Internets. Alle verfügbaren Dokumente können auf den heimischen Rechner kopiert und dort gesichtet, gedruckt oder weiterverarbeitet werden. Man achte jedoch auf das Copyright, dem die einzelnen Inhalte unterliegen.

Online-Datenbanken

Volltextdatenbank

(4) Online-Datenbanken. Immer häufiger können Aufsätze von Zeitschriften, die am jeweiligen Bibliotheksstandort besonders wichtig sind, über eine Volltextdatenbank sofort heruntergeladen bzw ausgedruckt werden; meist werden sie in Form eines PDF-Dokumentes zur Verfügung gestellt. Da die Lizenzgebühren für kommerzielle Datenbanken zum Teil beträchtlich sind, erkundige man sich, ob die Bibliothek vor Ort die gewünschte Datenbank lizensiert hat bzw über welche Bibliothek ein solcher Zugang möglich ist. Beispiele für Online-Datenbanken sind:

(a) ARTStor, die ca eine halbe Million Aufnahmen aus den Bereichen Kunst, Architektur und Archäologie enthält,

(b) die Volltextdatenbank LexisNexis, die umfangreiche Informationen aus den Bereichen Wirtschaft, Rechtswissenschaften und Presse bereitstellt,

(c) das STN ('The Scientific and Technical Information Network'), das in Deutschland über das Fachinformationszentrum Karlsruhe (www.stn-international.de) angeboten wird und als Gateway zu einschlägigen Datenbanken aus dem technisch-naturwissenschaftlichen Bereich fungiert.

Zettelkatalog

(5) Zettelkatalog. Der Zettelkatalog ist der mühsamste Weg der Literatursuche und ist nur noch dann sinnvoll und erforderlich, wenn etwa ältere Bestände einer Bibliothek nicht oder nicht vollständig in den Online-Katalog übernommen wurden. Über die Verbundkataloge wird heute auch ein Großteil der älteren Fachliteratur elektronisch erschlossen, sodass im lokalen Zettelkatalog nur noch ergänzend recherchiert werden muss. Man versuche sich die Arbeit so einzuteilen, dass mehrere Titel auf einmal nachgeschlagen werden können und erfasse alle notwendigen bibliografischen Angaben vollständig (und zwar stets einschließlich der Signatur, selbst wenn man meint, das Buch derzeit nicht oder nicht mehr ausleihen zu müssen). Ein Schlagwortkatalog kann ergänzende Hilfe leisten. Auch wenn die eigene Bibliothek ältere Bestände nur über einen Zettelkatalog erschließt, kann man gesuchte Titel meist über Online-Kataloge anderer Bibliotheken recherchieren und muss dem Zettelkatalog dann nur noch die lokale Signatur entnehmen.

(6) **Microfiches**. Für die Arbeit mit Microfiches gilt prinzipiell das gleiche wie für den Zettelkatalog. Vielfach werden sie seit der Umstellung auf Online-Kataloge nicht mehr weitergeführt, sind aber manchmal zur Ermittlung spezieller Literatur (wie zB älterer, nicht über einen Verlag publizierter Dissertationen) unumgänglich. Da für Microfiches spezielle Lesegeräte erforderlich sind, die manchmal auch aus Platzgründen in separate Räume verbannt wurden, zögere man bei Benutzungsschwierigkeiten nicht, die Bibliotheksauskunft um Rat zu fragen. Dort erfährt man auch Näheres über Bestellmöglichkeiten und eventuell vorhandene Informationsblätter zu den Microfiche-Katalogen. Weitere Hilfestellung zu den Auskunftsdiensten der Bibliotheken gibt Hacker (1992).

Microfiches

2.3.6 Planung, Gliederung und 'Mindmaps'

Sobald wie möglich ist eine vorläufige Gliederung aufzustellen. Auch ein allgemeiner Plan, der den Arbeitsweg vorzeichnet und die Reihenfolge der Einzelaufgaben, die man sich vornimmt, andeutet, kann sehr nützlich sein.

Die Gliederung des Stoffes ist ein wesentlicher Teil des wissenschaftlichen Arbeitens. Ohne Planung geht es nicht, und ein erster Plan ist notwendig, bevor mit der Darstellung begonnen werden kann. Oft ist größte Konzentration notwendig, den Stoff in eine angemessene Form zu zwingen, das oft überreiche Material zu ordnen und verständlich darzubieten.

Mindmaps Hilfestellung können bei komplexen Forschungsprojekten sogenannte 'Mindmaps' bieten, dh strukturierte Diagramme, in denen ein oder mehrere Kernkonzepte oder -thesen in der Mitte stehen und in Form eines mehr oder weniger komplexen Liniennetzwerks mit möglichst vielen weiteren, zu behandelnden Aspekten des Projekts in Verbindung gebracht werden können. Während man solche Diagramme, aus denen sich manchmal die beste lineare Gliederung der späteren Arbeit überhaupt erst ergibt, nach wie vor einfach auf einen möglichst großen Bogen Papier zeichnen kann, kann man hierzu heute auch recht leistungsfähige **OpenMind** Mindmap-Programme wie zB das kommerzielle OpenMind oder **FreeMind** das kostenlose und plattformübergreifende FreeMind benutzen, das erstellte 'Mindmap'-Grafiken auch ins PDF-, XHTML- oder ins OpenOffice-Format exportieren kann, sodass man einen Projektentwurf auch im Rahmen einer Bildschirmpräsentation vorstellen und mit Mitarbeitern oder Ko-Autoren teilen kann. In die erstellten Mindmaps lassen sich auch anklickbare HTML-Links und Grafiken einbetten. Wer noch kein solches Programm kennt, kann sich zB über die Screenshots zu FreeMind (zugänglich über <freemind.sourceforge.net>) einen Eindruck von den Fähigkeiten eines solchen Programms verschaffen.

Unabhängig davon, ob man ein Mindmap-Programm einsetzt oder nicht, bemühe man sich möglichst früh um einen Gliederungsentwurf. Natürlich ändert sich eine Gliederung meist noch mit dem Fortschreiten der Arbeit. Das Gliedern, Neugliedern und Umgruppieren des Stoffes gehört unmittelbar zur Bearbeitung des Gegenstandes. Die endgültige Entscheidung spiegelt dann im fertigen Manuskript das Inhaltsverzeichnis wider.

Die erste Gliederung sei so ausführlich wie möglich. Stichwortartig oder in ganzen Sätzen kann der Inhalt der Kapitel und Abschnitte umrissen werden. Umstellungen und Ergänzungen werden laufend nachgetragen. Sofern man eine Arbeitsbegleitmappe besitzt, hefte man stets den neuesten Stand der Gliederung ein, weil man dann Neues gleich einem neuen Gliederungspunkt zuordnen oder ggf. die Gliederung abändern oder erweitern kann.

Moderne Textverarbeitungssysteme gestatten es, mithilfe ihrer Gliederungsfunktion bei notwendigen Umstellungen die einzelnen Überschriften automatisch neu durchzuzählen, wobei man den laufenden Text unter den Überschriften ausblenden und die Gliederung allein ausdrucken kann. Man kann auch ein automatisches Inhaltsverzeichnis mit Seitenzahlen generieren lassen und dem Gesamttext voranstellen. Trotz solcher Möglichkeiten lasse man sich nicht durch die EDV dazu verführen, die Gliederung, sobald sie einmal den Status des rein Vorläufigen hinter sich hat, allzu oft und zu weitreichend zu ändern. Man ziehe auch in Betracht, zu einem späten Zeitpunkt gewonnene Erkenntnisse in einem Exkurs oder in einer Anmerkung unterzubringen. (Einzelheiten zur Gliederungstechnik siehe Abschnitt 3.8, zur Formatierung des Inhaltsverzeichnisses Abschnitt 3.10.)

Gliederungsfunktion der Textverarbeitung

2.3.7 Vom Rohentwurf zur Endfassung

Wie alles, so kann auch das Sammeln von Material, sei es sachlich-inhaltlicher oder bibliografischer Natur, übertrieben werden, und der Wissenschaftler sieht sich oft gezwungen, obwohl er noch lange nicht fertig zu sein glaubt, die Sammel- und Lesetätigkeit wenigstens vorübergehend einzustellen und mit der Abfassung des ersten Entwurfs zu beginnen. Verhältnismäßig frühzeitig angefertigt hat er den Vorteil, dass die bis dahin erzielten Ergebnisse sichtbar zutage treten und ein Eindruck von Umfang und Gewichtsverteilung der Arbeit entsteht. Es kann sich zB zeigen, dass das Material, obwohl nach subjektivem Empfinden des Forschers noch recht unvollständig, bereits ein stattliches Buch füllen könnte, oder es kann sich herausstellen, dass bestimmte Lücken noch ausgefüllt werden müssen, sofern man ihnen nicht besser durch eine Themaeingrenzung begegnet.

frühzeitig ersten Entwurf anfertigen

Die Empfehlung, frühzeitig mit der Niederschrift zu beginnen und die Literaturbeschaffung nebenher weiter zu betreiben, kann nicht für alle

naturwissenschaftliche Arbeiten

Situationen gelten. Dass man für korpusbasierte oder naturwissenschaftlich-technische Abhandlungen sowie generell für Typen von Arbeiten, die primär auf eine experimentelle oder rechnerische Verifikation von Hypothesen angelegt sind, zunächst einiges an Substanz angesammelt haben muss, bevor man etwas zu Papier bringen kann, liegt in der Natur solcher Arbeiten – ganz abgesehen von der rigorosen technischen und zum Teil formalisierten Ausdrucksweise mancher Wissenschaftsgebiete, die einen Vergleich mit dem Stil der Geisteswissenschaften nicht zulässt. Doch selbst hier unterschätzen viele Autoren den Aufwand des 'Zusammenschreibens', sodass man damit – zum Mindesten in Teilentwürfen – nicht zu spät beginnen sollte.

Befangenheit vor dem leeren Papier überwinden

Man muss beim ersten Entwurf nicht unbedingt mit der Einleitung beginnen, sondern kann dasjenige Kapitel für die Darstellung auswählen, dessen Konzeption einem besonders klar vor Augen steht. Der Anfang ist oft schwer zu finden. Es gibt eine Befangenheit gegenüber dem leeren Blatt Papier oder dem leeren Bildschirm (wenn auch letztere wegen der leichteren Revidierbarkeit des Textes geringer sein dürfte), die dem Lampenfieber nicht unähnlich ist. Daher zwinge man sich zu den ersten Sätzen, auch wenn sie unbefriedigend klingen. Unabhängig von der Reihenfolge der Bearbeitung ist dem Anfang der Arbeit besondere Sorgfalt zuzuwenden, da er dem Leser den ersten, oft entscheidenden Eindruck von der Arbeitsweise und dem Stil des Verfassers vermittelt.

Während man im Zeitalter der Schreibmaschine zwischen Rohentwurf, Hauptentwurf und Reinschrift unterschied, liegen heute fließende Übergänge in der Natur des elektronischen Manuskripts.

Konzipieren am Bildschirm

Viele Autoren konzipieren gerne sofort am Bildschirm, was zwar die schnellste Art der Texterstellung und -korrektur darstellt, aber auch zu übereilten Änderungen und Einschüben verleitet. Gerade bei Arbeiten, die unter Zeitdruck an Universitäten und Schulen entstehen, bleiben nicht selten syntaktische Brüche und andere Unzulänglichkeiten, die auf überhastete Änderungen und Erweiterungen zurückgehen, bis in die Endfassung erhalten.

Breitbildformat ungünstig für Textverarbeitung

Ungünstig für die Texterstellung und -überarbeitung ist auch die kleine Bildschirmfläche mobiler Rechner und das sich immer stärker durchsetzende Breitbildformat von 16:9, das für die hochformatige Texterstellung wenig geeignet ist. Somit ist insbesondere für den ersten Entwurf die handschriftliche Ausarbeitung, die den Autor vom Betriebsgeräusch des Rechners befreit, ortsungebunden und insgesamt ablenkungsärmer ist, noch immer zu erwägen. Sie sollte auf einseitig beschriebenen DIN-A4-Blättern erfolgen.

Im Übrigen empfiehlt es sich, Manuskriptteile so früh wie möglich auszudrucken und zu korrigieren. Erstens sieht man im Ausdruck Fehler deutlicher, zweitens zwingt man sich so zu ernsthafterem Formulieren. Hat man sich getrennte elektronische Notizen gemacht, so kann man sich Schreibarbeit ersparen, indem man Entwurfs- und Notizdatei gleichzeitig lädt und Übernahmen direkt in den Text kopiert. Dies dient zudem der Vermeidung von Abschreibfehlern.

Besonders bei umfangreichen Manuskripten kann sich der Einsatz eines speziellen Diktierprogramms wie zB 'Dragon Naturally Speaking' lohnen. Nach der Installation empfielt es sich bei manchen Systemen, das System erst auf die eigene Stimme und Aussprache zu trainieren, was dadurch geschieht, dass man dem System einen vorgegebenen Text vorliest. Erforderlich ist hierfür ein sog. 'headset', ein Kopfhörer mit integriertem Mikrofon, der an die Soundkarte des Rechners angeschlossen wird. Nach dem Training erlaubt es die Software, beliebige Texte direkt in ein Dokument der eigenen Textverarbeitung zu diktieren. Professionelle Spracherkennungssoftware erlaubt es, dem bereits bekannten Wortschatz eigene Begriffe hinzuzufügen, die in einem Benutzerwörterbuch gespeichert werden. Auch ganze Textblöcke und Grafiken können durch einen kurzen mündlichen Befehl an Cursorposition eingefügt werden. Man achte darauf, ein Softwarepaket zu kaufen, das alle benötigten Sprachen unterstützt. Für bestimmte Berufsgruppen wie zB Juristen oder Mediziner werden teilweise Spezialwörterbücher angeboten. Teilweise ist es auch möglich, den gewünschten Text unterwegs in ein geeignetes Diktiergerät zu diktieren und das Diktat später nach dem Datenabgleich mit dem PC automatisch transkribieren zu lassen.

**Tipp!
Diktierprogramm
zur schnelleren
Texterfassung**

Auf dem Wege zur druckreifen Endfassung sind Korrekturen in folgenden Bereichen vonnöten:

Inhalt, Stilistik, Terminologie

(1) Inhaltliche Verbesserungen und Erweiterungen. Hier geht es in erster Linie um die Ausarbeitung der Notizen, die man sich in der Rohdatei gemacht hat, ferner auch um stilistische und inhaltliche Verbesserungen, die dem Autor bei der ersten Durchsicht aufgefallen sind. Auch eine Vereinheitlichung der Terminologie kann als inhaltliche Verbesserung gewertet werden; sie vereinfacht zudem ein eventuelles späteres Register.

Tippfehler, Orthografisches, Duden, Wahrig

(2) Tippfehler und Rechtschreibfehler. Für die neue Orthografie orientiert man sich am besten am Rechtschreibeband des Duden (DR), auch wenn dieser ebenso wie der ebenfalls sehr populäre Wahrig nur eine Interpretation der amtlichen Rechtschreibregelung unter mehreren darstellt; siehe hierzu auch Anhang II.1.

formale Vereinheitlichung

(3) Formale Fehler und Inkonsequenzen. Insbesondere bei längeren Manuskripten passiert es leicht, dass Zitate, Auszeichnungen, Überschriften, Fußnoten u.a. nicht einheitlich formatiert werden, sodass hierauf beim Korrekturlesen besonders zu achten ist. Solche formalen Fehler können stark reduziert wenn nicht gar eliminiert werden, wenn Formatierungen in so genannten 'Formatvorlagen' (engl. *styles*) gespeichert werden (auf Direktformatierung des Textes ist dann zu verzichten). Formatvorlagen sind Bündel von Formatieranweisungen für einzelne Zeichen, Absätze oder ganze Seiten, die in einer vom Text getrennten Datei gespeichert und über einen Tastenschlüssel dem gewünschten Textteil zugewiesen werden können. Festlegbar sind zB Einrückungen, Zeilenabstand, Schriftart und -größe. Die verwendeten Tastenschlüssel (zB 'ZI' für Zitate, 'ST' für Standardtext) können neben dem Text am Bildschirm sichtbar gemacht und meist auch ausgedruckt werden. Sollen dann in der Endfassung bisher eingerückte Zitate doch linksbündig gedruckt werden, so muss nur die entsprechende Formatvorlage geändert werden, und die Textverarbeitung formatiert alle mit dem entsprechenden Tastenschlüssel versehenen Textblöcke automatisch um.

Tipp: Formatvorlagen verwenden

Redundanzen und Querverweise

(4) Redundanzen. Insbesondere bei elektronischen Texten merkt man oft während des Korrekturlesens, dass man bei einem

späteren Texteinschub nicht bedacht hat, dass das vermeintlich Neue bereits in anderem Zusammenhang besprochen wurde. Solche Redundanzen sind gelegentlich notwendig und sinnvoll, im Normalfall aber zu eliminieren. Man mache ggf. einen Querverweis auf den Abschnitt, der das angesprochene Problem ausführlicher und/oder in anderem Zusammenhang behandelt.

(5) Aktualisierung von Querverweisen. Insbesondere Änderungen an der Gliederung, Streichungen und Erweiterungen, aber auch eingeschobene Fußnoten bedingen, dass ursprünglich korrekte Querverweise ins Leere gehen oder auf gänzlich unverwandte Abschnitte verweisen. Je nach Bedeutung der Querverweise kann dies eine wissenschaftliche Arbeit unter Umständen stark entwerten. Abhilfe kann hier die Funktion 'Querverweise aktualisieren' aller größeren Textverarbeitungsprogramme bieten, die es erlaubt, auf einen markierten Begriff abstrakt zu verweisen, wobei von der Textverarbeitung erst nach dem endgültigen Seitenumbruch die entsprechende Fundstelle (meist Seitenangabe) eingesetzt wird. Verweise auf Abschnitte mit Dezimalzählung können dabei von Vorteil sein, auch wenn sie etwas mehr Raum beanspruchen.

Querverweise automatisiert aktualisieren

Aufgrund der Vielzahl der genannten Fehlerquellen empfiehlt es sich dringend, die eigene 'Endfassung' von wenigstens zwei Personen Korrektur lesen zu lassen. Auf einem Begleitblatt sollte man die Helfer möglichst detailliert über die Art der möglichen Fehlerquellen und das gewünschte Endformat unterrichten. Alle Rohfassungen, in denen noch größere Korrekturen denkbar sind, sollten mit mindestens 1,5-zeiligem Haupttext gedruckt werden, damit die Korrekturen groß und deutlich ausfallen können. Zu den Möglichkeiten einer eindeutigen und genormten handschriftlichen Korrektur siehe Abschnitt 9.4.

Korrektur lesen

3 Übersicht und Gesamtanlage

3.1 Materialanordnung

Präliminarien, Textteil, Anhangsteil

Eine wissenschaftliche Arbeit in Form einer Monografie besteht gewöhnlich aus drei Teilen: den Präliminarien, in der Buchherstellung auch 'Titelei' genannt, dem Textteil und dem Anhangsteil. Der Anhangsteil wird in Ausnahmefällen fehlen. Die Anordnung dieses Materials ist bei theoretischer Vollständigkeit folgende:

Präliminarien

	Seite
Kurztitel [auch Vor- oder Schmutztitel genannt]	i
Imprimaturseite [meist leer]	ii
Titelbild [nicht gezählt]	
Haupttitel	iii
Copyright-Seite	iv
Widmung	v
Leer	vi
Geleit- oder Herausgeber-Vorwort	vii
Leer	viii
Autorenvorwort	ix
Leer	x
Nachdruckgenehmigungen [auch nach dem Vorwort]	xi
Leer	xii
Inhaltsverzeichnis	xiii
Errata [im Anschluss an das Inhaltsverzeichnis]	xiii
Leer	xiv
Abbildungsverzeichnis	xv
Leer	xvi
Tabellenverzeichnis	xvii
Leer	xviii
Abkürzungsverzeichnis	xix-xx

Praktisch wird ein Werk stets nur einen Teil dieses Materials enthalten. Auch gewisse Umstellungen und Ergänzungen sind je nach Sachgebiet denkbar. Vorworte und Verzeichnisse können natürlich auch mehr als eine Seite umfassen und auf der linken Buchseite enden, die dann keine Leerseite (auch Vakat genannt) mehr ist. Auch kann man die Verzeichnisse und die Anhangsteile zur Raumersparnis auf linken Buchseiten beginnen lassen. Ist der Vorwortteil lang, so empfiehlt es sich, das Inhaltsverzeichnis nach vorn zu ziehen, da es sonst schlecht auffindbar ist.

3.2 Seitenzählung

Die Seitenzählung erfolgt in arabischen Ziffern. Wenn das Eingangsmaterial, insbesondere zB das Vorwort, erst nach Fertigstellung der Arbeit vollständig vorliegen kann, so beginnt die arabische Zählung mit der ersten Seite des Textteils. In diesem Falle werden die Seiten des Eingangsmaterials mit römischen Ziffern gezählt. Kleine römische Ziffern, die aus den Minuskeln (Kleinbuchstaben) der römischen Großbuchstaben bestehen, sind in ausländischem Schrifttum weitgehend üblich und ebenso gefällig wie die großen Ziffern. Alle Ziffern stehen im Manuskript oben rechts auf der Seite ohne Klammern und Gedankenstrich oder in der Mitte zwischen Gedankenstrichen, es sei denn, dass die

arabische und römische Ziffern

betreffende Seite keinen durchlaufenden Text enthält. So beginnt zB mit einem neuen Kapitel – nicht mit Unterabschnitten eines Kapitels – immer eine neue Seite, und in diesem Falle kann die Seitenzahl unten in der Mitte der Seite stehen oder ganz fehlen. Jedenfalls steht sie dann nie oben, und sie fehlt grundsätzlich auf dem Titelblatt, auf der Widmung und auf ähnlichen Nicht-Text-Seiten. Seite 1 (oder i) ist immer die erste nicht-leere Seite, also in kürzeren Arbeiten meist die Titelseite, und es gilt zu beachten, dass von da an jede Seite, ob leer oder beschrieben, ob sie eine Seitenzahl enthält oder nicht, zu zählen ist. Das angehängte Material wird mit durchgezählt. Im Manuskript werden alle Blätter nur einseitig beschrieben. Die leeren Rückseiten werden nicht mitgezählt.

3.3 Die Titelseite

zentrierte Seiten für die Titelseite

Eine gelungene Titelseite ist für das gesamte Erscheinungsbild jeder wissenschaftlichen Arbeit von großer Bedeutung; sie stellt gewissermaßen ihr Aushängeschild dar. Grundsätzlich gelten die gleichen Empfehlungen für Seminar- und wissenschaftliche Arbeiten an Hochschulen und Fachhochschulen und für Facharbeiten an Gymnasien, sofern keine anders lautenden Vorschriften (zB bei Dissertationen, wo Gestaltung und Text der Titelseite von den Fakultäten vorgeschrieben sind) bestehen.

Jede Zeile wird 'zentriert', dh der Schrifttext jeder Zeile wird auf die optische Mitte der Seite gesetzt. Wird die Arbeit gebunden, so kann es notwendig sein, der Optik wegen die Seitenmitte um ein bis zwei Zentimeter weiter nach rechts anzunehmen, was bei Textverarbeitungssystemen durch die Eingabe eines zu berücksichtigenden Bundstegs (das ist der durch die Bindung/Klebung nicht nutzbare Seiteninnenrand) oder durch die Einstellung eines größeren linken Randes einfach zu bewerkstelligen ist. Der Titel wird am besten durch Kapitälchen, der Name durch eine größere Schrift hervorgehoben (ersatzweise jeweils auch Fettdruck), alles andere, auch ein Untertitel, kann normal geschrieben werden.

Ein gefälliges Bild wird durch folgende Anordnung erreicht (bezogen auf DIN A4; die Zahlen rechts geben den Abstand der betreffenden Zeile vom oberen Blattrand aus in Anzahl der Zeilen bei einem Zeilenabstand von 12 Punkt (dh 6 Zeilen pro Zoll) und in mm an):

	Zeile	mm
TITEL DER ARBEIT	12	51
Darunter eventuell Untertitel	13,5	57
Charakter der Arbeit,	25	106
zB: Inauguraldissertation usw		
[vorgeschriebene Form beachten!];		
[oder:] Referat für das Seminar		
"Die französische Revolution"		
SS 2007	26,5	112
(vorgelegt) von	32	135
Name des Verfassers	36	152
Ort und Jahr oder Datum	55	232

Anhang I enthält eine diesen Vorgaben entsprechende Musterseite nebst zwei weiteren für das Titelblatt einer Facharbeit und einer Habilitationsschrift, die sich eng an die Vorgaben für das Titelblatt der Seminararbeit halten. Die Kommentare zu den Musterseiten enthalten Hilfen zur leichteren Erstellung mithilfe der EDV.

Musterseiten in Anhang I

   Es ist wenig konsequent, wenn man, wie oft zu beobachten, etwa den Titel und andere Teile zentriert und dann den Verfassernamen, Abgabetermin, Kursleiter und eventuell eine Bewertungszeile linksbündig setzt. Darüber hinaus steht jedoch nichts im Wege, diese Anordnung nach Geschmack und Bedürfnis abzuändern, solange jede Zeile zentriert wird und das Ganze ein ansprechendes Bild ergibt. Bei einer kürzeren Arbeit werden in der Regel Verfassername, Titel und Datum der Arbeit genügen.

3.4 Die Widmung

Eine Widmung sei kurz und würdig. Man bedenke, dass sie eine unausgesprochene Überzeugung des Verfassers vom Wert seiner Arbeit enthält. An die Stelle der Widmung kann auch ein Zitat oder ein Motto treten.

3.5 Das Vorwort

Einleitung ≠ Vorwort

Man verwechsle nicht Einleitung und Vorwort. Die Einleitung ist ein Teil der Arbeit, das Vorwort dagegen gehört nur mittelbar zur Arbeit. Es ist sozusagen ein Begleitbrief, den der Verfasser seiner Arbeit mit auf den Weg gibt, um darin Erklärungen *über* die Arbeit abzugeben. Das Vorwort kann daher Persönliches enthalten, was die Einleitung als Teil der Arbeit nicht kann. Im Vorwort finden Platz: Bemerkungen zur Entstehung der Arbeit, zB Hinweise auf besondere Schwierigkeiten, die zu überwinden waren; Ausführungen über Sinn, Zweck, Umfang, Absicht, Grenzen der Arbeit; der Dank für Hilfe und Anregungen, die dem Verfasser zuteil geworden sind. Ein Vorwort kann somit erst nach Fertigstellung der Arbeit angefertigt werden. Es steht vor dem Inhaltsverzeichnis. Man beachte, dass kürzere Arbeiten kein 'Vorwort', sondern höchstens eine 'Vorbemerkung' enthalten sollten.

3.6 Nachdruckerlaubnis

Anerkennung der Nachdruckerlaubnis urheberrechtlich geschützten Materials

Das Vorwort muss auch die Anerkennung einer eingeholten Abdruckerlaubnis für Zitate, Fotos, Grafiken und anderen Elemente enthalten, die dem Copyright unterliegen. Handelt es sich jedoch um eine größere Anzahl von Fällen, so ist es angebracht, sie im Anschluss an das Vorwort (nicht etwa im Anhangsteil oder auf der letzten Buchseite) gesondert zusammenzustellen, am besten unter der Überschrift QUELLENNACHWEISE (leider fehlt dem Deutschen ein praktischer Terminus, der dem englischen

'Acknowledgements' entspräche; 'Danksagungen' klingt merkwürdig). Allgemein ist zu beobachten, dass wir es in der Buchproduktion mit dem Einholen von Nachdruckgenehmigungen
nicht so genau nehmen wie die angelsächsischen Länder. In den
meisten Fällen liegt zwar kein Verstoß im juristischen Sinne vor,
doch ist dies nicht nur eine Frage des Urheberrechts, sondern
ebenso sehr eine Frage des Anstandes. Man kann nicht einfach
ein vollständiges Gedicht, auch wenn es nur kurz ist, oder mehrere Seiten eines lebenden Autors zitieren, ohne ihn oder seinen
Verleger um Erlaubnis zu bitten, auch wenn dies im Einzelfalle
rechtlich nicht beanstandet werden könnte.

3.7 Einleitung und Schluss

Eine Arbeit braucht nicht unbedingt eine förmliche Einleitung
und einen förmlichen Schluss zu haben. Die Darstellung kann
ohne Weiteres mit dem ersten Kapitel beginnen. Auch braucht
einer vorhandenen Einleitung nicht unbedingt ein Schluss gegen-
überzustehen. Die Einleitung selbst wird oft inhaltlich nicht näher bestimmt, obwohl dies durchaus angebracht sein kann. Auch
einer Untergliederung steht nichts im Wege, zB:

formelle Einleitung und formeller Schluss optional

0 Einleitung: Der kulturelle Hintergrund
0.1 Historische Voraussetzungen
0.2 Stadt und Land
0.3 Die Universitäten [usw]

Normalerweise ist die Einleitung oder das erste Kapitel folgenden
Gegenständen gewidmet (siehe hierzu auch die Hinweise in Abschnitt 1.2(6)):

Inhalte der Einleitung

1   Thema und Ziel der Arbeit,
2   Rechtfertigung des Themas und Diskussion der Problematik,
3   Stand der Forschung,
4   die angewendete Methode und ihre Rechtfertigung gegenüber
    anders gearteten Untersuchungen,

5   kurzer Überblick über den Aufbau der Arbeit und über die Herkunft des benutzten Materials (Quellen). (Naturwissenschaftliche und technische Arbeiten werden oft das Experiment von der Auswertung trennen.)

'Ausblick',
'Zusammenfassung'
u. Ä. besser
als 'Schluss'

Für das Schlusskapitel ist es grundsätzlich angebracht, deutlich zu sagen, worum es sich handelt, und statt eines einfachen 'Schluss' lieber 'Ausblick', 'Zusammenfassung', 'Ergebnis(se)', 'Schlussbetrachtung' oder Ähnliches zu setzen. Den Hauptteil besonders zu bezeichnen ist nicht üblich. Weder das Wort *Hauptteil* noch eine Wiederholung des Themas ist notwendig.

3.8 Gliederungstechnik

Nominalstil

Für die Formulierung von Kapitel- und Abschnittsüberschriften erweist sich der kurze und prägnante Nominalstil meistens als zweckmäßig. Es lohnt sich, nach einem knappen, aber treffenden Titel Ausschau zu halten, auch wenn der Inhalt des betreffenden Abschnitts zunächst in Form eines längeren Satzes oder einer Frage formuliert worden ist (analytische Titel).

auf Einheitlichkeit
und Logik achten

Es gibt je nach Arbeit und Gebiet sehr verschiedene Gliederungsmöglichkeiten. Einheitlichkeit und Logik sind in jedem Falle entscheidende Voraussetzungen. Wer A sagt, muss auch B sagen, und was einem Oberbegriff unterzuordnen wäre, darf nicht dem Oberbegriff gleich gestellt werden. Auf der anderen Seite braucht man nicht rigoristisch zu sein. Die Logik wird um so gebietender, je stärker man unterteilt. Für bestimmte Arbeiten kann eine sehr eingehende Untergliederung des Materials zweckmäßig sein, für andere kann sie eher störend und unübersichtlich wirken.

3.8.1 Dezimalzählung

Die nüchterne Dezimalnummerierung der Abschnitte hat sich heute in vielen Bereichen durchgesetzt, wird in DIN 1421 beschrieben und dort ebenso wie hier empfohlen. Sie ist zwar weniger anschaulich, aber dafür sehr exakt, und sie erlaubt eine starke Untergliederung. Von besonderem Vorteil ist es, dass man sich bei Querverweisen und Registereinträgen auf die so nummerierten Abschnitte beziehen kann, sodass bei einer späteren Überarbeitung des Werkes keine neuen Seitenzahlen eingefügt zu werden brauchen. Bei der Dezimalzählung wird die Ziffer eines jeden Unterabschnitts durch einen Punkt von der Ziffer des ihm übergeordneten Abschnitts getrennt. So bedeutet zB 1.7.12 (eins-sieben-zwölf) Kapitel 1, Abschnitt 7, Unterabschnitt 12. Für eine als Kapitel nicht mitgezählte Einleitung wird die Ziffer 0 verwendet. Nicht empfehlenswert ist es, die Bezeichnung 1.12 für Kapitel 1, Abschnitt 1, Unterabschnitt 2 zu verwenden, weil dies irreführend ist und einschließlich der Null nur zehn Abschnitte ermöglicht.

Dezimalzählung empfohlen; siehe DIN 1421

Die Erfahrung lehrt, dass die Dezimalzählung oft zu einer übermäßigen Aufgliederung verleitet, sodass sehr kurze Abschnitte entstehen. Dies kann den Gang der Argumentation erheblich beeinträchtigen, und es sei ausdrücklich davor gewarnt. Um monströs lange Zahlenkolonnen zu vermeiden, wurde in diesem Buch eine maximal dreigliedrige Zählung verwendet; Abschnitte der vierten Gliederungsebene erhielten nur noch eine einfache fortlaufende Zählung in runden Klammern (die anderswo auch ganz wegfallen könnte). Im Register wurde auf solche Abschnitte in der Form 5.10.1(2) Bezug genommen.

nicht zu stark untergliedern

Zur Form im Inhaltsverzeichnis siehe Abschnitt 3.10, Anhang I und das Inhaltsverzeichnis dieses Buches.

3.8.2 Traditionelle Gliederung

Die früher weitgehend übliche traditionelle Gliederungsweise zählt Kapitel mit römischen oder arabischen Ziffern und Abschnitte mit arabischen Ziffern. Ansonsten stehen beispielsweise

traditionelle Gliederung mithilfe von römischen Ziffern, Kleinbuchstaben u.a.

folgende Bezeichnungsmöglichkeiten zur Verfügung (ohne Berücksichtigung angemessener Abstände):

Erster Teil: Titel des ersten Teils
I KAPITELÜBERSCHRIFT
  1 Abschnittstitel
    a) Unterabschnittstitel
      i) Weiterer Untertitel
      [kleine römische Ziffern]

Falls erforderlich, kann man zusätzlich noch lateinische Großbuchstaben (mit Punkt) nach den großen römischen Ziffern einschieben und mit der Verdoppelung der Kleinbuchstaben sowie mit griechischen Buchstaben arbeiten. Arabische Ziffern werden nie mit Punkt und Klammer geschrieben; bei Aufzählungen ist auch die Form (1) statt 1) üblich, wobei in diesem Buch der symmetrischen Klammersetzung der Vorzug gegeben wurde.

kein Punkt nach arabischen Ziffern

3.9 Überschriften und Abschnittstitel

'Vorwort', 'Einleitung', 'Anhang', Kapitelüberschriften – also solche Überschriften, mit denen immer eine neue Seite beginnt – werden heute zunehmend nicht mehr zentriert, sondern linksbündig in angemessenem Abstand zum folgenden Text gesetzt. Grund hierfür ist, dass die bei Kapitelüberschriften meist vorhandene Dezimalzählung der Zentrierung optisch entgegenwirkt. Eventuelle Folgezeilen werden so eingezogen, dass die Dezimalziffer freigestellt wird. Kapitelüberschriften sollten 2 Punkt größer als der Haupttext und halbfett gesetzt werden; der Zeilenabstand bei mehrzeiligen Überschriften sollte 120% der Schriftgröße betragen (Stellung 'auto' bei Textverarbeitungssystemen mit skalierbaren Schriften). Denkbar wäre zB folgende (relativ schlichte) Hierarchie (bei einem Haupttext mit 13 Punkt Schriftgröße): 1. Ebene (Kapitelüberschriften) halbfett, 15 Punkt, jeweils neue Seite beginnend, 2 Leerzeilen zum Folgetext. 2. Ebene 14 Punkt, normal, 1 Leerzeile zum Folgetext, 2 zum Vorausgehenden. 3. Ebene

13 Punkt, kursiv, 0,5 Zeilen Abstand zum Folgetext, 1 Zeile nach oben. 4. Ebene 13 Punkt, normal, Abstände wie bei Ebene 3.

Von Unterstreichungen wird generell abgeraten; Fettdruck oder keine Auszeichnung sind günstigere Alternativen. Tafel 3.9 veranschaulicht eine Hierarchie, die die Überschriften nur durch unterschiedliche Schriftgrößen, Abstände und eine Dezimalzählung auszeichnet:

Tafel 3.9: Hierarchie von Überschriften

4 Passivisable-object theory

4.1 Criteria for objects

4.1.1 Passivisation

It has often been assumed that passivisation is only an optional criterion for objects in English and we therefore need not look far to find constituents licenced by the verb that are classed as objects but cannot undergo passivisation [...]

(1) *The non-distinction between the complements of 'buy' and 'give'.* Traditional grammar makes no distinction between the predicates *buy one's girlfriend a ring* and *give one's girlfriend a ring.* However [...]

(2) *The treatment of 'resemble' and 'weigh' as transitive verbs.* Though *Bill* is often considered a direct object in *John resembles Bill*, it seems ill-grounded to treat *resemble* as a transitive verb. [...]

In Tafel 3.9 sind die Überschrift der ersten und zweiten Ebene beide 4 Punkt größer als der Haupttext, die Überschrift der dritten Ebene ist 2 Punkt größer als der Haupttext. Die Hauptkapitelüberschriften (1. Ebene) sind zusätzlich durch Halbfettdruck hervorgehoben. Um eine vierfache Dezimalzählung bei kürzeren Unterabschnitten der vierten Ebene zu vermeiden, wurden diese Abschnittsüberschriften nur noch in runden Klammern gezählt, kursiv gesetzt und mit Punkt abgeschlossen. Da sie nicht mehr in einer eigenen Zeile stehen, eignen sie sich nur für kurze Abschnitte.

Will man – nach traditioneller Methode – Überschriften zentrieren, so erhält der mehrzeilige Block die Form der umgekehrten Pyramide, zB

II. DIE SIEDLUNGSGESCHICHTE DER OBERRHEIN-
EBENE VON DEN ANFÄNGEN BIS ZUM
FRÜHEN MITTELALTER

Spitzmarken nur bei kürzeren Abschnitten verwenden

Eine besondere Titelart stellen die oben erwähnten, in die erste Textzeile eines Absatzes einbezogenen Titel dar, wie sie auch in diesem Buch verwendet worden sind. Als Halbfetttitel werden sie von Fachleuten auch als Spitzmarken bezeichnet. Streng genommen müsste dann aber eigentlich jeder Absatz mit einem solchen Titel beginnen, was in der Praxis übertrieben wäre. Nach Möglichkeit dürfen jedoch die den Spitzmarken untergeordneten Passagen nicht zu lang sein und etwa über mehrere Seiten hinwegführen. Die Titel selbst werden, falls dies für die Absätze auch sonst vorgesehen ist, mit eingezogen (eingerückt), durch einen Punkt abgeschlossen und stets kursiv oder halbfett gesetzt. Überschriften enthalten typischerweise (mindestens) ein Substantiv, sodass man sich bemühen sollte, seinen Text so einzurichten, dass dieses nicht gleich anschließend wiederholt zu werden braucht. Das ist jedoch immer noch besser, als sich auf den Titel etwa im folgenden Satz durch ein 'Dies ist …', 'Mit diesem Problem …', 'Hierfür gibt es …' usw zu beziehen, was im Übrigen auch im Verhältnis anderer Titel zum ersten Satz des Abschnitts verpönt ist. – Zur Überschriftgestaltung im Reproskript siehe Abschnitt 9.1(9).

3.10 Das Inhaltsverzeichnis

Die endgültige Gliederung des Stoffes spiegelt sich im Inhaltsverzeichnis. Ausdrücke wie 'Plan' und 'Gliederung' betreffen die Vorarbeiten und sind im fertigen Manuskript nicht üblich. Statt 'Inhaltsverzeichnis' kann auch 'Inhaltsübersicht' oder einfach

'Inhalt' stehen. Tafel 3.10a enthält hierfür ein Beispiel (in modifizierter Form auch als Musterseite 4 in Anhang I):

Tafel 3.10a: Beispiel für ein Inhaltsverzeichnis

Inhalt

Das Inhaltsverzeichnis selbst wird nicht mit aufgeführt. Bei Dezimalzählung wähle man die hier gezeigte Anordnung in Spaltenform (siehe Anhang I). Bei traditioneller Gliederung achte man darauf, maximal drei Einzugstiefen zu verwenden.

Auf die Angabe der Seitenzahlen sollte man auch in kürzeren Arbeiten nicht verzichten, weil sie für eine schnelle Orientierung wesentlich sind. Benötigt man ein stärker Raum sparendes Inhaltsverzeichnis, als es durch obige Form erreichbar ist, so kann man die Überschriften von der zweiten oder auch nur von der

Seitenzahlen im Inhaltsverzeichnis

untersten Ebene an als fortlaufenden Text gestalten und sie durch Gedankenstriche oder abschließende Punkte trennen. Ein Beispiel hierfür liefert das Inhaltsverzeichnis dieses Buches.

Die Schulaufsatzmethode (A. Einleitung, B. Hauptteil, C. Schluss usw) ist in einer wissenschaftlichen Arbeit nicht üblich, und es ist erst recht nicht üblich, nach dieser Methode in der Arbeit selbst die Kapitel- oder Abschnittsüberschriften einfach fortzulassen. Die beiden wichtigsten Regeln lauten: (1) Zum Inhaltsverzeichnis gehört die Seitenangabe. (2) Jede im Inhaltsverzeichnis erscheinende Überschrift ist im Text der Arbeit zu wiederholen. Ein einfaches 'Kapitel 3' genügt nicht. Wer etwa statt des an sich für Überschriften vorzuziehenden Nominalstils ganze Aussagesätze, Fragesätze oder Stichwortreihen verwendet (analytisches Inhaltsverzeichnis), tue dies besser überall, mindestens aber unter parallel geordneten Punkten. Letztlich müssen hier jedoch die sachlichen Erfordernisse den Ausschlag geben.

alle Überschriften im Text wiederholen

Nicht alles braucht im Inhaltsverzeichnis und im Textteil durch Buchstaben und Zahlen aufgeschlüsselt zu sein. Wenn die Kapitel oder Abschnitte länger werden, ohne dass man sie trotzdem formal unterteilen möchte, so kann, wie in Tafel 3.10b gezeigt, auch eine stichwortartige Inhaltsangabe nützlich sein (Beispiel aus Paul Meißner, 1952, *England im Zeitalter von Humanismus, Renaissance und Reformation,* (Heidelberg: Kerle), S. 8):

Tafel 3.10b: Ausschnitt aus einem Inhaltsverzeichnis mit stichwortartiger Inhaltsangabe der Kapitel

3.11 Abbildungen, Diagramme, Texteinlagen, Tabellen und Beispielsätze

Falls Abbildungen, Texteinlagen oder Tabellen so umfangreich werden, dass ein eigenes Gesamtverzeichnis notwendig wird, wird man dieses wie ein Inhaltsverzeichnis mit den hierfür gegebenen Variationsmöglichkeiten gestalten. Im laufenden Text setzt man Tabellen, Grafiken und andere Tafeln ebenso wie deren Überschriften bzw Bildlegenden am einfachsten linksbündig zum Satzspiegel oder, falls die Tafel eingerückt ist, linksbündig zu dieser. Auch gegen eine Zentrierung über oder unter der Grafik ist nichts einzuwenden. Tabellen, Abbildungen und dgl. werden entweder fortlaufend nummeriert, oder erhalten, wie in diesem Buch, die Dezimalzählung des Abschnittes, zu dem sie gehören. Ein Beispiel hierfür ist Tafel 3.11a (aus Reiner Kleinert et al. 1997. *Evolutionsbiologie – Ursachen und Mechanismen der Entwicklung der Lebewesen*. München: Mentor Verlag, S. 60; abgedruckt mit freundlicher Genehmigung des Verlages):

Platzierung von Tabellen, Grafiken und anderen Tafeln

Tafel 3.11a: Sexualdimorphismus beim Hirschkäfer: Männchen und Weibchen im Vergleich

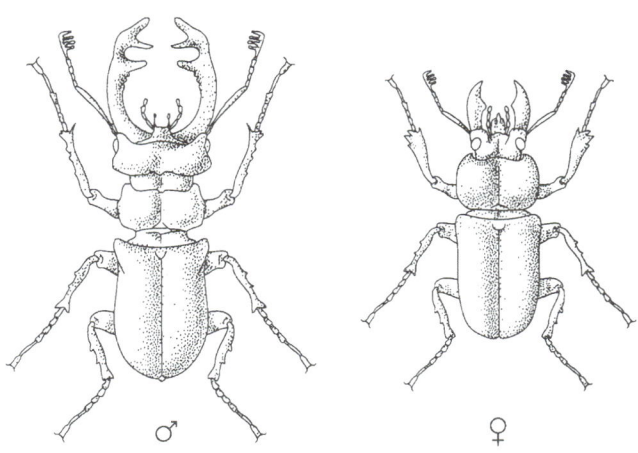

♂   ♀

Zählung und Beschriftung von Tafeln

Mehrere Tafeln innerhalb eines Abschnitts können durch einen angehängten Kleinbuchstaben unterschieden werden. Eine Zählung der Form *Tafel 5.1.2a* ist somit als erste Tafel des Abschnitts 5.1.2 zu verstehen. Erfordert eine Tafel eine mehrzeilige Beschriftung, so ist es im Übrigen optisch meist nicht vorteilhaft, Bezeichnungen wie *Tabelle 3.1, Tafel 4.8* usw in eine eigene Zeile zu setzen. Man schreibt besser durch, wie das folgende Beispiel für eine Bildlegende (die unterhalb einer entsprechenden Abbildung zu stehen käme) illustriert:

Abb. 5: Angiokardiogramm mit Darstellung des Aortenbogens und der erweiterten Gefäßabgänge. Aneurisma dissecans hinter dem Abgang der linken A. subclavia.

Man setze keinen Schlusspunkt, wenn der Titel stichwortartig und kurz ist. Will man sowohl Tabellen als auch Zeichnungen und Abbildungen ohne Unterschied durchzählen, so bieten sich am ehesten Bezeichnungen wie *Tafel, Figur* oder einfach *Darstellung* an, oder aber man bleibt völlig abstrakt und meidet jede Bezeichnung, sodass es dann im Text etwa heißen kann 'siehe [10]' oder 'wie (19) zeigt'. Eine solche Zählung steht in der Regel linksbündig oben ohne Erläuterungen (Legende), wobei die Klammern die neue Funktion einer Zählungsmarkierung haben.

Zählung von Beispielsätzen

Kurze Beispieltexte in sprach- und literaturwissenschaftlichen Arbeiten haben meist eine eigenständige Zählung in runden oder eckigen Klammern, die linksbündig in der gleichen Zeile steht. Das Beispiel selbst wird formatabhängig um ca 1,5–2,5 cm eingerückt, sodass inhaltlich enger zusammengehörende Beispielsätze noch durch Kleinbuchstaben nach einer gemeinsamen Hauptzählnummer unterschieden werden können:

(17) (a) They gave Caesar a proper burial

      (b) ? They gave a proper burial to Caesar

Praxistipps: Tabellen einführen

Hier noch einige Tipps zu Tabellen aus der Praxis:

(a) Tabellen sind wie andere grafische Elemente unbedingt durch den vorhergehenden Text (in besonderen Fällen auch durch den nachfolgenden) einzuführen, bedürfen also eines Verweises aus dem Haupttext, der klärt, warum und in welchem Zusammenhang die Daten der Tabelle präsentiert werden.

(b) Viele Textverarbeitungen erlauben es, bereits erstellten Text nachträglich in eine Tabelle zu wandeln. Dabei müssen die Textblöcke, die jeweils in einer Tabellenzelle zu stehen kommen sollen, durch eindeutige Kodes getrennt sein, wobei häufig ein Tabulatorzeichen die einzelnen Spalten und ein Zeilenumbruch die Zeilen einer Tabelle trennt. **Umwandlung Text in Tabelle**

(c) Die Tabellenfunktion vieler Textverarbeitungsprogramme ist oft auch dann nützlich, wenn Textblöcke, Grafiken oder andere Elemente komplex zueinander anzuordnen sind, auch wenn optisch gar keine Tabelle erscheinen soll und wenn keine Begrenzungslinien gewünscht sind. Letztere lassen sich sehr leicht ausblenden, sodass mit der Tabellenfunktion zB leicht Grafiken und Erläuterungen nebeneinander platziert werden und mit der Funktion 'Ziehen und Ablegen' bequem an eine andere Stelle gezogen werden können. Auch zwei- oder mehrspaltige Texteinlagen können so leicht integriert werden. **Tabellen als Layouthilfe**

(d) Text in Tabellen kann nach beliebigen Feldern numerisch oder alphanumerisch sortiert werden. Auch die Ersetzungsfunktion der Textverarbeitung lässt sich auf eine oder mehrere Spalten einer Tabelle begrenzen, wenn diese vorher markiert wird. **spaltenbezogenes Sortieren oder Ersetzen**

Bei der Erstellung einer Reproskriptvorlage oder einer Satzdatei ist auf Tabellen besondere Sorgfalt zu verwenden. Siehe hierzu Abschnitt 9.2(13).

Heutige Tabellenkalkulationsprogramme machen es besonders einfach, Zahlenrelationen zu veranschaulichen und generieren aus einer Tabelle, die die Quelldaten enthält, automatisch Torten- und Balkendiagramme. Hier sind die folgenden Punkte zu beachten:

(a) Man achte hier auf möglichst einheitliche Platzierung der Überschriften. Hat man etwa Tabellen mit linksbündigen Überschriften und Zählungen versehen, so sollten auch statistische **Platzierung der Überschriften**

dreidimensionale Tortengrafiken

zweidimensionale Tortengrafiken im Vorteil

Grafiken (zumindest solche, die der gleichen Zählung unterworfen sind) linksbündige Überschriften erhalten.

(b) Aus der Tabellenkalkulation können wahlweise zwei- oder dreidimensionale Tortengrafiken erstellt werden. Letztere sehen zwar auf den ersten Blick beeindruckender aus, verzerren aber die Proportionen und bieten eine schlechtere Ablesbarkeit. Tafel 3.11b illustriert zur Verdeutlichung Daten des statistischen Bundesamtes zum Inlandsprodukt (Stand 11.06.2007, "Inlandsprodukt: Bruttowertschöpfung nach Wirtschaftsbereichen." <www.desta↩ tis.de [deutsch], →Startseite →Lange Reihen →Inlandsprodukt → Bruttowertschöpfung nach Wirtschaftsbereichen>, 21.08.2007) in Form einer dreidimensionalen Grafik:

Tafel 3.11b: Dreidimensionale Tortengrafik mit schlecht unterscheidbaren Sektoren

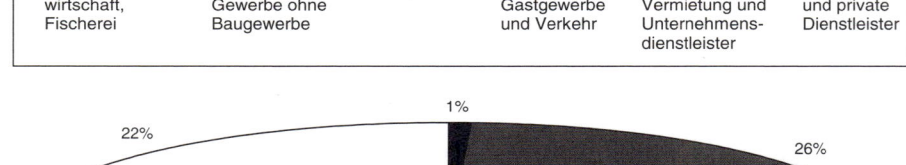

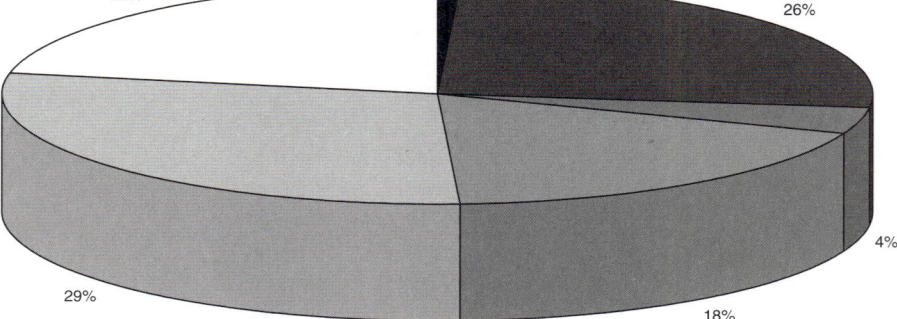

Man vergleiche Tafel 3.11b mit Tafel 3.11c, die die Verwendung des Bruttoinlandsprodukts in Deutschland zweidimensional veranschaulicht (basierend auf den Daten des Statistischen Bundesamtes (Stand 11.06.2007. "Inlandsprodukt: Verwendung des Inlandsprodukts." <www.destatis.de [deutsch], →Startseite →Lange Reihen →Inlandsprodukt →Verwendung des Bruttoinlandsprodukts [2006]>, 21.08.2007):

Tafel 3.11c: Zweidimensionale Tortengrafik mit verbesserter Sektorenunterscheidung

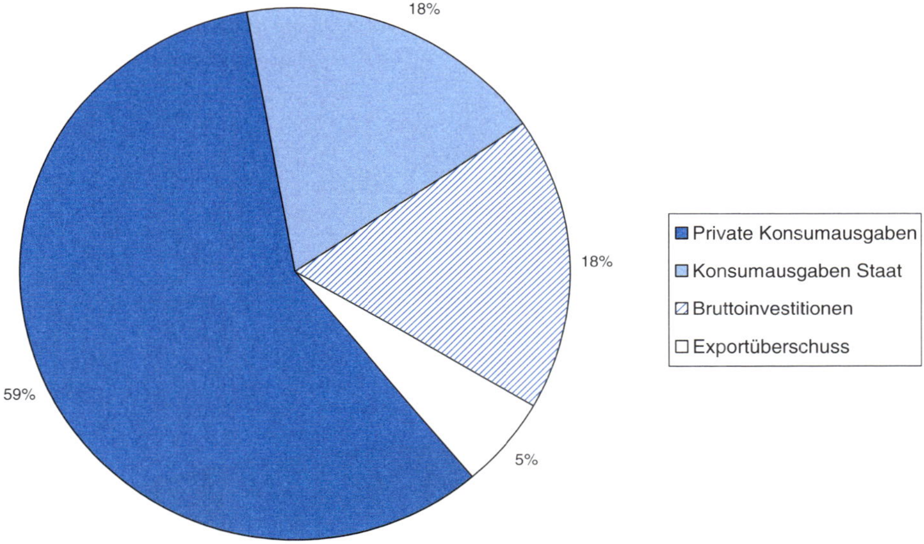

Wie man sieht, sind die Sektorgrößen bei der zweidimensionalen Darstellung besser zu beurteilen. Falls der Ausdruck in Schwarzweiß oder einfarbig erfolgt und Farben durch Graustufen oder monochrome Farbschattierungen ersetzt werden müssen, so achte man bei allen Diagrammen darauf, dass die Unterscheidbarkeit der einzelnen Sektoren oder Säulen auch in dieser Darstellungsform erhalten bleibt. Es empfiehlt sich, dem Leser nicht die Unterscheidung feiner Graustufen zuzumuten (die vielleicht ein ursprüngliches Rot, Grün oder Blau wiedergeben), sondern deutliche Oppositionen wie zB Schraffuren oder grauer versus weißer Hintergrund zu wählen. Dieser Grundsatz wurde nur

monochromer Ausdruck farbiger Tortengrafiken

in Tafel 3.11c berücksichtigt; die Verbesserung gegenüber Tafel 3.11b bezüglich der Zuordnung von Legende und Sektoren ist offenkundig.

Tafel 3.11d illustriert eine Balkengrafik, wiederum basierend auf Daten des Statistischen Bundesamtes (31.07.2007. "Inlandsprodukt: Einwohner- und Erwerbsbeteiligung". <www.destatis. de [deutsch], →Startseite →Wirtschaft Aktuell →Inlandsprodukt →Einwohner und Erwerbsbeteiligung>, 21.08.2007)) in einfarbiger Darstellung:

Tafel 3.11d: Balkengrafik zu Erwerbstätigen in Deutschland

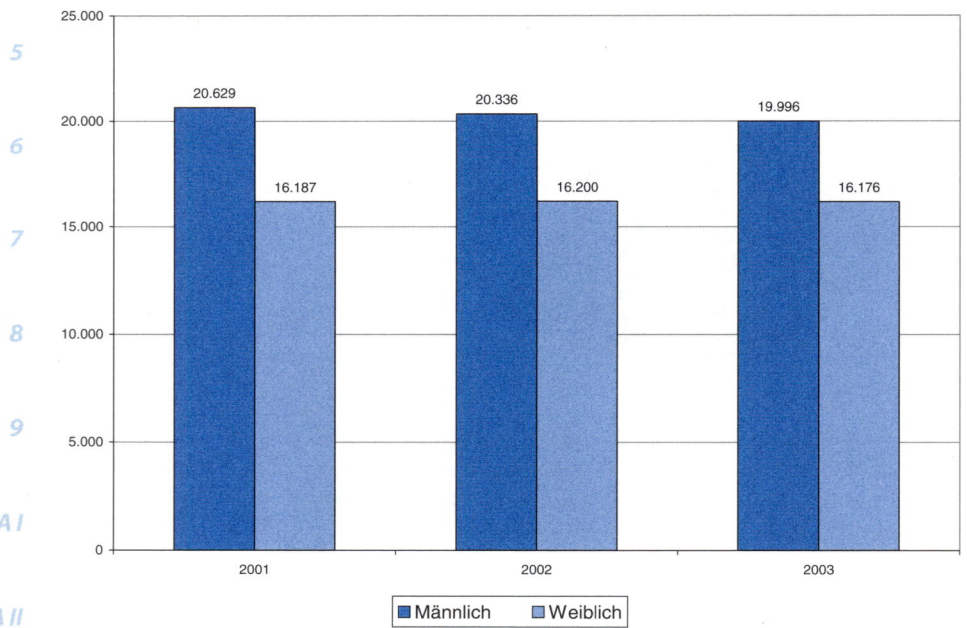

Die Balkengrafik ist ebenfalls nur zweidimensional; gegen eine dreidimensionale Darstellung wäre jedoch im Gegensatz zu Tortengrafiken nichts einzuwenden, da es nur auf die Höhe der jeweiligen Säulen ankommt. Man achte erforderlichenfalls auch auf gute visuelle Differenzierbarkeit nahe nebeneinanderliegender Werte (etwa durch Anpassung des Maßstabs oder, wie hier, durch zusätzliche Hilfslinien und durch Angabe der absoluten Werte über den einzelnen Balken). Welche Darstellungsform jeweils die geeignetste ist, hängt vom Einzelfall ab. Tortengrafiken eignen sich naturgemäß besonders zur Veranschaulichung prozentualer Anteile, deren Summe 100% ergeben, während Balkengrafiken ideal für den Vergleich zweier oder mehrerer Werte bezüglich einzelner Parameter geeignet sind.

3.12 Register

Die Herstellung eines Registers oder Indexes ist für die meisten längeren wissenschaftlichen Arbeiten eine Notwendigkeit.

Indexfunktion der Textverarbeitung

Für die größeren Textverarbeitungen ist eine Indexfunktion heute Standard. Die zu indizierenden Begriffe und Syntagmen werden vom Autor durch eine eindeutige Anfangs- und Endekennung, die vom Programm beim Ausdruck unterdrückt werden kann, gekennzeichnet. Allzu leicht wird vergessen, dass nach jeder Textänderung, die einen neuen Seitenumbruch bewirkt, ein neues Register generiert werden muss, sofern die Registereinträge auf Seiten verweisen. Flexibler ist hier der Verweis auf Gliederungsziffern, der allerdings eine relativ feine Gliederung des Buches (und möglichst lebende Kolumnentitel, dh Kapitelzählungen und -überschriften in der Kopfzeile) voraussetzt.

Auch ein hierarchischer Index mit zumindest einer Untergliederungsebene ist mithilfe einer guten Textverarbeitung möglich. Die Software kann die so gekennzeichneten Begriffe automatisch aus dem Text extrahieren, Mehrfachvorkommen eines Begriffs und seiner Seitenreferenzen zusammenfassen und das Register sortieren. In Maßen kann der Autor zudem auch eine automatische Formatierung des Indexes (zB den Einzug von Unterbegriffen und die Trennung von Stichwörtern) vornehmen. Zur Form vgl. das Sachregister dieses Buches. Kommt es auf Raumersparnis

hierarchischer Index

Sachindex, Namensindex

nicht an, so kann jeder Untereintrag eine neue Zeile beginnen. Für den Benutzer ist es oft nicht von Vorteil, wenn etwa der Sachindex vom Namensindex getrennt ist oder beispielsweise in der Botanik die lateinischen von den populären Pflanzennamen unterschieden werden.

Tipp: Perl oder AWK für komplexe Sortieraufgaben

Bestehen besonders hohe Anforderungen an Gliederung, Sortierung und Formatierung des Indexes, so sei auf die *Public-Domain*-Programmiersprachen Perl und AWK verwiesen, die hier – entsprechende Programmierkenntnisse vorausgesetzt – keine Wünsche offen lassen. Weitere Empfehlungen für ein elektronisch erstelltes Register gibt Abschnitt 9.1(15).

4 Zitat und Hervorhebung

4.1 Das Zitat

Eine wissenschaftliche Abhandlung arbeitet mit Argumenten. Jede Behauptung bedarf des Beweises, und jede Verallgemeinerung ist an Beispielen zu illustrieren. Die Wissenschaftlichkeit verlangt ferner, dass der Verfasser einer Arbeit irgendwo an das bisher Erarbeitete anknüpft, es fortführt und erweitert. Das bedeutet unter Umständen Richtigstellung, Auseinandersetzung, Zustimmung oder Kritik. Es gibt folglich im Wesentlichen zwei Arten von Zitaten: solche, die zur Beweisführung und zur Illustration des Behaupteten dienen und also unmittelbar mit dem bearbeiteten Gegenstand selbst zusammenhängen (in einer Arbeit über Goethe zB wären es die Zitate aus dem Werk Goethes), und solche, die notwendig werden, wenn solche Behauptungen von denen anderer Forscher abgesetzt oder als mit ihnen im Einklang stehend dargestellt werden sollen. Bei sprachwissenschaftlichen Abhandlungen spricht man im ersteren Fall auch von Belegen. – Zu Anführungszeichen bei Zitaten siehe 9.2(6) und II.2.7.

Argumentation durch Zitate belegen

4.2 Der Umgang mit Zitaten

Für das richtige und wirkungsvolle Zitieren ist ein gutes Maß an Feingefühl und Übung erforderlich. Zu wenige Zitate können die Nachprüfbarkeit des Diskutierten erschweren und die Verständigung zwischen Autor und Leser beeinträchtigen. Häufiger kommt es vor, dass zu viele oder zu ausführliche Zitate gebracht werden, die den Gang der Diskussion unnötig aufhalten und unter Umständen zu einer unvertretbaren Aufschwellung der Arbeit führen. Es gibt Autoren, die in virtuoser Weise in der Lage sind, in Anführungszeichen zu sprechen, dh sich mit einer gewissen Eleganz fremder Worte, ob nun aus der behandelten Quelle oder anderer Literatur, zu bedienen. Nachahmenswert ist dies meis-

Übermaß an Zitaten

in Anführungszeichen sprechen

tens nicht. Es gibt ferner Arbeiten, in denen so ausgiebig zitiert wird, dass der Leser den Eindruck gewinnt, dass der Verfasser selbst nur wenig zu sagen hat. Ein anderer Fehler besteht darin, die Anmerkungen zum Abladeplatz von Zitaten zu machen. Oft würde für ein Zitat eine kurze Paraphrase genügen, oft wäre andererseits der Leser glücklich, statt einer unklaren Paraphrase ein wörtliches Zitat zu erhalten. Verbindliche Regeln lassen sich somit kaum aufstellen. Zitate verfehlen ihren Zweck, wenn sie im Text des Autors weder sorgfältig vorbereitet noch richtig ausgewertet werden. Manche Zitate sprechen für sich, aber sie müssen sich organisch in den eigenen Text einfügen.

4.3 Quellen und Ausgaben

Ausgabe, nach der zitiert wird

Nach welchen Ausgaben soll zitiert werden? Auch auf diese Frage ist eine generelle Antwort nicht möglich. Handelt es sich um Sekundärliteratur, so wird man grundsätzlich die neueste Auflage heranziehen. Doch selbst hier gibt es Ausnahmen. Liegt zB ein Zeitschriftenaufsatz neugedruckt in einer Sammlung vor, so ist es denkbar, dass der Aufsatz aus Raumgründen gekürzt worden ist. Andererseits können solche Kürzungen jedoch zusammen mit anderen Abänderungen eine neuere Auffassung des Verfassers widerspiegeln. Ob dies nun wieder im Rahmen der anzufertigenden Arbeit relevant ist, muss der Autor selbst entscheiden. Die Quellen werden möglichst nach einer wissenschaftlich-kritischen Ausgabe zitiert, wenn eine solche vorliegt. Doch kann es wiederum gerade im Zusammenhang einer bestimmten Arbeit von Bedeutung sein, etwa die Erstausgabe, die Ausgabe letzter Hand oder eine andere Ausgabe zu zitieren. Die einzige Regel, die sich aufstellen lässt, ist die, dass man auf keinen Fall populäre und willkürlich redigierte Ausgaben benutzen darf.

unveröffentlichtes Material

Zitieren kann man in der Regel nur aus gedrucktem oder wenigstens vervielfältigtem, nicht jedoch aus unveröffentlichtem Material, es sei denn, der Verfasser oder sein Rechtsnachfolger gibt hierfür ausdrücklich seine Zustimmung. Das schließt nicht aus, Anregungen oder Hinweise anderer Personen zu übernehmen, was dann jedoch in einer Anmerkung ausdrücklich anerkannt werden sollte.

4.4 Genauigkeit des Zitats

Da jedes Zitat aus einem Zusammenhang genommen ist, muss darauf geachtet werden, dass es seinen ursprünglichen Sinn behält und dass nicht durch die Veränderung des Zusammenhangs oder durch unvollständiges Zitieren die Absicht des zitierten Autors verfälscht wird. Was die Form angeht, so lautet das oberste Gesetz: Man zitiere immer wörtlich. Respekt vor dem Text ist die erste **wörtliches Zitieren** Voraussetzung sauberen Arbeitens. Wörtlich zitieren heißt, einen Text bis auf die Schreibung und Interpunktion genau wiederzugeben. Eine Modernisierung älterer Schreibung oder die Veränderung der Zeichensetzung ist nicht statthaft. Von dieser Grundregel sind jedoch folgende Abweichungen üblich geworden:

(1) **Zeichensetzung.** Am Ende eines Zitats steht ohne Rück- **Satzzeichen** sicht auf das Original das Satzzeichen, das der syntaktische Zu- **in Zitaten** sammenhang, in dem das Zitat in der Arbeit erscheint, erfordert. Man darf daher zitieren:

Ist somit "die Annahme eines radikalen Bruchs mit der Stabreimtradition im Hinblick auf die Entstehung eines neuen Verses nicht zwingend", so muss gefragt werden …

wenn der Text lautete:

Für England ist die Annahme eines radikalen Bruchs mit der Stabreimtradition im Hinblick auf die Entstehung eines neuen Verses nicht zwingend. Das gilt insbesondere …

Hier wurde der Genauigkeit gegenüber der Ästhetik der Vorzug gegeben, dh das Komma wurde erst nach den schließenden Anführungszeichen gesetzt, da der Punkt im Original nicht mitzitiert wurde.

Kleinschreibung des ersten Wortes

(2) Groß- und Kleinschreibung. Wird der Beginn eines zitierten Satzes so mit dem eigenen Text verschmolzen, dass er nicht mehr am Anfang steht, so darf das betreffende Anfangswort klein geschrieben werden:

Der Verfasser dieses Buches diskutiert sodann "die Voraussetzungen, unter denen die höfische Epik zur Blüte gelangen konnte." – **Original:** Die Voraussetzungen, …

Umgekehrt darf ein förmlich eingeführtes Zitat mit einem groß geschriebenen ersten Wort beginnen, auch wenn es im Original in der Mitte des Satzes auftritt und daher klein geschrieben ist. Kommt es auf Genauigkeit an, so verzichtet man im ersten Fall auf die Einschmelzung des Zitats in den eigenen Text und lässt im zweiten Fall das Zitat mit drei Punkten beginnen, wonach dann klein fortgefahren werden kann. Zur Regel sollte man das letztere jedoch nicht machen, da es, wenn keine besonderen Gründe dafür vorliegen, pedantisch wirkt.

Hervorhebungen durch Kursivierung

(3) Hervorhebungen. Falls notwendig, können bestimmte Stellen des Zitats durch Kursivdruck besonders hervorgehoben werden. In diesem Falle ist dem Zitat *in eckigen Klammern* die Bemerkung [Hervorhebung von mir] oder [Hervorhebung nicht im Original] ('Hervorhebung vom Verfasser' kann doppeldeutig sein) hinzuzufügen. Diese Bemerkung kann auch in der entsprechenden Anmerkung untergebracht werden. Man gehe jedoch mit solchen Hervorhebungen sparsam um und vermeide Übertreibungen. Da natürlich ohnehin alle bereits im Original vorkommenden Hervorhebungen auch im Zitat wiederzugeben sind, kann es unter Umständen erforderlich sein, [Hervorhebungen im Original] hinzuzufügen, damit Missverständnisse vermieden werden.

(4) Flexionsformen. Wird ein einzelnes Wort in einer anderen Flexionsform als im Text vorgefunden zitiert, so wird man voraussetzen, dass die Anführung nur dem Wort selbst gilt, zB

Original: Diese so auffällige und immer wieder eingehämmerte These …

Falsch: Er hält diese These für "so auffällig(e)", ja "eingehämmert(e)" …

Richtig: Er hält diese These für so "auffällig", ja "eingehämmert" …

4.5 Interpolationen

Für das Verständnis notwendige Zusätze oder Ergänzungen zur Erläuterung des Zitats werden als Interpolationen bezeichnet. Sie stehen in eckigen Klammern; runde Klammern sind dafür nicht zulässig. Zum Beispiel: 'In diesem Jahre [1789] entstanden einige bemerkenswerte Gedichte.' Die eckige Klammer deutet an, dass das Jahr 1789 vom Verfasser der Arbeit im Interesse des Lesers hinzugefügt worden ist. Interpolationen sind oft notwendig zur Erläuterung von sonst unverständlichen Pronomen. Wenn es zB in dem zu zitierenden Text heißt: 'Sie wurden noch vor der geplanten Reise verfasst' und das 'sie' unklar ist, so interpoliert man: '[Diese Gedichte] wurden …' oder 'Sie [diese Gedichte] wurden …'. Pedantisch und überflüssig ist in den meisten Fällen die Hinzufügung der eigenen Initialen, zB 'Er [der Bericht – S.L.] ist ein wichtiger Beitrag.' Wenn die Genauigkeit oder Richtigkeit des Zitats vom Leser infrage gestellt werden könnte, zB bei orthografischen oder anderen Fehlern im Original, steht als Interpolation kursives *sic* in geraden Klammern, also [*sic*]. In Zitaten mit durchgängiger älterer Schreibung ist *sic* überflüssig. Es sollte ohnehin nur in wirklich notwendigen Fällen Verwendung finden und nie abwertend gebraucht werden, auch nicht zur Charakterisierung vermeintlich unsinniger oder unrichtiger Auffassungen des zitierten Autors. Hier und da mag es angebracht sein, stattdessen auch einmal ein Ausrufezeichen oder Fragezeichen zu interpolieren, um die Aufmerksamkeit des Lesers auf eine bestimmte Schreibung oder sonstige Eigentümlichkeiten des Zitats zu lenken.

Interpolationen in eckigen Klammern

[sic]

4.6 Ellipsen

Auslassungen in einem Zitat werden durch drei Punkte bezeichnet, denen ein Leerschritt vorangeht und folgt. Ein weiteres Satzzeichen schließt sich den Punkten jedoch unmittelbar an. Man achte darauf, dass die Satzzeichen richtig beibehalten werden, wenn in ihrer Nähe gekürzt wird, zB

> **Original:** Es ist kein Zufall, dass die Lyriker zahlreiche neue Formen entwickeln und dass die Epiker die ihnen gemäße Form zur Vollendung bringen.
> **Falsch:** Es ist kein Zufall …, dass die Epiker die ihnen gemäße Form zur Vollendung bringen.
> **Richtig:** Es ist kein Zufall, … dass die Epiker die ihnen gemäße Form zur Vollendung bringen.

Auslassungspunkte am Satzende

Es wird vorgeschlagen, auch am Satzende, wenn eigentlich ein zusätzlicher Punkt als Satzzeichen stehen müsste, nicht mehr als drei Punkte zu setzen. Für diese Regelung spricht die Tatsache, dass durch die nachfolgende Großschreibung meistens der Neubeginn eines Satzes genügend markiert und die Syntax gewöhnlich eindeutig ist. Wer jedoch genau sein will, kann auch vier Punkte setzen, was ohnehin dann angebracht ist, wenn am Ende ein schließendes Anführungszeichen steht, zB "… bestätigt wird …". Die Gepflogenheiten sind unterschiedlich, und in einigen Sprachen wie zB im Italienischen ist es üblich, grundsätzlich vier Auslassungspunkte zu setzen.

Auslassungspunkte in eckigen Klammern

Wenn Unsicherheiten auftreten können, ob die Ellipse nicht vielleicht schon im zitierten Text steht, so setze man der Eindeutigkeit halber die eigenen Punkte in eckige Klammern, wogegen auch als allgemeine Regelung im Interesse der Genauigkeit nichts einzuwenden ist. Wird bei einem vom laufenden Text durch Engschreibung abgesetzten Prosazitat ein ganzer Absatz ausgelassen oder bei einem Verszitat eine Zeile oder mehr, so ist eine ganze Zeile auszupunktieren, um dies anzudeuten, zB

> Der Schnellzug tastet sich und stößt die
> Dunkelheit entlang.
> [. . . . .]
> Nun taumeln Lichter her … verirrt, trostlos
> vereinsamt … mehr … und sammeln
> sich … und werden dicht.
> Gerippe grauer Häuserfronten [...]

In diesem Gedicht muss zwischen den Ellipsen des Zitierenden und den schon vom Autor verwendeten Punkten durch Einführung eckiger Klammern unterschieden werden.

4.7 Einführung und Verschmelzung

Kürzere Zitate können syntaktisch integriert werden, längere bedürfen meist einer förmlichen Einführung mit Doppelpunkt. Es gilt die Regel, dass nur ein solches Zitat mit dem eigenen Text verwoben werden sollte, welches dies mühelos gestattet; jede Sprachbeugung ist von Übel.

Integration von Zitaten

> **Original:** Die Entscheidung dieser Frage ist eine Angelegenheit der Selbstverwaltung, deren Rechte …
>
> **Falsch:** Er behauptet, dass dies "ist eine Angelegenheit der Selbstverwaltung, deren Rechte …"
>
> **Richtig** mit förmlicher Einführung: Er sagt: "Die Entscheidung dieser Frage ist …" oder: Er behauptet, dass dies eine Angelegenheit der Selbstverwaltung sei, "deren Rechte …".

unangemessene Verschmelzung

Weiteres zu ungeschickten Verschmelzungen findet sich in II.5.6; siehe auch Abschnitt II.5.9, in dem vor dem Sprechen in Zitaten gewarnt wird.

4.8 Fremdsprachliche Zitate

**fremdsprach-
liche Zitate nicht
verschmelzen**

Bei fremdsprachlichen Zitaten sollte die in Abschnitt 4.7 pro-
blematisierte Verschmelzung am besten ganz vermieden werden
(ausführlicher hierzu Anhang II.5.6):

**unzulässige
Verschmelzung**

> **Falsch:** Wenn Sidney sagt, "that in our plainest homelines, yet
> never was the Albion Nation without Poetrie", so geht daraus her-
> vor …
>
> **Richtig:** Sidney sagt: "And certain it is, that in our plainest ho-
> melines, yet never was the Albion Nation without Poetrie." Daraus
> geht hervor …

Zitate übersetzen?

Es stellt sich die Frage, ob man fremdsprachliche Zitate übersetzen sollte. In vielen Fällen liegt die Unmöglichkeit auf der Hand.
Man kann nicht eine wissenschaftliche Arbeit über Shakespeare
schreiben, erst recht nicht eine sprachwissenschaftliche, wenn
man mit einem deutschen Text arbeitet. Und überhaupt ist das
Augenmerk der Wissenschaft auf das Original gerichtet. Es kann
immerhin Fälle geben, in denen die Lesbarkeit einer Arbeit sehr
gewinnt, wenn die Zitate auf Deutsch gegeben werden. So wäre
es nicht unangemessen, wenn man etwa in einer Arbeit über
gewisse Gegenwartsprobleme eines fremden Landes die Zitate
übersetzte. In einem solchen Fall wäre – etwa im Vorwort – ein
entsprechender Hinweis notwendig. Es kann andererseits auch
sinnvoll sein, die Zitate im Original zu belassen und dem Leser
das Verständnis durch Beifügung einer Übersetzung (im direkten
Anschluss oder in einer Anmerkung) zu erleichtern. Zitate aus
sachfremden Sprachen, zB lateinische oder griechische Zitate in
einer anglistischen Arbeit, sollten immer übersetzt werden. Ent-
sprechendes gilt für naturwissenschaftliche, juristische und ähnliche Arbeiten, in denen man den Gedanken eines fremdsprachlichen Autors, wenn es nicht auf Wörtlichkeit ankommt, besser
mit eigenen Worten umschreibt, anstatt vom Leser die Kenntnis
mehrerer Sprachen zu erwarten. Hier kann es angebracht sein,
den wörtlichen Text, wenn man ihn für wichtig hält, in eine Anmerkung zu verweisen.

4.9 Verszitate

Verszitate, die aus mehr als einer Zeile bestehen, werden vom laufenden Text engzeilig abgesetzt, rechts und links um jeweils zwei
Geviert eingezogen und erhalten dann keine Anführungszeichen.
Längere Verszeilen bilden eingezogene hängende Absätze, dh der
Rest des Verses, der nicht mehr in die Zeile passt, bildet eine gegenüber der ersten Zeile nochmals eingerückte Fortsetzungszeile
(auch wenn es sich nur um ein Wort handelt). Das ist besser, als
den Überschuss nach Gutdünken in die Mitte oder an das Ende
einer zweiten Zeile zu setzen. Möchte man die Herkunftsangabe des Verszitats gleich mitliefern, ohne dafür eine Anmerkung
zu verwenden, so steht sie unter dem Zitat in runden Klammern
und schließt rechts mit der längsten zitierten Verszeile ab. Bei
Verszitaten im laufenden Text bezeichnet man den Übergang von
einem Vers zum nächsten durch einen Schrägstrich.

**Formatierung
von Verszitaten**

Schrägstrich

4.10 Prosazitate

Prosazitate von mehr als drei oder vier Zeilen Länge werden vom
laufenden Text durch eine *auf den Haupttext bezogene* führende
bzw folgende halbe Leerzeile abgesetzt und mit engerem Zeilenabstand und kleinerer Schrift geschrieben. Auch hier ist bei breiteren
Satzspiegeln (mit Zeilenlängen von über 75 Druckzeichen für den
Haupttext) eine symmetrische Einrückung, wie in Abschnitt 4.9
beschrieben, empfehlenswert. Zitate stehen nur dann in Anführungszeichen, wenn in der Arbeit auch eigene Textpassagen auf
diese Weise abgesetzt werden und Missverständnisse aufkommen
könnten. Diese sollten jedoch bereits dadurch ausgeschlossen sein,
dass Zitate schon aus dem Formulierungszusammenhang stets als
solche kenntlich gemacht werden. Das heißt, man bringt nicht ein
Zitat aus heiterem Himmel, sondern sagt zB ausdrücklich:

**abgesetzte
Prosazitate**

Anführungszeichen

Müller äußert sich hierzu folgendermaßen: "[… Zitat …]"; Dies
geht aus einer Pressenotiz hervor, in der es heißt: "[… Zitat …]".

**Formatierung
von Zitaten**

Dennoch bestehen keine Bedenken, der Klarheit halber auch abgesetzte Prosazitate grundsätzlich in Anführungszeichen zu setzen.

Engzeilig und/oder in kleinerer Schrift geschriebene Prosazitate können bei großzügigen Rändern auch mit dem linken und rechten Rand bündig abschneiden, wenn die Zeilen nicht mehr als ca 75 Druckzeichen enthalten. Es ist optisch nicht empfehlenswert, den Unterschied zwischen abgesetzten Zitaten und abgesetzten eigenen Textpassagen dadurch zu markieren, dass man Zitate einrückt, andere engzeilige Blöcke hingegen nicht. Noch ungünstiger sind zwei verschiedene Einzüge für Zitate und anderweitig Abgesetztes, weil dies dem Leser wahrscheinlich nicht auffällt. Die erste Zeile eines Prosazitats wird nur dann für sich eingerückt, wenn das Zitat mit dem Beginn eines Absatzes im Original einsetzt, sonst nicht.

Wenn heute die bahnbrechenden erzählerischen Neuerungen Virginia Woolfs besprochen werden, so wird oft vergessen, dass für die junge Virginia Schreiben zunächst Imitation bedeutete:

Sie [Virginia Woolf] horchte genau zu, stahl den Erwachsenen die Worte und Sätze von den Lippen und versuchte sich selbst damit, dies mit erstaunlicher Zähigkeit und Leidenschaft. Sie spielte die Sprache der Erwachsenen nach. Früh fing sie an zu schreiben, für sich, im Ton der Erwachsenen, Schreiben als Imitation (Waldmann, 1983:19).

Wir können dem entnehmen …

Aufgrund der Schlankheit der hier verwendeten Textkolumne wurde auf einen Einzug des Zitats verzichtet. Musterseite 5 in Anhang I illustriert ein symmetrisch eingerücktes Zitat bei entsprechend längeren Textzeilen.

Lange Zitate (von mehr als einer Seite) verweise man in einen Anhang. Sind ausschließlich kurze Beispiele zu zitieren, so schreibt man durch, damit sich ein Block ergibt (kurze Quellenangaben in Klammern), zB

Wer mit Erfolg lernen will, muss das Mitschreiben beherrschen (Hasselhorn, S. 96). – Organisieren heißt *Ordnen mit Voraussicht* (Denk,

S. 19). – Notieren ist eine Kunst (ib., S. 62). – Reduziere … in deinem Archiv alle Tara auf das Äußerste! (ib., S. 103). – Wer redet, muss sich in die Rolle der Zuhörer hineinversetzen (Brinkmann, S. 126).

In nicht-sprachwissenschaftlichen Arbeiten kommt man gewöhnlich mit den normalen (doppelten) Anführungszeichen aus (siehe hierzu auch den einleitenden Teil von Abschnitt 4.11). Nur das Zitat im Zitat wird durch einfache Anführungszeichen gekennzeichnet. Zitate der Quellen werden behandelt wie die der Sekundärliteratur, erhalten also ebenfalls normale Anführungszeichen, die auch einheitlich für gelegentliche Übersetzungen und Bedeutungsangaben benutzt werden können. Für Buchtitel und diskutierte Wörter ist jedoch auch in solchen Arbeiten der Kursivsatz obligatorisch.

doppelte und einfache Anführungszeichen

4.11 Die Hervorhebung

Kommen in der gesprochenen Sprache Zitate vor, so werden sie durch den Kontext oder durch die Intonation oder durch beides von den eigenen Worten des Sprechers abgehoben. In der Schrift werden für diesen Zweck bestimmte optische Hervorhebungsmittel verwendet, und zwar der Einheitlichkeit wegen auch dann, wenn der Kontext die Situation zur Genüge klarmacht.

Als grundsätzliche Auszeichnungsmöglichkeiten für die verschiedensten Textelemente kommen heute in Betracht:

gebräuchliche Auszeichnungen

(a) der Kursivdruck;
(b) der Fettdruck;
(c) das Einrücken von Textblöcken;
(d) die Verwendung einer größeren oder einer kleineren Schrift;
(e) die einfache ('') oder doppelte ("") Anführung.

Nicht mehr gebräuchlich ist heute die Sperrung. Von Sonderfällen abgesehen ist auch die Unterstreichung weitgehend unüblich geworden; sie diente auf der Schreibmaschine primär als Ersatz für eine fehlende Kursivierung. Glaubt man, in bestimmten Kon-

Sperrung und Unterstreichung möglichst meiden

texten auf die Unterstreichung nicht verzichten zu können, so sollte man nur Wörter, nicht aber Wortzwischenräume und Satzzeichen unterstreichen (zur Kursivierung von Satzzeichen siehe jedoch 4.11(7), Anm. 2). Welche Auszeichnung für welche Textelemente und Funktionen infrage kommt, unterliegt gewissen Konventionen, die in den nachfolgenden Abschnitten erläutert werden. Weitere Empfehlungen finden sich in Abschnitt 9.1(5).

Kursivsatz als Hervorhebung

Die normale Hervorhebung in elektronischen Manuskripten wie im Lichtsatz geschieht durch die Wahl einer der Hauptschrift entsprechenden Kursivschrift, die jedoch im (semi-)professionellen Bereich einen eigenen Schnitt hat, sich dadurch stärker von ihrem Rekte-Pendant abhebt und nicht mit der leider noch oft anzutreffenden Schrägstellung der Normalschrift (Rekteschrift) zu verwechseln ist. Wichtig ist, dass kursiv Gesetztes nicht zusätzlich noch durch Anführungszeichen hervorgehoben wird. Dies ist höchstens in seltenen Ausnahmefällen gerechtfertigt. Folgende Textelemente bedürfen einer Auszeichnung:

redundante doppelte Auszeichnung meiden

Hervorhebung von diskutiertem Material

(1) **Hypologisches ('diskutiertes') Material.** Unter hypologischem Material wollen wir Buchstaben, Wörter, Wendungen und Sätze verstehen, von denen als solchen gesprochen wird, die also nicht zu den Worten des Autors gehören. Kursivsatz ist hierfür ideal. Auszeichnungen dieser Art sind naturgemäß besonders häufig in sprachwissenschaftlichen Arbeiten, in denen über sprachliche Zeichen wie Laute, Wörter, grammatische Konstruktionen usw gesprochen wird. Hier kann man Aussagen wie die folgenden finden:

(i) Im Deutschen ist die Lautverbindung *tf* zu Wortbeginn nicht möglich, da es kein deutsches Wort gibt, das mit *tf* beginnt.

(ii) Der Satz *Goethe erschien in Italien* ist doppeldeutig, je nachdem, ob mit Goethe die Person oder ein Buchtitel gemeint ist.

(iii) Das Beispiel *It is a truism to say that that which can not be readily classified will tend to be overlooked.* (BB aca/A6U.xml 1991:308) zeigt die Abfolge 'Konjunktion *that* – Pronomen *that*.'

(iv) Auch im Mittelenglischen kann das Relativpronomen als Subjekt des Relativsatzes fehlen, zB *with hym ther was a plowman, was his brother* (CT I, 529) 'bei ihm war ein Landmann, der sein Bruder war'.

Der Kursivsatz bzw die einfachen Anführungszeichen signalisieren, dass die gekennzeichneten Elemente nicht Teil des Texts sind, in denen der Autor zum Leser spricht (Verkehrssprache), sondern selbst ein Gegenstand, *über* den er spricht. Für solches und ähnliches Sprachmaterial – Zitate im weitesten Sinne oder 'hypologisches' Material (die Termini *Objekt-* und *Metasprache* werden hier bewusst gemieden) – sind visuelle Hervorhebungsmittel (eigentlich Unterscheidungsmittel) erforderlich. Kursivsatz und einfache Anführung

Sofern, wie in den Beispielen (iii) und (iv), das diskutierte Material ein 'Beleg' aus einer untersuchten Quelle ist, so steht die abgekürzte Quellenangabe unmittelbar hinter dem kursiv gesetzten Beleg in normaler Schrift in Klammern. Im Beispiel (iii) bedeutet die Sigle *BB* 'Baby BNC' (ein Teilkorpus des British National Corpus), *aca* steht für 'academic text', gefolgt vom Dateinamen und dem Erscheinungsjahr des Quelltextes und der Identifikationsnummer des Belegs. Entstammt der Beleg einer Textausgabe oder einer anderen Monografie, so zitiert man diese in Kurzform mit Seiten- bzw Versangabe (siehe hierzu auch 1.1(13)). Dies wird in (iv) illustriert, wo CT I für *The Canterbury Tales,* Fragment I steht. Man beachte, dass abgesetzte Belege mit eigener Zählung weder kursiviert noch in Anführungszeichen gesetzt werden. Quellenangaben und Übersetzungen nach Belegen

Wollte man Quellenangaben für Belege in die Anmerkungen verweisen, so würden diese in der Regel zu zahlreich und verwirrend. Normalschrift für die Quellenangabe (keine Kursivierung) genügt, weil die Titelabkürzung zusammen mit den Ziffern für Seite, Spalte, Vers oder Zeile bereits selbst die Funktion einer Auszeichnung erfüllt und sich so auch besser von dem kursivgesetzten Beleg abhebt. Ist einem Beleg, wenn er etwa einer fremden Sprache entstammt, eine Übersetzung beigefügt, so steht diese ebenso wie Paraphrasen oder Bedeutungsangaben in derselben Sprache in einfachen Anführungszeichen *oben,* die im Druck die Form '...' haben. Übersetzungen in einfachen Anführungszeichen

Reguläre wörtliche Zitate, mit denen man sich auf der gleichen Ebene auseinandersetzt, auf der auch ihr Urheber argumentierte, doppelte und einfache Anführung stehen auch in sprach- und literaturwissenschaftlichen Arbeiten in doppelten Anführungszeichen. Da die doppelte Anführung für diesen Zweck reserviert ist, sind zur neutralen Hervorhebung einfache Anführungszeichen (neben dem Kursivsatz) besser geeignet. Sie zeichnen (besser als die doppelten) ferner Wörter und Wendungen aus, die in einer besonderen Bedeutung benutzt werden, zB: Die Charakterisierung der beschriebenen Methode als 'Zirkelverfahren'; die Lehre vom 'absoluten Logos'. Die Anführung ersetzt hier wörtliche Hinweise wie 'so genannt', 'von anderen so bezeichnet', 'in diesem Zusammenhang in einem besonderen Sinne zu verstehen' usw. Man benutze die Anführung in letzterer Funktion möglichst nur in begründeten Fällen und meide sie überall dort, wo man einen besseren oder präziseren Begriff finden kann, der keiner Anführung bedarf.

Hervorhebung in hervorgehobenem Text

Man vermeide die neuerlich häufiger auftretenden Unterstreichungen innerhalb kursiv gesetzter Beispiele; man schreibe also zB 'Er sagte, es *sei* so' oder *Er sagte, es 'sei' so*, nicht *Er sagte, es sei so*. Alternativ kann auch die Rekteschrift als Auszeichnung innerhalb kursiver Texte dienen; siehe hierzu das bibliografische Beispiel in Abschnitt 4.11(3). Im Text integrierte normale Zitate, etwa aus der Sekundärliteratur, stehen auch in sprachwissenschaftlichen Arbeiten in doppelten Anführungszeichen.

Zusammenfassung: Verwendung von Anführungszeichen und Kursivsatz

Als Richtschnur für die Hervorhebung von Wörtern und Wendungen kann somit gelten: Doppelte Anführungszeichen für wörtlich Zitiertes, einfache für Bedeutungsangaben, Zitate im Zitat oder auch geborgte Begriffe wie zB "Was der Autor als 'misconception' bezeichnet" (gemeint ist das englische Wort), Kursivschrift für Belege und dem eigenen Stil Einverleibtes, zB 'Dies entspricht in der Tat dem, was man englisch als *misconception* bezeichnet.'

(2) Hervorhebung in Zitaten. Auch innerhalb von Zitaten besteht manchmal – und weit seltener als einige Autoren glauben – die Notwendigkeit der Hervorhebung einzelner Teile, die ebenfalls durch Kursivierung erfolgen sollte, damit man nach der Abführung in Klammern hinzufügen kann: 'Hervorhebung von mir' oder 'Meine Hervorhebung'. Beispiel:

(Hervorhebung von mir)

"Es fällt jedoch auf, dass in Shakespeares Dramen gegenüber den Textvorlagen *christliches Ritual* und klerikales Personal reduziert sind (Historien), *katholisches Zeremoniell* vom Sinn- zum bloßen Handlungselement verflacht (*Romeo and Juliet*), *christliche Bezüge* ausgespart werden …" (Schabert, [2]1978:371; meine Hervorhebungen).

Enthält das Zitat bereits kursive Hervorhebungen, so weiche man am besten auf Kapitälchen aus und spezifiziere die eigene Hervorhebung entsprechend, zB 'Kapitälchen von mir'.

ANMERKUNG 1: Abgesetzte Beispiele, Formeln, Regeln u. dgl. werden durchnummeriert (grafische Darstellungen und Tabellen auch in getrennter Zählung kapitelweise, zB *(1), (2)* usw für Beispiele, *Tafel 4.1, Tafel 5.5* usw für Tabellen), wobei in sprachwissenschaftlichen und ähnlichen Arbeiten die Zahlen links randbündig oder auf die Höhe des Absatz-Erstzeileneinzugs eingerückt vor den Beispielen in Klammern stehen, in naturwissenschaftlichen zur Durchzählung der Formeln auch randbündig rechts, zB

(1)   Farblose grüne Ideen schlafen wild

(7)
$$\lim_{x \to \infty} \frac{\pi(x)}{\left(\frac{x}{\log(x)}\right)} = 1$$

Der Sinn ist, dass man sich im Text auf die Zählung beziehen kann, zB: … *wie aus (1) hervorgeht* bzw *Das Primzahltheorem in (7) gilt nur, falls …*

ANMERKUNG 2: Geht es nicht explizit um eine Diskussion sprachlicher Zeichen, so schreibt man: das Prinzip der Hoffnung, das Wort Hoffnung, die so genannte Kreuzschaltung. In sprachwissenschaftlichen Arbeiten wird man solche Begriffe hingegen auszeichnen: das Wort *Hoffnung,* der Begriff 'hoffen'. Die Grenzen sind fließend. Pedantische Hervorhebungen sollten vermieden werden. Unangemessen sind Anführungszeichen zur Hervorhe-

Keine Metaphern in Anführungszeichen

bung ('Heute "frische" Eier', 'aus "echten" Materialien') oder zur Kennzeichnung normaler Metaphern ('Er "baute" sein Examen, konnte damit aber nicht "landen"').

Kursivierung in Formeln

ANMERKUNG 3: Größen und Variablen in Formeln werden kursiviert, Indizes aber nur dann, wenn der Index für eine Größe oder eine Variable steht. Wir finden somit einen kursiven Index im Falle von p_T ('Druck p in Abhängigkeit von der Temperatur T,' aber v_{max} 'maximale Geschwindigkeit.') Abkürzungen und Konstanten werden in Rekteschrift wiedergegeben.

(3) Fremdsprachliche Ausdrücke. Wörter und Ausdrücke, die einer fremden Sprache entnommen sind und ihre fremdsprachliche Gestalt behalten haben, werden dann kursiv gesetzt, wenn sie nicht zitiert werden, sondern zum Stil des Verfassers gehören, zB

In diesem Werk analysiert er die Situation *sine ira et studio*. – Dies lässt sich nur als *tour de force* bezeichnen. – Ein Kunstwerk *par excellence*. – Von *fairplay* konnte nicht die Rede sein.

Fremdsprachliches in kursiven Titeln

Kommen fremdsprachliche Ausdrücke wie zB lateinische Gattungsnamen innerhalb eines kursiven Textes vor, so werden sie in Umkehrung des oben geschilderten Prinzips üblicherweise durch einfache Rekteschrift ausgezeichnet. Dieses Prinzip wird auch vom BibTex-Modul des Satzprogrammes LaTex angewendet. Beispiel:

Janczyk, Pawel. 2005. *Evaluation of nutritional value and activity of green microalgae* Chlorella vulgaris *in rats and mice*. Berlin: Mensch & Buch.

eingebürgerte Wendungen

Empfindet man fremdsprachliche Wörter und Wendungen als eingebürgert und völlig geläufig, so kann man auf ihre Auszeichnung verzichten. Es ist somit auch nichts gegen 'ein Kunstwerk par excellence' einzuwenden, und man schreibt demgemäß Wörter wie Malaise, Esprit, Pointe, Manager, Fairness konsequenterweise mit großen Anfangsbuchstaben und belässt sie in Rekteschrift. Aber auch Wendungen wie 'ad absurdum führen' können bereits getrost ohne Auszeichnung bleiben.

Leider unterscheidet das *Duden-Fremdwörterbuch* nicht zwischen eindeutig Fremdsprachlichem und eingedeutschten Fremdwörtern (gleiche Schrift für *jusqu'au bout, Esprit* und *juristisch*). Nach *Duden* schreibt man: *Numerus clausus, Carte blanche, Short Story* (für früheres *Short story*), nicht: *numerus clausus* usw (klein und kursiv).

Duden-Fremd-wörterbuch

(4) Titel von Büchern, Zeitschriften, Zeitungen, Theaterstücken und Gedichten. Das entscheidende Kriterium ist hierbei die Veröffentlichung als Einzelwerk – das kann ein Buch oder auch nur ein Pamphlet sein – auf die Länge kommt es nicht an. Faustregel: Titel selbstständig veröffentlichter Werke werden kursiviert, während solche nichtselbstständig veröffentlichter Schriften meist in Anführungszeichen gesetzt werden. Bild- und Tonträger werden analog behandelt (DIN 1505).

Faustregel

Die Folge ist, dass Gedichttitel meistens anzuführen, gelegentlich aber auch zu kursivieren sind. Es ist nichts dagegen einzuwenden, wenn im Zweifelsfall vor allem Titel längerer Gedichte kursiv gesetzt werden, auch wenn sie nicht als Einzelveröffentlichung erschienen sind. Alle anderen Titel stehen in normalen doppelten Anführungszeichen, also insbesondere die Titel von Zeitschriftenaufsätzen, Essays aus Sammelbänden, Gedichten, die als Teil einer Gedichtsammlung veröffentlicht wurden, und ähnlichem. Auch die Titel von Reihen und Serien werden, wenn sie im laufenden Text vorkommen, angeführt, zB "Neue deutsche Forschungen", "Early English Text Society", "Sitzungsberichte der … Akademie" usw. Die Namen von Gesellschaften und Bezeichnungen ähnlicher Art können unangeführt bleiben, zB Early English Text Society, Philologische Gesellschaft, Weimarer Ausgabe. Auf die Kursivierung von Buchtiteln kann auf keinen Fall verzichtet werden. Anführungszeichen sind für diesen Zweck überholt. Auch gekürzte Titel werden kursiviert.

Titel von Gedichten, Zeitschriften-aufsätzen u.a.

(5) Einzelwörter. Wenn bestimmte Einzelwörter den Ton tragen, ohne dass dies aus dem syntaktischen Zusammenhang für den Leser ohne Weiteres hervorgeht, müssen sie durch Kursivsatz hervorgehoben werden:

markierte Betonung von Einzelwörtern

Wesentlich ist, *dass* etwas geschieht, auf den Zeitpunkt kommt es nicht an. – Eine *brauchbare* Darstellung wurde nicht gegeben (dh es wurde immerhin eine Darstellung gegeben).

Es ist hierbei zu bedenken, dass die Sprache zahlreiche Möglichkeiten kennt, die Sinnspitzen der Sätze auch auf andere Weise als durch Betonung kenntlich zu machen, etwa durch hinweisende Wörter oder durch die Wortstellung zB *gerade dies, auch zu Anfang, ausgeführt wurde der Plan nicht* (versus *der Plan wurde nicht ausgeführt*). Somit muss von dieser Hervorhebung nur selten Gebrauch gemacht werden; sie ist dann aber auch unbedingt erforderlich. Siehe auch Abschnitt II.4.5.

wichtige Begriffe in Lehrbüchern

(6) **Wichtige Begriffe.** Es ist verlockend, in wissenschaftlichen Arbeiten zentrale Begriffe, die gerade diskutiert werden, oder sonstige wichtige Feststellungen ebenfalls hervorzuheben. Im Allgemeinen ist von Hervorhebungen dieser Art abzuraten. Wo man glaubt, sie nicht entbehren zu können – das kann zB der Übersichtlichkeit und Einprägsamkeit wegen in Lehrbüchern der Fall sein – kommen hierfür am ehesten KAPITÄLCHEN in Betracht. Soll die Hervorhebung kräftiger sein, wird man **Fettdruck** verwenden, der, nicht zu üppig eingesetzt, gegenüber Kapitälchen die bessere Lesbarkeit für sich hat. Die gelegentlich noch anzutreffende Sperrung wirkt heute pedantisch und altmodisch.

Auszeichnung von Überschriften

(7) **Abschnittstitel.** Skalierbare Schriften sind heute ideal, um zwischen Überschriften verschiedener Ebenen zu differenzieren. Daneben können Überschriften zweiter oder dritter Ordnung (nicht jedoch Kapitelüberschriften, die halbfett gesetzt werden sollten) auch durch Kursivierung ausgezeichnet werden. Unterstrichene Überschriften sind ästhetisch nicht sehr befriedigend. Stehen weder verschiedene Schriftgrößen noch Kursivsatz zur Verfügung, so arbeitet man am besten mit einer Auszeichnung durch unterschiedliche Leerräume. In Lichtsatzvorlagen unterstreiche man entweder gar keine Überschriften und überlasse ihre Form dem Verlag oder benutze, falls man seiner Sache sicher ist, die vom Verlag gewünschten Auszeichnungen (siehe Abschnitt

9.1(2)). Absatztitel, denen der Text in derselben Zeile folgt, sind stets durch Fettdruck oder Kursivsatz hervorzuheben.

ANMERKUNG 1: In bestimmten Fällen kann eine Umkehrung von Rekteschrift und Kursive erforderlich sein. So setzt man gewöhnlich in einem Index Hinweise wie *siehe, vgl.* usw kursiv. Ähnlich verfährt man bei Druckfehlerberichtigungen, zB: *für* Biografie *lies* Bibliografie. Bei Titeln und sprachlichen Wendungen, die innerhalb von Titeln vorkommen, benutzt man am entweder einfache Anführungszeichen, wie zB *'Wald' und verwandte Begriffe im Romanischen; Bilder und Symbole in Goethes 'Faust'* oder die Rekteschrift innerhalb kursiver Titel.

Invertierung von Petitschrift und Kursive

ANMERKUNG 2: Man achte generell darauf, die Satzzeichen mit zu kursivieren, wenn sie nicht aus besonderen Gründen von der Kursivierung ausgenommen werden sollen. Senkrechte Satzzeichen nach Kursivbuchstaben wirken optisch unschön; vgl. *kursiv:/kursiv:* (siehe 8.11).

kursive Satzzeichen

ANMERKUNG 3: In mathematischen und technischen Arbeiten wird gemäß DIN-Vorschrift Rekteschrift für Einheiten, Kursivschrift für Größen verwendet, zB R_{min} 'Minimalwiderstand', R_1 'Widerstand 1'. Die Unterstreichung ist in solchen Arbeiten für komplexe Zahlen reserviert.

naturwissenschaftliche Einheiten und Größen

ANMERKUNG 4: In philologischen und sprachwissenschaftlichen Studienbüchern setzen sich die folgenden Hervorhebungen durch: (1) Kursive für Wörter und Beispiele im Text, ebenfalls für besonders betonte Wörter, (2) einfache Anführung, wenn innerhalb eines längeren Beispiels etwas durch 'kursiv' hervorgehoben werden soll (alternativ: kursiv mit 'gerade,' mit Kapitälchen oder – im Ausnahmefall – mit Unterstreichung), (3) Kapitälchen für Überschriften über Thesen und Anmerkungen im Text, die – wie in diesen Anmerkungen – auch als 'Spitzmarken' (s. 3.9) erscheinen können.

Hervorhebungen in philologischen Arbeiten

5 Die Anmerkung

5.1 Zweck der Anmerkung

Anmerkungen enthalten Material, das im Text der Arbeit nicht gebracht werden kann, da es nur mittelbar auf den Text Bezug nimmt und die glatte Lektüre stören würde, das aber auf der anderen Seite doch für eine wissenschaftliche Abhandlung unentbehrlich ist. Im Folgenden werden drei Hauptaufgaben von Anmerkungen besprochen, von denen die zweite, die Dokumentation, zunehmend von einer bibliografiebezogenen Kurzreferenz im Text selbst (siehe Abschnitt 5.2.1) wahrgenommen wird.

5.1.1 Erläuterungen und Modifizierungen

Missbrauch von Anmerkungen

Es kann vorkommen, dass gewisse Ausführungen am Platze sind, die den Verlauf der Argumentation in der Arbeit selbst stören würden, aber immerhin wichtig genug sind, dem Leser mitgeteilt zu werden. Es kann sich da etwa um Einschränkungen oder Ausblicke handeln, die nur für eine kleine Gruppe von Lesern von Interesse sind, oder auch um gewisse technische Einzelheiten, die nicht wichtig genug sind, um im Text zu erscheinen; es sind die verschiedensten Anlässe zu solchen Anmerkungen denkbar. Gewarnt werden muss nur vor der Unsitte, in eine Arbeit auf Biegen und Brechen jede Lesefrucht und alle möglichen Kenntnisse hineinzuarbeiten. Die Anmerkung ist kein Ablagerungsplatz für Dinge, die mit dem Gegenstand der Arbeit nur sehr entfernt zu tun haben. Alles, was zum Verständnis notwendig ist, gehört überhaupt nicht in die Anmerkung, sondern in den Text. Es ist ebenso bequem wie sinnvoll, weniger Wichtiges, auf das man nicht verzichten möchte, in den Text selbst durch Einschaltungen in kleinerer Schrift (Petitsatz) zu integrieren.

5.1.2 Dokumentation

Es ist die Pflicht eines Wissenschaftlers, die Quelle einer jeden Aussage anzugeben, die nicht von ihm selbst herrührt, sei es, dass er nun wörtlich zitiert oder nur inhaltlich Fremdes übernimmt. Das ist Ehrensache. Aber die Dokumentation hat darüber hinaus einen wissenschaftlichen Sinn: der Leser muss die Möglichkeit haben, die Ausführungen eines Autors nachzuprüfen. Der wissenschaftliche Irrtum ist nicht so gefährlich wie die Nicht-Nachprüfbarkeit einer wissenschaftlichen Behauptung. Ist jede Behauptung nachprüfbar, so erledigt sich der Irrtum von selbst.

Auf der anderen Seite darf man nicht allgemein Bekanntes und Selbstverständliches 'dokumentieren' wollen. Man beruft sich bei der Nennung von Goethes Lebensdaten nicht auf ein Lexikon oder eine Biografie; auch nicht auf ein etymologisches Wörterbuch für die Feststellung, dass das Wort *Politik* auf das Griechische zurückgeht. Im Übrigen bringt man kurze Hinweise, etwa auf ein Datum, eine Seitenzahl und Ähnliches besser im Text selbst in runden Klammern. Bei Zitaten und bei der inhaltlichen Wiedergabe oder Übernahme fremden Materials bedarf es stets einer Herkunftsangabe – je nach Länge der Angabe im Text selbst oder in einer Anmerkung. Es muss nachdrücklich betont werden, dass dafür ein Literaturverzeichnis kein Ersatz ist. Siehe hierzu Abschnitt II.6 über das Plagiat.

Quellenangaben in Anmerkungen

5.1.3 Nachträge

Es gibt die goldene Regel, nach der Anmerkungen nicht nachträglich geschrieben werden sollten; sie sollten auch, wie bereits gesagt, keine Müllhalde für Material sein, das man aus Scheu vor einer Neuordnung des Haupttextes nicht in den Text integriert hat. Dennoch sind dem Wissenschaftler gerade in einer Zeit, in der er sich einer Flut neuer und neuester Literatur gegenübersieht, Nachträge zuzugestehen, die er am einfachsten in einer Anmerkung unterbringt. Dies ist allemal besser, als unter Zeitdruck ein geordnetes Manuskript durch Einschübe im Haupttext zu gefähr-

Nachträge unter Zeitdruck

den. Trotz der heute vollautomatischen Neuzählung aller Anmerkungen, durch die spät Hinzugefügtes nicht mehr anhand von Einschubzählungen wie *7a* erkennbar ist, darf man ruhig ehrlich sein und in der Anmerkung beispielsweise sagen, dass man einen bestimmten Aufsatz, den man für wichtig hält, zu spät in die Hände bekommen hat und somit nur noch das Allerwichtigste nachtragen kann. Man achte jedoch auf eventuelle Verweise auf Anmerkungen, die ggf. ebenfalls aktualisiert werden müssen.

5.2 Alternativen zur Anmerkung

Es gibt eine Reihe von Strategien, um Anmerkungen auf ein Mindestmaß zu beschränken. Die Regel sollte sein: Nichts in die Anmerkung, was zum Text gehört und keine überflüssigen Anmerkungen. Anmerkungen sind nicht dazu da, der Arbeit einen wissenschaftlichen Anstrich zu geben und den Leser zu beeindrucken.

sparsam mit Anmerkungen umgehen   Im Stadium des Entwurfs einer Arbeit sind Anmerkungen meist ganz überflüssig (siehe 5.1.1). Eine gute Strategie ist es, in erster Linie nur das in eine Anmerkung zu setzen, was einem erst im Stadium der Endfassung einfällt. Es ist erstaunlich, was bei einigem Nachdenken an Anmerkungen eingespart werden kann! Im Folgenden werden weitere Wege hierzu aufgezeigt.

5.2.1 Bibliografiebezogenes Zitieren (Autor-Jahr-System)

Harvard-Notation als Kurzzitierweise   Vor allem in sprach- und naturwissenschaftlichen Arbeiten ist eine sehr empfehlenswerte, einfache und Raum sparende Zitierweise (die sog. Harvard-Notation) üblich geworden, die allerdings nur bei einer mitgelieferten Bibliografie anwendbar ist. Sie hat sich immer stärker durchgesetzt, da die Mitlieferung einer Bibliografie weitgehend üblich geworden ist (in manchen Zeitschriften erscheinen sogar Rezensionen mit einer Bibliografie). Die Kurzzitierweise besteht aus folgenden Angaben, die der wörtlichen oder sinngemäßen Übernahme fremden Materials einfach

in runden Klammern hinzugefügt werden und somit an die Stelle
von Fußnotenziffer und Fußnote treten:

> (a) Verfassername (ohne Vornamen),
> (b) Erscheinungsjahr der Publikation, aus der zitiert wird,
> (c) Seitenzahl(en).

Werden nicht Seitenzahlen, sondern etwa Spalten, Paragrafen,
Abschnitte oder Kapitel zitiert, so ist dies deutlich zu machen. Bei
gedruckten Publikationen ist dies eher die Ausnahme, bei Internet-Dokumenten im HTML-Format hingegen die Regel, da diese
keine Seitenzählung aufweisen. Die Zeichensetzung schwankt,
doch der symmetrisch gesetzte Doppelpunkt, wie er in den ersten
drei der folgenden Varianten gezeigt wird, scheint sich durchzu-
setzen und sei auch hier empfohlen:

> … (Zitatende)" (Wilpert, 2001:123–4). [*weniger gut* 2001: 123–4]
> … (Zitatende)" (Greenbaum & Quirk 1992:Kap. 7).
> … (Zitatende)" (Baugh & Cable [5]2002:§§146–9).
> … (Zitatende)" (Wilpert 2001.123–4). [*Seitenangabe*]
> … (Zitatende)" (Wilpert, 2001, 123–4).

Natürlich finden solche Literaturangaben nicht nur nach wörtlichen Zitaten, sondern auch nach sinngemäßen Übernahmen
Anwendung. Sind in einem Jahr mehrere Publikationen desselben Autors erschienen, so unterscheidet man sie bei gedruckten
Texten durch Kleinbuchstaben nach der Jahreszahl, zB '(Müller,
2007b:24)', bei Internet-Publikationen durch das genaue Datum
(falls vorhanden). Auch sagt man heute bereits: 'Chomsky 1992
beobachtete …', 'In Chomsky 1992 wird mitgeteilt,' hier und da
auch noch 'in Chomsky (1992) wird mitgeteilt'. Die Metonymie,
Personenname für ein Buch, nimmt man in Kauf. Will man sie
vermeiden, kann man den von Chomsky mitgeteilten Sachverhalt
schildern und dann Jahreszahl und Seitenangabe in Klammern
hinzufügen. Vorsicht im Übrigen vor Pedanterie: Man vermei- **ungeschickte**
de zB 'Müller berichtet (Müller, 1998:24)' und ähnliche Doppe- **Doppelungen**
lungen. Folgendes Beispiel gibt Sachverhalte aus zwei Publikati- **meiden**

onen Chomskys wieder (weitere Beispiele geben die Musterseiten in Anhang I):

Nach Chomsky brauchen wir die Sprache nicht zu erlernen; wir sind mit einer angeborenen genetischen Lernhilfe, *language faculty*, *language acquisition device* (LAD) oder auch *initial state (of the mind)* genannt, ausgestattet (1981:33–4), die ganz wie ein körperliches Organ (1975:10) in uns heranwächst und somit genauso studiert werden sollte wie zB das visuelle System eines Organismus in den Naturwissenschaften (1981:33–4).

Kurzzitierweise statt Fußnote

Diese ursprünglich in den Naturwissenschaften heimische Form hat den großen Vorteil, den Lesefluss des Lesers nicht zu unterbrechen und ihm nicht die Mühe aufzubürden, nach dem Studium der Fußnote die Anschlussstelle im Haupttext wieder zu finden. Literaturangaben in Fußnoten zwingen den Leser, der wissen möchte, wessen Ausführungen gerade wiedergegeben werden, ferner oftmals dazu, nicht nur den Haupttext zu verlassen und die jeweilige Fußnote zu suchen, sondern ggf. auch noch

Harvard-Notation

Querverweise von einer Fußnote zur anderen zu verfolgen. Die Harvard-Notation ermöglicht zudem eine logische Trennung zwischen "echten" Fußnoten, in denen der Autor zusätzliche Informationen gibt, und reinen Literaturangaben.

Diesen Vorteilen stehen auch Nachteile gegenüber. Die Kurzzitierweise ist nur für diejenige Literatur geeignet, mit der man sich wissenschaftlich auseinandersetzt, nicht jedoch für literarische Quellen, deren Inhalt und Bedeutung man erforscht. In einer Arbeit über Goethe kann man sich nicht gut auf 'Goethe 1806' beziehen, es sei denn, man befasst sich mit einem Gegenstand der Optik und stellt Goethes *Farbenlehre* auf eine Stufe mit zeitgenössischen Werken. Geht man etwa in geschichtlichen und literaturwissenschaftlichen Arbeiten noch weiter zurück, etwa aufs Mittelalter, so leuchtet die Unmöglichkeit, ältere Texte in der vorgeführten Weise zu zitieren, unmittelbar ein. Ausweg: Man trennt in der Bibliografie nach 'Quellen' und 'Literatur' und zitiert die Quellen in herkömmlicher Weise. Alternativ kann man – besonders bei bekannteren Textausgaben – Kürzel wie RCh für

The Riverside Chaucer für bestimmte Ausgaben einführen, auf die man sich dann in der Kurzzitierweise beziehen kann. Ein Beispiel hierfür liefert Musterseite 9 in Anhang I. Diese Kürzel sollten dann auch dem Eintrag in der Bibliografie vorangestellt werden.

Ein weiterer Nachteil besteht darin, dass naturgemäß immer das Jahr der Erstveröffentlichung zu nennen ist und Nachdrucke und Neuausgaben zu Komplikationen führen können. 'Nietzsche 1980' nimmt sich merkwürdig aus, 'Nietzsche 1872' identifiziert aber vielleicht nicht die benutzte Ausgabe, deren Anführung den Vorrang hat. Es wird empfohlen, wenigstens in der Bibliografie, möglichst auch bei der Nennung im Text, die tatsächliche Sachlage anzudeuten, zB in der Form 'Nietzsche [1872] 1983:5' oder 'Müller ⁴1984:17' (Bibliografie: ⁴1984 [¹1958]) oder – bei einfachen Nachdrucken – 'Müller, 1958:17' (Bibliografie: 1958; 1983 [Nachdruck]). Siehe hierzu auch Abschnitt 6.10.4.

Zitieren älterer Quellen

Hier und da stößt man in der Literatur auf eine noch kürzere Zitierweise, zB [25], 41 oder 25, 41. Die Ziffer 25 bezieht sich dann auf die laufende Nummer 25 in der beigegebenen Bibliografie. Das Verfahren ist nicht empfehlenswert, da die Angabe ohne Name und Jahr zwar eindeutig, aber noch weniger informativ ist als die in der oben vorgeführten Form, die nicht viel mehr Raum beansprucht.

5.2.2 Querverweise im Text

Früher oft in Fuß- oder gar in Endnoten untergebrachte Verweise auf andere Stellen der eigenen Arbeit, vor allem solche auf spätere Stellen, sollten wie Angaben zu Sekundärliteratur möglichst im Text selbst, und zwar ebenfalls in runden Klammern gemacht werden. Sie sind auf ein Mindestmaß zu beschränken; wo sie wirklich notwendig sind, ist gegen sie jedoch nichts einzuwenden. Beispiele: *(s. Fig. 1)*, *(vgl. Anhang I)*, *(vgl. S. 135)*, *(Näheres hierzu in §§142–4)*.

5.3 Die allgemeine Form der Anmerkung

5.3.1 Fußnoten versus Endnoten

Fußnoten praktischer als Endnoten

Die für den Leser mit Abstand praktischste Form der Anmerkung ist die Fußnote. Man sollte sich jedoch nicht ohne Not in sie verlieben und den Fußnotenapparat nach Möglichkeit durch die oben beschriebene moderne bibliografiebezogene Zitierweise entfrachten. Endnoten haben zwar den Vorteil der leichten Ergänzbarkeit ohne Auswirkungen auf den Seitenumbruch, doch dem steht die Unbequemlichkeit des Blätterns für den Leser gegenüber, der sich diese Mühe nach anfänglichem Nachschlagen vielleicht bald nicht mehr macht und spätere Endnoten ignoriert. Hat man nicht sehr viele überlange Fußnoten (die man vielleicht besser in den Text integriert hätte), so wehre man sich gegen die eventuell von Verlagsseite für Lichtsatz-Manuskripte erhobene Forderung, Endnoten zu benutzen, etwa weil dies kostengünstiger sei. Moderne Satzsysteme kommen damit gut zurecht; somit sollte der Anspruch des Lesers oberstes Gebot sein. Ob man eventuell in einer vorzulegenden Prüfungsarbeit die Anmerkungen am Textende zusammenfassen soll, hängt von den Vorschriften ab. Zu Fußnoten im Reproskript bzw einer Lichtsatzvorlage siehe 9.1(10) und 9.2(12); Beispiele zur Form finden sich in Anhang I.

5.3.2 Anmerkungsziffern

Position von Anmerkungsziffern

Im Text der Arbeit wird auf eine Anmerkung durch eine um eine halbe Zeile hochgestellte arabische Ziffer verwiesen, die weder einen Punkt noch eine Klammer erhält. Sternchen und andere Zeichen werden nur dort verwendet, wo Ziffern zu Verwechslungen führen können, zB in Tabellen und mathematischen Werken. Die Ziffer steht unmittelbar hinter dem Wort oder Satzteil, worauf sich die Anmerkung bezieht, dh sie schließt sich ohne Spatium an den letzten Buchstaben oder an das letzte Satzzeichen an. Beim Zusammentreffen von Anmerkungsziffern mit Satzzeichen steht die Ziffer am besten *hinter* den Satzzeichen. Zum Sonderfall der "schließenden Satzzeichen", zu denen man neben der Abführung auch die schließende Klammer rechnen muss, siehe die nachfolgend zitierte Dudenregel.

Richtig: "Es ist wahrscheinlich", schrieb er, "dass mein Werk den Beifall derer findet, die mir gleichgültig sind."[5] – Da die Werke der Jahre 1835 bis 1840 übergangen werden,[6] entsteht ein unvollkommenes Bild seines Schaffens.[7]

Nicht zu empfehlen: "… die mir gleichgültig sind[5]." – … übergangen werden[6], … seines Schaffens[7].

Die ehemalige *Duden*-Vorschrift, Anmerkungsziffern vor die Satzzeichen und vor schließende Anführungszeichen zu setzen, wurde zugunsten folgender Regel aufgegeben: "Wenn sich die Fußnote auf den ganzen Satz bezieht, steht die Ziffer nach dem schließenden Satzzeichen; wenn die Fußnote sich nur auf das unmittelbar vorangehende Wort oder eine unmittelbar vorangehende Wortgruppe bezieht, steht die Ziffer vor dem schließenden Satzzeichen." (DR, [24]2006:109).

Dudenregel zu Anmerkungsziffern

Wo es ohne Beeinträchtigung der Klarheit möglich ist, stelle man die Anmerkungsziffer ans Satzende. Man vermeide es auch, verschiedene Fußnotenziffern auf eine Fußnote zu beziehen, oder umgekehrt an einer Textstelle mehrere Fußnotenziffern anzubringen.

Falsch: Ein anderer Autor[1] berichtet folgendes: "…". Ein anderer Autor berichtet folgendes:[1] "…".

Richtig: Ein anderer Autor berichtet folgendes: "…".[1]

Falsch: *(Text:)* Die Kunstanschauung, die aus dem *Florenzer Tagebuch*[1] spricht und die sich in den *Frühen Gedichten*[2] niedergeschlagen hat, zeigt unter dem Einfluss Rodins eine Lyrik, die schließlich in den *Sonetten an Orpheus*[3] klare und transparente Formen annimmt. – *(Fußnote:)* [1] [2] [3] Erscheinungsjahre und Ausgaben siehe Literaturverzeichnis.

Richtig: *(Text:)* … Formen annimmt.[1] – *(Fußnote:)* [1] Erscheinungsjahre … siehe Literaturverzeichnis.

Falsch: *(Text:)* Mit dieser Frage haben sich verschiedene Autoren [1], [2], [3] befasst. – *(Fußnoten:)* [1] A. Müller … [2] A. Schulze … [3] A. Mayer …

Richtig: *(Text:)* Mit dieser Frage haben sich verschiedene Autoren befasst.[1] – *(Eine Fußnote:)* [1] A. Müller …; A. Schulze …; A. Mayer …

Zählung von Fuß- bzw Endnoten

Die Fuß- bzw Endnotenzählung kann auf jeder Seite wieder mit 1 beginnen, ratsamer ist es jedoch, die Anmerkungen kapitelweise oder sogar in der gesamten Arbeit durchzuzählen. Die elektronische Textverarbeitung nimmt dem Autor diese Aufgabe ab und korrigiert die Zählung mit jeder eingeschobenen Anmerkung automatisch. Wer im letzteren Falle, auch wenn er ein Buch schreibt, auf dreistellige Ziffern kommt (kritische Textausgaben ausgenommen), lese besser noch einmal nach, was oben über den Zweck der Anmerkungen gesagt wurde.

5.3.3 Formatierung der Fußnote

Fußnoten engzeilig durchschreiben

Benutzt man Fußnoten, so schreibe man sie engzeilig von Rand zu Rand durch und rücke nur die erste Zeile auf den für Erstzeileneinzüge im Haupttext verwendeten Wert (in der Regel ein Geviert der Hauptschrift) ein. Die Fußnotenziffer wird um eine halbe Zeile hochgestellt ('Potenzziffer') und vom ersten Buchstaben durch einen Leerschritt getrennt. Zwischen zwei aufeinander folgenden Fußnoten bleibt eine halbe Zeile leer. All diese Formatierungsmerkmale bringt man praktischerweise in einer Druckformatvorlage unter, die für die automatische und korrekte Formatierung aller weiteren Fußnoten sorgt. Das erste Wort einer Anmerkung schreibt man groß. Das gilt auch bei der Benutzung von Abkürzungen. Man schreibt also: [1] *Vgl.,* [1] *Ib.,* [1] *Siehe oben;* nicht: [1] *vgl.,* [1] *ib.,* [1] *siehe oben.* Sind mehrere Literaturangaben hintereinander zu machen, so ist unter allen Umständen durchzuschreiben; zwischen verschiedenen Angaben steht ein Punkt mit Gedankenstrich.

[1] Günther Müller, *Kleine Goethebiographie* (Frankfurt/M.: Athenäum, [5]1969). – Richard Friedenthal, *Goethe: Sein Leben und seine Zeit* (München: Piper, [10]1996).

Die Anmerkung ist keine Bibliografie und enthält daher in der Regel auch keine bibliografische Auflistung, die, falls doch vorgesehen, insgesamt eingezogen werden müsste. Ein 'Siehe …' ist oft nicht einmal erforderlich, aber besser als das törichte 'Vgl.', wenn es sich um eine Quellenangabe handelt und es eigentlich nichts zu vergleichen gibt.

5.4 Literaturangaben

Hat man sich gegen die bibliografische Kurzreferenz im Text entschieden, die in Abschnitt 5.2.1 (mit gewissen Einschränkungen) empfohlen wurde, so ist die wichtigste Aufgabe der Anmerkung die Benennung der in einem bestimmten Zusammenhang relevanten Literatur, insbesondere also auch die Herkunftsangabe bei Zitaten. Wie vollständig diese Angaben sein müssen, hängt wesentlich davon ab, ob der Arbeit eine Bibliografie beigegeben wird oder nicht. Ist dies der Fall, so ist es aus Gründen der Raumersparnis und zur Vermeidung von unnötigen Wiederholungen statthaft, sich in den Anmerkungen von vornherein auf die Bibliografie zu beziehen. Wie man sich auch entscheidet, in der Mehrzahl der Anmerkungen geht es darum, den genauen Fundort eines Zitats anzugeben.

bibliografische Anmerkungen

5.4.1 Volle Titelangaben

(1) Zeichensetzung. Da die Anmerkung wie ein normaler Text gelesen werden soll, weist die Zeichensetzung entsprechende Unterschiede zu einem bibliografischen Eintrag auf. Wie die bereits vorgeführten Beispiele zeigen, steht an keiner Stelle ein Punkt, vielmehr werden die Einzelangaben durch Kommata getrennt. Um die damit entstehende Gefahr der Unübersichtlichkeit einzuschränken, setzt man Ort und Jahr, eventuell auch die Auflagenangabe, in Klammern. Ein weiterer Anwärter auf eine Klammer kann der Reihentitel sein (siehe 5.4.1(6)). Man beachte, dass vor einer Klammer kein Komma stehen darf. Zur Trennung von Titel

von der Bibliografie abweichende Zeichensetzung

und Untertitel sowie von Ort und Verlag benutzt man den Doppelpunkt; Titel und Untertitel können auch durch einen Punkt getrennt werden. Danach beginnt man den Untertitel mit einem Großbuchstaben, zB *Soziologie der Literatur: Ein kritischer Forschungsbericht.* Titel selbstständiger Schriften werden wie in der Bibliografie kursiv gesetzt, Titel von Zeitschriftenaufsätzen und anderer nichtselbstständiger Schriften stehen in doppelten Anführungszeichen.

[7] Christoph Cornelißen, "Die politische und kulturelle Repräsentation des Deutschen Reiches auf den Weltausstellungen des 19. Jahrhunderts," *Geschichte in Wissenschaft und Unterricht* 52 (2001), 153. [Auch 52 (2001) 153 oder Cornelißen, 2001, … 52:153.]

[11] Herbert Schöffler, *Protestantismus und Literatur: Neue Wege zur englischen Literatur des 18. Jh.* (Nachdruck, Göttingen: Vandenhoeck, 1958 [¹1922]), 26–28.

[5] Friedrich Sengle, "Zur Einheit von Literaturgeschichte und Literaturkritik", *DVjs*, 34 (1960), 328.

[15] Roger Lass (Hg.), *The Cambridge history of the English language* Bd. 3: *1476–1776* (Cambridge: Cambridge University Press, 1999).

Seitenangaben am Ende

Eine Zahlenangabe in arabischen Ziffern als letzte bibliografische Angabe wie in den ersten drei Beispielen (nach Ort, Verlag und Jahreszahl) kann automatisch als Seitenangabe interpretiert werden, sodass die Angabe S. für 'Seite' wegfallen kann. Das letzte Beispiel verweist auf einen Band mit dem Stücktitel *1476–1776* aus einem sechsbändigen Gesamtwerk mit dem Titel *The Cambridge history of the English language.* Beide Titel werden kursiv gesetzt, nicht aber die Bandangabe. Fehlt eine Seiten- oder Paragrafenangabe wie im letzten Beispiel, so impliziert dies, dass man sich auf den ganzen Band bezieht.

'Max Müller' statt 'Müller, Max'

(2) Verfassername. Im Unterschied zur Bibliografie wird in der Anmerkung nie der Zuname des Verfassers nach vorn gezogen, da es hier ja gar nicht um eine alphabetische Reihenfolge gehen kann.

Man schreibt also 'Max Müller', nicht 'Müller, Max'. Allerdings haben einige Zeitschriften diese Unsinnigkeit zur Regel gemacht, die dann natürlich in eingesandten Manuskripten auch zu befolgen ist. Wo ein solcher Zwang jedoch nicht besteht, sollte man die Namensumstellung nicht unnötig nachahmen. Auch für eine besondere Hervorhebung des Namens besteht kein Anlass. Auf keinen Fall sollte der Name kursiv gesetzt werden. Kapitälchen (Großbuchstaben) kann man dann setzen, wenn damit wirklich ein Informationswert verbunden ist und zB auf die Erwähnung des Namens in der Bibliografie hingewiesen werden soll. Beispiele mit mehreren Verfassern finden sich in Abschnitt 6.10.1(2).

(3) **Titelangaben mit Seitenangabe.** Man gibt gewöhnlich die Seite der Quelle an, auf die man sich bezieht. Erstreckt sich die Bezugnahme auf mehr als eine Seite, so heißt es zB 'S. 17–18, S. 17f, S. 17ff' (oder 'f.', 'ff.'), wobei man mit 'ff' im Sinne von 'und die folgenden Seiten' eine gewisse Ungenauigkeit in Kauf nimmt. Bezieht man sich auf ganze Bücher, so fällt die Seitenangabe fort; bei Teilen von Monografien und Zeitschriftenaufsätzen nennt man die erste und die letzte Seite, zB *1–48*. Hat die Arbeit keine Bibliografie und will man genau sein, so schreibe man nicht einfach *29, 13* = Bd. 29, S. 13, sondern *29:1–48; 13*. In die Bibliografie gehört der genaue Fundort des Zitats jedoch nicht.

Spalten in einem Buch oder einer Zeitung bezeichnet man mit Großbuchstaben, zB *S. 72A, 73C, Sp. C unten*. Bei nicht paginierten Schriften können sehr unterschiedliche Probleme entstehen. Gewöhnlich werden die Blätter durchgezählt, wobei die Vorderseite mit *r (recto folio)* oder *a*, die Rückseite mit *v (verso folio)* oder *b* bezeichnet wird, zB *Fol. 27r*. Etwas anders liegt der folgende Fall:

> [1] [William Shakespeare], *An excellent conceited tragedie of Romeo and Juliet* ... (London, 1597), Sig. B 2[v].

Dies ist eine sog. Quarto-Ausgabe eines Shakespeare-Dramas, die keine Paginierung aufweist, sondern nur eine Zählung der Bogen mit Buchstaben von A-K, Signatur genannt. Ein Bogen = 4 Blätter

Details zu Seitenangaben für verschiedene Quellen

1
2
3
4
5
6
7
8
9
A I
A II
A III

**Zitieren von
Versdramen und
Gedichten**

('Quarto') = 8 Seiten. Gemeint ist in diesem Falle die Rückseite des Blattes 2 des Bogens B. Der Titel ist gekürzt. Die Ausgabe
wird auch als Q_1 bezeichnet.

(4) Vers- und Zeilenangabe. Bei Werken, die oft gedruckt
worden sind und in verschiedenen Ausgaben vorliegen, wäre eine
Seitenangabe für den Leser unter Umständen wenig hilfreich.
Versdramen werden daher nach Akt, Szene und Verszeile zitiert,
Versepen und Gedichte gemäß der jeweils vorgefundenen Eintei-
lung (zB Bücher, Gesänge, Strophen). Die Verszeilen gibt man in
arabischen Ziffern an, die übergeordneten Einheiten kann man
mittels großer und kleiner römischer Ziffern differenzieren, soweit nicht andere Bezeichnungen üblich sind. Allerdings setzt
sich die Verwendung ausschließlich arabischer Ziffern mehr und
mehr durch, was Veranlassung gibt, darauf hinzuweisen, dass die
Satzzeichen so verwendet werden müssen, dass das Gemeinte völlig klar ist. Zur Trennung von gleichgeordneten Zahlenangaben
verwendet man am besten ein Semikolon, für Unterordnungen
entweder das Komma oder den Punkt, zB 13, 2; 14, 3 oder 13.2;
14.3.

[6] John Keats, *King Stephen* I.ii.1–5.

Falls erforderlich, muss zusätzlich die volle bibliografische Angabe stehen: John Keats, *The poetical works*, hg. v. Heathcote W. Gar-
rod (London: OUP, 1976 [Nachdruck von ²1958]), S. 386.

[7] Dante Alighieri, *Divina Comedia* III.xxxii.10–15.

Dantes *Divina Comedia* wird nach Büchern, Cantos und Verszeilen zitiert. Im angeführten Beispiel beziehen wir uns auf 'Pa-
radiso', Canto 32, Vers 10–15. Auch Parad. XXXII.10–15 (besser
32:10–15) ist üblich.

Weichen verschiedene Ausgaben in der Zählung voneinander ab,
so setzt man der Eindeutigkeit halber die benutzte Ausgabe in
Klammern hinter die Angabe, zB (mit moderner Interpunktion):

[8] Shakespeare, *Richard II*, 2.1.31–33; 40 ff. (Globe Edition).

Für das Zitieren von Bibelversen wird folgende Form vorgeschlagen: Joh. 3.16; Ps. 126.3, 7, 8, 20–24. Auch andere Formen sind üblich, zB J 3:16; J 3, 16. Über die zu wählenden Abkürzungen informiere man sich etwa bei Schwertner (1992), bei Hauck/Schwinge (2002) oder im *Evangelischen Kirchenlexikon* (1986–97). Die benutzte Textausgabe ist anzugeben, wenn dies von Belang ist. Zu empfehlenswerten Abkürzungen der Werke Shakespeares siehe Tafel 7.8 (s. Abschn. 7.8).

Bibelverse und standardisierte Abkürzungen

(5) **Antike Autoren.** Bei Anführung von Stellen aus lateinischen Autoren folgt man – auch in den Abkürzungen – am besten dem *Thesaurus Linguae Latinae*. Man verwende wie dieser arabische Ziffern. Mit moderner Interpunktion bedeutet dann *Caes. Gall.* 1.39.5; 7: Caesar, *De Bello Gallico*, Buch I, Kap. 39, §5 und §7. Bei nur gelegentlichen Zitaten ist die volle Schreibweise der Klarheit halber vorzuziehen.

Thesaurus Linguae Latinae

Die Ilias zitiert man mit großen griechischen Buchstaben für die Gesänge, die Odyssee mit kleinen, Plato nach Stephanus, Aristoteles nach der Akademieausgabe. Zitate aus Sammlungen wie Mignes *Patrologia Latina* werden gemäß den Unterteilungen des Originals identifiziert, jedoch unter zusätzlicher Angabe des Bandes und der Seite (oder Spalte) der betreffenden Sammlung. (*Patrologia Latina* oder PL ist die Kurzform für Jaques Paul Migne (Hg.), *Patrologiae cursus completus: Series latina*, 222 Bde. (Paris: Garnier, 1844–66)). So auch PG für *Series graeca*, 166 Bde., 1857–86. Kann man die Kenntnis der Abkürzung beim Leser nicht voraussetzen, so schreibt man besser: Migne, *Patrologia Latina,* Bd. III, S. 248, ansonsten genügt zB

Ilias, Odyssee, Plato, Aristoteles

[9] Rabanus Maurus, *De universo,* VIII.vi (PL, CXI, 248).

(6) **Reihenveröffentlichungen.** Der Titel der Reihe, in der ein Band erschienen ist, den man zitiert, wird in der Anmerkung am besten zwischen dem Einzeltitel und dessen Erscheinungsdaten eingeschoben. In der Bibliografie steht der Reihentitel besser am Ende des Eintrags in runden Klammern.

Unterschied zwischen Anmerkung und bibliografischem Eintrag

[10] Wilhelm Braune, *Althochdeutsche Grammatik*, Sammlung kurzer Grammatiken germanischer Dialekte, A. Hauptreihe, 5 (14. Aufl., bearb. von Hans Eggers, Tübingen: Niemeyer, 1987), S. 56.

[11] *Das Rheinische Marienlob*, hg. v. Adolf Bach, Bibliothek des literarischen Vereins in Stuttgart, 281 (Leipzig, 1934), 10.

(7) **Wörterbücher.** Auch Wörterbücher werden nicht nach Band und Seite zitiert, vielmehr gibt man das betreffende Stichwort selbst an, zB

[12] Friedrich Kluge, *Etymologisches Wörterbuch der deutschen Sprache*, (24. Aufl. bearb. von Elmar Seebold, Berlin: de Gruyter, 2002) unter 'Karneval'.

s.v. Statt *unter* kann auch *s.v.* (für *sub voce* 'unter dem Stichwort') stehen. Das Stichwort steht in einfachen Anführungszeichen oder wird kursiviert, also Kluge, s.v. 'Karneval' oder Kluge, s.v. *Karneval*.

5.4.2 Gekürzte Titelangaben

erneuter Bezug auf bereits zitierte Quellen

Abschnitt 5.4 setzte zunächst voraus, dass die Literaturangaben in den Anmerkungen vollständig erscheinen sollen, dass also entweder keine Bibliografie vorhanden ist oder aber eine Duplizierung von Titelangaben aus bestimmten Gründen in Kauf genommen wird. Dies gilt allerdings nur für die *erste* Erwähnung des betreffenden Werkes und nur dann, wenn im Haupttext Autor und Titel noch nicht genannt wurden. Volle Titelangaben stimmen in den aufzuführenden Einzelheiten mit dem entsprechenden Eintrag in der Bibliografie überein, sodass das in Kapitel 5 Gesagte prinzipiell auch für die vollständige Literaturangabe in den Anmerkungen gilt. Die folgenden Abschnitte zeigen Methoden und Möglichkeiten zur Kürzung und insbesondere zur Vermeidung von Wiederholungen gegenüber den betreffenden Haupttextstellen auf.

(1) Einsparungen. Alle bereits im Text gegebenen Informationen brauchen in der Anmerkung nicht wiederholt zu werden. So kann zB der Verfassername in der Fußnote fortfallen:

(Text:) Alfred Biese sagt: "Nichts Erfreulicheres gibt es als das Wachsen und Wandern der Volkslieder …"[1]

(Fußnote:) [1]*Deutsche Literaturgeschichte* (München: Beck, [24]1930), I, 308.

Wäre im Text auch noch der Titel des Werkes angegeben, so würde die Anmerkung einfach lauten: München: Beck, [24]1930, I, 308.

(2) 'Ibidem'. Man bezieht sich auf eine vorhergehende Anmerkung, indem man die Abkürzung *ib., ibid.* (für *ibidem* 'ebenda') oder 'ebd.' benutzt. *Ib.* wird gewöhnlich kursiviert, da es sich um ein lateinisches Wort handelt, das zum Stil des Verfassers gehört. Steht in einer Anmerkung einfach *Ib.*, so heißt das, dass man sich genau auf die vorhergehende Anmerkung bezieht, und zwar einschließlich der dort gemachten Seitenangabe. Andernfalls steht zB *Ib.*, S. 9 (wenn in der vorhergehenden Fußnote etwa S. 8 erwähnt wurde). Eine Fußnote, die etwa lautet 'Müller, *ib.*, S. 9' ist nicht korrekt, da der Verfasser ja bereits in der vorhergehenden Fußnote genannt worden sein muss. Mehrere aufeinander folgende *Ib.* sind selbstverständlich möglich; aber es darf dann zwischendurch kein anderer Titel erwähnt werden. Wenn die Sachlage klar ist, darf sogar das *Ib.* selbst wegfallen und einfach die Seitenangabe für sich stehen, zB: Seite 9. Man verwechsle nicht *ibidem* mit *idem* 'derselbe [Verfasser]', abgekürzt *id.*, das aber kaum noch gebräuchlich ist. Wer im Übrigen hybride Formen meiden will, setze entweder *Ib.*, p. 5, oder Ebd., S. 5.

(3) Titel-Kurzformen. Hat man sich zwischendurch auf einen anderen Titel bezogen, so darf immerhin noch eine Kurzform des vorherigen Titels benutzt werden; gewöhnlich steht dann der Name des Verfassers oder Herausgebers mit Seitenangabe, zB

Rückbezug auf vorhergehende Anmerkung durch ibidem, ib.

1

¹⁴ Friedrich Gundolf, *Shakespeare und der deutsche Geist* (München: Küpper, ¹¹1959), S. 287.

¹⁵ Levin L. Schücking, *Die Charakterprobleme bei Shakespeare* (Leipzig: Tauchnitz, ³1932), S. 25.

2

¹⁶ Gundolf, S. 219.

3

¹⁷ *Ib.* [= Gundolf, S. 219]

¹⁸ Schücking, S. 231.

4

Wie explizit muss man zitieren?

Abzuraten ist von dieser Praxis, wenn die erste und zweite Erwähnung des Titels so weit auseinander liegen, dass dem Leser inzwischen die frühere Angabe entfallen ist. In diesen Fällen empfiehlt es sich, dem Verfassernamen den Sachtitel in gekürzter Form anzufügen, zB: Schücking, *Charakterprobleme,* S. 231. Zur Unterscheidung unumgänglich ist der Zusatz des gekürzten Sachtitels, sobald im Verlauf der Arbeit noch ein anderes Werk desselben Verfassers erwähnt wird, zB Schückings *Der Sinn des Hamlet* (Leipzig: Quelle & Meyer, 1935). Eine entsprechende Fußnote darf dann nicht einfach lauten 'Schücking, S. 231', sondern 'Schücking, *Charakterprobleme,* S. 231', während das andere Werk als 'Schücking, *Hamlet*' zitiert werden kann. Die Kurzform muss also innerhalb der Arbeit das betreffende Werk genau identifizieren und darf auch von der einmal gewählten Form nicht abweichen (Autor-Kurztitel-System).

5
6
7
8

9

a.a.O., loc. cit., ed. cit.

(4) 'A.a.O.' Die Verwendung von *loc. cit.* (*loco citato*) und *ed. cit.* (*editione citata*) ebenso wie das deutsche 'a.a.O.' ist wenig informativ, weil der Leser damit nicht nur auf die Suche nach dem zitierten Werk in einer früheren Anmerkung geschickt wird, sondern zudem auch noch in redundanter Weise: *Müller, a.a.O., S. 5,* ist absolut identisch mit *Müller, S. 5;* ebenso ein *(loc. cit., p. 5)* im Anschluss an ein Zitat mit einfachem *(p. 5).*

A I
A II
A III

6 Die Bibliografie

6.1 Bibliografie und bibliografische Quellenangabe

Es ist üblich, so gut wie sämtlichen wissenschaftlichen Arbeiten eine Bibliografie beizugeben. Fehlende Bibliografien sind heute eher die Ausnahme als die Regel, weil nur auf Grund einer Bibliografie die Literaturangaben im Text und in den Anmerkungen durchgängig gekürzt werden können. Obwohl gekürzt, müssen solche Angaben aber dennoch vorhanden sein: eine beigegebene Bibliografie ist kein Ersatz für die Quellennachweise in der Arbeit selbst.

Es sollte selbstverständlich sein, dass sowohl jedes Zitat als auch jede inhaltliche Entlehnung aus anderen Werken *an Ort und Stelle* (im Text der Arbeit oder in den Anmerkungen) ehrlich und sauber registriert wird. Trotzdem stößt man immer wieder auf die irrige Auffassung, dass in der Bibliografie aufgeführte Werke nach Belieben ausgewertet werden dürften, ohne dass dies außerdem durch Quellenangaben in runden Klammern (oder durch Anmerkungen) zum Ausdruck kommen müsste. Eine bei Prüfungen zu unterschreibende Erklärung, worin der Kandidat versichert, "keine anderen als die angegebenen Hilfsmittel benutzt zu haben", leistet solchen irrigen Auffassungen Vorschub, da die 'Hilfsmittel' durchaus in der Bibliografie verzeichnet sein können und die Arbeit dennoch voller Plagiate sein kann. Diese Problematik wird in Abschnitt II.6 eingehend erörtert.

Übernahmen aus fremden Quellen an der jeweiligen Textstelle kennzeichnen

Wählt man eine bibliografiebezogene Zitierweise, so ist entweder das Erscheinungsjahr hinter den Verfassernamen zu rücken oder die Bibliografie durchzunummerieren. Zu einer Titelaufnahme gehören die folgenden Mindestangaben: Verfasser, Erscheinungsjahr, Sachtitel, Untertitel, eventuell Übersetzung des Titels in Klammern, Bandangabe (Teil, Lieferung), Herausgeber (Übersetzer, Bearbeiter), Auflage, Erscheinungsort, Verlag. Falls nicht aus besonderen Gründen erforderlich, können Angaben zur Anzahl der Seiten, zur Art und zum Umfang der Beilagen (Bilder, Falttafeln), zum Format und zur Art des Einbandes fehlen. Ange-

Elemente eines bibliografischen Eintrags

bracht ist jedoch die Angabe des Reihentitels mit Band (optional: des Herausgebers der Reihe) sowie ein Hinweis auf ein eventuell **Verlagsangabe** gleichzeitiges Erscheinen anderswo. Bei modernem Schrifttum sollte man stets den Verlag in Kurzform angeben, bei älterem den Drucker.

6.2 Umfang

Bibliografie und Kurzzitierweise   Die Aufgabe der Bibliografie besteht in erster Linie darin, die in der Arbeit erwähnte und zitierte Literatur zusammenzufassen, sodass sie leicht aufzufinden und zu überblicken ist. Bezieht man sich in den Anmerkungen von vornherein auf die Bibliografie, um keine vollen Titel nennen zu müssen, so kann man auch sagen, die Bibliografie habe die Aufgabe, eine abgekürzte Zitierweise zu ermöglichen. Mehr ist in der Tat auch nicht erforderlich. Wenn sich aber jemand mit einem Gegenstand ausführlich beschäftigt hat, so wird er auch manches Werk eingesehen haben, das in der Arbeit nicht erwähnt zu werden brauchte, aber doch grundsätzlich von Belang ist, und es sprechen oft gute Gründe dafür, auch dieses Material in der Bibliografie aufzunehmen. Es gilt die Regel: Aufgeführt werden solche Werke, die (1) der Verfasser wirklich benutzt oder zumindest eingesehen hat und die (2) eine eindeutige Beziehung zum Gegenstand der Arbeit haben. Im Falle (2) sollte in einer Anmerkung oder in eckigen Klammern ausdrücklich eingestanden werden, dass das betreffende Werk dem **Minimalbibliografie der benutzten Literatur** Verfasser nicht vorgelegen hat. Kürzere Arbeiten (zB Fach- oder Seminararbeiten) sollten nur eine 'Minimalbibliografie' haben, dh nur solche Werke bibliografisch aufführen, die in der Arbeit tatsächlich genannt worden sind oder aus denen zitiert worden **vollständige Bibliografie** ist. Längere Arbeiten (Dissertationen und Bücher) können unter Umständen auch eine nahezu vollständige Bibliografie des behandelten Gegenstandes anstreben, worin man dann eine zusätzliche wissenschaftliche Leistung sehen kann.

Man sieht, Bibliografien können einen sehr unterschiedlichen Umfang und Charakter haben, sodass es angebracht sein kann, im

Anschluss an die Titelzeile (als Titel bieten sich an BIBLIOGRAFIE, SCHRIFTTUM, LITERATUR, AUSGEWÄHLTE LITERATUR, ZITIERTE WERKE [engl. *References*]) einen kurzen Vorspann zu bringen und darin etwas über Anlage und Umfang der Bibliografie zu sagen. Im Übrigen hängt es auch von den Adressaten einer Arbeit ab, was in einer Bibliografie aufgeführt wird. In einer germanistischen Arbeit, geschrieben für Spezialisten, braucht man ebenso wenig das Grimmsche Wörterbuch aufzuführen wie in einer anglistischen das *Oxford English Dictionary,* es sei denn, man möchte zB auf die komplexe Editionsgeschichte hinweisen. Die Aufführung bekannter Nachschlagewerke kann pedantisch wirken, es sei denn, man zitiert daraus mit Verfassernamen abgezeichnete Artikel, die dann allerdings auch in der Bibliografie unter dem betreffenden Verfassernamen erscheinen sollten.

Aufführung bekannter Nachschlagewerke?

6.3 Anordnung

Im Normalfall wird das bibliografische Material alphabetisch nach Verfassern geordnet. Nur selten wird eine chronologische oder systematische Ordnung angebracht sein. Es wird mehr und mehr üblich, alles ohne Rücksicht auf seinen Charakter in *einer* alphabetischen Liste zu bringen. Doch ist es in philologischen und historischen Arbeiten erforderlich, primäre und sekundäre Quellen (Texte und Darstellungen) zu trennen. Bei den Darstellungen (Sekundärliteratur) sollte man dann nicht weiter aufteilen. Bei den Texten kann man, wenn es sich um einen einzelnen Autor handelt, Bücher, Beiträge zu Büchern, Beiträge zu Zeitschriften und Sonstiges unterscheiden. Innerhalb dieser Rubriken ist dann eine chronologische Folge die beste. Auch die bibliothekarische Anordnung kann sinnvoll sein: Vollständige Ausgaben, Teilausgaben, Einzelausgaben, Beiträge zu anderen Werken, Übersetzungen, Sonstiges. Eine Bibliografie im Anschluss an die Kapitel sollte wie eine Textanmerkung nach Art des Autor-Jahr-Systems (siehe Abschnitt 5.2.1) nur auf die Gesamtbibliografie verweisen.

Anordnung nach Verfassern

primäre und sekundäre Quellen

Bibliografie im Anschluss an die Kapitel

'Nachname, Vorname nur bei erstem Verfasser'

Herausgeber

Titelschlagwort als Ordnungswort

Regeln für die alphabetische Katalogisierung

Die alphabetische Anordnung erfordert es, dass der Zuname des Verfassers nach vorn gerückt wird; in den Anmerkungen wäre das sinnlos. Hat ein Werk mehrere Verfasser, so wird nur der Name des ersten Verfassers umgestellt. Sinnvoll sind in solchen Fällen Querverweise von den Namen der übrigen Autoren auf den vollständigen Titel. Die Namen von Herausgebern stehen bei Werken ohne Verfasserangabe nur dann vor dem (vollen) Titel, wenn die Werke unter dem Namen des Herausgebers bekannt sind (zB bei Anthologien u.Ä.), wenn der Herausgeber im Zusammenhang der Arbeit in erster Linie interessiert, oder wenn man ein Schlagwort des Titels zum Ordnungswort gemacht und es in eckigen Klammern an den Anfang des Eintrags gestellt hat. Sonst wird der Titel selbst alphabetisch eingeordnet, und zwar nach dem Anfangsbuchstaben des ersten Wortes unter Übergehung von vielleicht vorhandenen Artikeln; ein Werk wie *Das Rheinische Marienlob* steht also unter R.

Im Einzelfall kann die alphabetische Anordnung insbesondere in älteren Katalogen wissenschaftlicher Bibliotheken große Schwierigkeiten bereiten, die noch gemäß den *Instruktionen für die alphabetischen Kataloge der preußischen Bibliotheken*, kurz, den *Preußischen Instruktionen* angelegt sind (²1908). Sie ordnen die meisten Sachtitel nach dem ersten vorkommenden, grammatikalisch unabhängigen Substantiv ('grammatikalische Wortfolge'; dies und das folgende nach Hacker, 1992:200ff). Neuere Kataloge der deutschen Bibliotheken beruhen demgegenüber weitgehend auf den *Regeln für die alphabetische Katalogisierung* (RAK), von denen es eine Fassung für wissenschaftliche (RAK-WB; siehe Haller/ Popst 2003 in der Bibliografie) und eine weitere für öffentliche Bibliotheken (RAK-ÖB) gibt. Die RAK-Richtlinien sehen entgegen den *Preußischen Instruktionen* die alphabetische Ordnung nach der Wortfolge des Titels vor, die auch hier (mit Ausnahmen in Abschnitt 6.10.1(12)) vorgeschlagen wird. Man ordne *Deutsche Vierteljahresschrift* unter *D* ein, nicht unter *V*, *Göttingische Gelehrte Anzeigen* unter *Gö*, nicht unter *A*, *The Modern Language Journal* unter *M*, nicht unter *J* usw. Dass auch hierbei noch zahlreiche Probleme auftauchen können, ist klar. (*University of Kansas Bulletin* wird gewöhnlich unter *K*, nicht unter *U* eingeordnet, *Deutsches Archiv* folgt dem Eintrag *Deutsche Literaturzeitung*, wenn die Buchstabenfolge der Flexionsformen berücksichtigt wird.) Schwierigkeiten machen sich jedoch in erster Linie bei der Anlage oder Benutzung von Katalogen bemerkbar; für normale Bibliografien als Beigabe zu wissenschaftlichen Arbeiten treten sie nur selten in Erscheinung. An Namensbeispielen seien noch folgende aufgeführt:

Wolfram von Eschenbach unter *W.* – Bei mittelalterlichen Namen mit Herkunftsbezeichnung wird der Taufname als Ordnungswort gewählt.

J.W. von Goethe unter *G,* Jean de la Fontaine unter *L,* Charles René Leconte de Lisle unter *Leconte,* Walter de la Mare unter *D.* – Der bekannte und geläufige Name hat grundsätzlich den Vorzug als Ordnungswort. – Der mehrteilige Name Charles Cowden-Clarke steht unter *Cowden-* mit Verweis unter *Clarke,* Thomas Stearns Eliot nur unter *E.* Soweit mehrteilige Namen keinen Bindestrich aufweisen, ist es meistens richtig, den letzten zum Ordnungswort zu wählen. Das trifft insbesondere für englische und amerikanische Namen zu, die oft zwischen Vor- und Zunamen den Mutternamen aufweisen. Im Übrigen dürfen feste Initialen nur in der Dokumentation aufgelöst werden: der Dichter selbst bezeichnete sich ausschließlich als T.S. Eliot!

Ein McPherson wird eingeordnet, als ob er *MacPherson* hieße; so auch St. unter *Saint;* Mörike unter *Moe,* jedoch *St.* bzw *Mörike* geschrieben (also auf keinen Fall die Schreibungen selbst ändern).

6.4 Zeichensetzung

Im Unterschied zu den Anmerkungen, die gelesen werden sollen wie der übrige Text, bietet die Bibliografie eine schematische Aufstellung. Daher rührt die unterschiedliche Zeichensetzung. Die wichtigste Regel: Nach dem Verfassernamen, nach dem Titel, nach einer eventuell vorhandenen Serienbezeichnung und nach der Bandangabe bei mehrbändigen Werken steht kein Komma, sondern jeweils ein Punkt. Haupt- und Untertitel sowie Erscheinungsort und Verlag werden jeweils durch einen Doppelpunkt getrennt. Zwischen Haupt- und Untertitel ist alternativ auch ein Punkt möglich. Kommt es vor allem bei älteren Werken mit längeren Titeln auf Genauigkeit an, so werden die einzelnen Zeilen des Titels durch senkrechte Striche getrennt (siehe Abschnitt 6.10.1(17)). Ein Schrägstrich kann für zwei Band- oder Zeitschriftennummern verwendet werden, die in einem Band vereinigt sind, zB 87/88. Runde Klammern werden nur für die Angabe des

Zeichensetzung im bibliografischen Eintrag

Reihentitels, bei traditioneller Zitierweise auch für das nachge-
stellte Erscheinungsjahr bei Zeitschriften verwendet. Sie dienen
dann der besseren Abhebung von Band- und Seitenzahl. Weiteres
wird durch die Beispiele unter 6.10 verdeutlicht.

Satzzeichen als Deskriptionszeichen (DIN 1505)
In neuerer Zeit werden von den Bibliotheken die Satzzeichen in
Titelangaben als 'Deskriptionszeichen' definiert – erkennbar da-
ran, dass sie vor und hinter sich ein Spatium aufweisen (so auch
DIN 1505). Ästhetisch ist dies wenig befriedigend und wird des-
halb dem wissenschaftlichen Autor auch nicht empfohlen.

6.5 Verfasser

ausgeschriebene Vornamen hilfreich
Die Verfassernamen erscheinen wie im Werk angegeben. Die
Erweiterung von Initialen zu vollständigen Vornamen, zB Eliot,
T[homas] S[tearns], ist nicht unbedingt erforderlich, jedoch wünschenswert (Ermitteltes in eckigen Klammern). Auf keinen Fall
kürze man etwa gar systematisch alle Vornamen ab; Bibliografien
mit vollen Vornamen sind von höherem Gebrauchswert. Weggelassen werden allerdings akademische Titel, Berufsbezeich-
nungen und andere Zusätze.

6.6 Schreibung der Titel

Titelblatt maßgebend
Maßgebend für die Schreibung ist bei Büchern das Titelblatt,
nicht etwa der Umschlag oder der Buchrücken. Wo die Groß-
und Kleinschreibung nicht aus dem Titelblatt hervorgeht, erfolgt
sie nach Art der betreffenden Sprache. Um Schwierigkeiten hierbei zu entgehen, verfällt man mehr und mehr auf eine generelle Kleinschreibung, von der nur Wörter ausgenommen werden,
die auch in normaler Prosa groß geschrieben würden. **Untertitel**
werden mitzitiert und vom Haupttitel durch einen Doppelpunkt
oder Punkt abgehoben. Lange Titel können gekürzt werden, die
Auslassungen sind jedoch möglichst durch jeweils drei Punkte zu
markieren. Auf offenkundige Fehlschreibungen wird durch *[sic]*

aufmerksam gemacht. Zur bibliografisch exakten Titelbeschreibung siehe Abschnitt 6.10.1(17).

Zugunsten einer besseren Übersichtlichkeit sollte man unbedingt Buch- und Zeitschriftentitel kursivieren und Beiträge zu Büchern, insbesondere also Zeitschriftenartikel, in Anführungszeichen setzen. Nach dem Vorbild des angelsächsischen Schrifttums hat sich diese Konvention auch bei uns durchgesetzt. Relativ unsinnig verfährt DIN 1505, wo entgegen allen verbreiteten internationalen Konventionen in den Beispielen Unterstreichungen für Aufsätze in Zeitschriften, nicht jedoch für solche in Sammelwerken und Monografien vorgeschlagen werden. Auch die dort zu findende Unterstreichung von Verfassernamen ist nicht nachahmenswert. Unter keinen Umständen benutze man Kursivierungen oder Anführungszeichen unterschiedslos für Bücher und Aufsätze. Will man unbedingt Autorennamen auszeichnen, so bieten sich hierfür Kapitälchen an, die nur für die Nachnamen benutzt werden sollten.

Kursivsatz versus Anführungszeichen

DIN 1505

6.7 Ort, Jahr, Verlag, Zusätze

Angaben, die auf dem Titelblatt fehlen, sollten im Interesse des Lesers aus anderen Stellen des betreffenden Buches oder durch Zuziehung anderer Hilfsmittel beigebracht werden. Zusätzliche Angaben, die nicht dem Buch selbst entnommen werden, stehen in eckigen Klammern. – Sind Ort oder Jahr des Erscheinens nicht zu ermitteln, so steht *o.O.* bzw *o.J.* oder, falls weder das eine noch das andere zu ermitteln ist, *o.O.u.J.*, jedoch zur besseren Information des Lesers nach Möglichkeit mit solchen Zusätzen wie [1891?], [c1891], [a1891], [p1891] (für *ca.*, *ante* bzw *post* 1891, wofür natürlich auch *um*, *vor* bzw *nach* 1891 eintreten kann). Bei mehreren Erscheinungsorten genügt der erste, dh der Heimatort des Verlags, zB in der Form 'New York [usw]'; ansonsten trennt man zwei Orts- und Verlagsangaben durch Komma oder Semikolon. Bei modernem Schrifttum gibt man auch stets den Verlag an. Er-

Ergänzung fehlender Angaben

scheinungsjahr und Auflage finden sich möglicherweise nur auf der Rückseite des Titelblatts in offener oder kodierter Form. Als Ersatz nehme man das Copyright-Jahr als Erscheinungsjahr.

Jahr der Erstauflage

Das Jahr der Erstauflage kann sehr zur Vermeidung von Irreführungen beitragen und sollte vor allem dann aufgeführt werden, wenn die benutzte Textfassung im Wesentlichen noch den Forschungsstand der Erstauflage widerspiegelt. Hierfür genügt die Kurzform, zB *²1993 [¹1985]*. Leider gehen viele Verlage zunehmend dazu über, in späteren Auflagen das Jahr der Erstauflage nicht mehr anzugeben. Benutzt man einen fotomechanischen Nachdruck, so fügt man etwa hinzu *[unveränderter Nachdruck von ¹1985]* – eventuell mit Angabe des ursprünglichen Verlags. Benutzt man das Original, so informiert man den Leser – nach dem Jahr, eventuell am Ende des Eintrags in eckigen Klammern – über die Existenz eines Nachdrucks. Bei der modernen Zitierweise steht im Text stets exakt das Jahr, das als erstes im bibliografischen Eintrag genannt wird (s. auch 6.10.4(4)). Bei eventuell veränderten Neudrucken können Kurzformen wie $^{1/3}$1989 (= 1. Auflage, 3. Druck) zweckmäßig sein.

tatsächlich benutzten Text zitieren

ursprüngliches Erscheinungsjahr in eckigen Klammern

Nachdrucke. Die einfachste Regel lautet: Man zitiere stets das Erscheinungsjahr des tatsächlich benutzten Texts und gebe die weitere Information in eckigen Klammern, zB Frege, Gottlob. 1952 [1882] (Bezug: eine 1952 erschienene englische Übersetzung von Werken Gottlob Freges); Müller, A. ⁹1998 [= ⁹1972, Nachdruck von ⁹1960] (Bezug: Nachdruck eines Nachdrucks, der jedoch um eine neue Einleitung erweitert wurde, möglicherweise auch Korrekturen des Originals enthielt). Auch im Text ist die gleichzeitige Nennung des ursprünglichen Erscheinungsjahres wünschenswert, zB Frege 1952 [1882]:71 oder Frege 1952:71 [1882]; Müller ⁹1998 [1960]:26. Da jedoch auf jeden Fall die Bibliografie über die Sachlage Auskunft geben muss, ist dies nicht obligatorisch.

zwei Fassungen eines Buches

Ein Buch, zwei Fassungen. Vorsicht ist geboten. In der vierten Auflage der englischen Sprachgeschichte von A.C. Baugh liest man in der britischen Fassung der Titelblatt-Rückseite "First published in 1951 by Routledge." Das Buch wurde jedoch erstmals 1935 von Appleton-Century in New York veröffentlicht, erstmals *in England* 1951! Die Fassungen sind jedoch ansonsten identisch. Man stelle hier für den Leser möglichst durch einen erläuternden Zusatz in eckigen Klammern am Ende des bibliografischen Eintrags Transparenz her; man füge also zB der zitierten Auflage von 1951 hinzu [Nachdruck der Erstausgabe von 1935 bei Appleton-Century, New York]. Anders liegt der Fall bei Leonard Bloomfields *Language,* zuerst erschienen 1933 in New York bei Holt, Rinehart and Winston, 1935 in London bei George Allan & Unwin, jedoch mit Verbesserungen und nicht unerheblichen Veränderungen für die britische Leserschaft. Folglich ist die britische Fassung *de facto* eine zweite Auflage, ohne dass sie so bezeichnet würde! Man schreibe $^{1/2}$1935 [1933], wenn man eine Kurzform benötigt.

Das Format eines Buches, die Anzahl der Seiten und eventuell vorhandene Beilagen brauchen unter normalen Umständen nicht erwähnt zu werden. Bei Teilen von Büchern, insbesondere bei Zeitschriftenaufsätzen, ist jedoch immer die erste und letzte Seite des Beitrags anzugeben. **Buchformat, Seitenangaben**

6.8 Schriftbild

Das im folgenden Abschnitt gezeigte Schriftbild ist generelle Norm. Die einzelnen Einträge werden engzeilig geschrieben und haben die Form 'hängender' Absätze. Diese werden gegenüber der ersten Zeile um ca. 0,5–1 cm eingezogen. Jeder Eintrag beginnt also unmittelbar am linken Rand der Seite. Zwischen den Einträgen bleibt eine Zeile frei. Statt einer Wiederholung des Verfassernamens bei mehr als einem Werk desselben Verfassers steht eine unterbrochene Linie (Trennungsstriche) von etwa zehn Anschlägen mit Punkt. Die Seitenzählung setzt die normale arabische Zählung der Arbeit fort. Man beginnt jede neue Seite einer Bibliografie mit einem neuen Titel. **hängende Absätze**

Tipp: Die meisten Textverarbeitungen erlauben es, allen Einträgen der Bibliografie kollektiv ein Formatierungsattribut 'Absatz zusammenhalten' (oder ähnlich) zuzuweisen, das sicherstellt, dass ein Seitenumbruch nur zwischen zwei Titelangaben durchgeführt wird. **Formatierungstipp**

6.9 Moderne Form

Autor-Jahr-System Für aktuelles Schrifttum, das auf derselben Ebene steht wie die eigene Arbeit, ist am ehesten die moderne Form zu empfehlen, bei der das Erscheinungsjahr dem Verfassernamen folgt. Dieses sog. Autor-Jahr-System (auch 'Harvard-Notation') hat sich bereits weitgehend durchgesetzt und wird nachdrücklich empfohlen. Wie die folgenden Beispiele zeigen, kann bei englischen Titeln auf die traditionelle Großschreibung von Nicht-Funktionswörtern (Substantive, Adjektive, Verben, Adverbien) verzichtet werden. Auch für deutsche Titel wird die normale Groß- und Kleinschreibung empfohlen.

6.10 Beispiele

Die folgende Beispielsammlung wird untergliedert in

(a) selbstständige Schriften wie zB Monografien (Einzeldarstellungen) (6.10.1),
(b) unselbstständige Schriften wie zB Aufsätze (6.10.2),
(c) Ungedrucktes wie zB graue Literatur oder alte Manuskripte (6.10.3),
(d) eine Sammlung von Besonderheiten und Problemfällen (6.10.4) und schließlich
(e) Internet-Dokumente wie einzelne Internet-Seiten oder E-Mails (6.10.5).

6.10.1 Selbstständige Schriften

Meistens wird es sich bei selbstständigen Schriften um Bücher handeln. Es ist jedoch nicht zu vergessen, dass es auf den Umfang nicht ankommt und auch Flugblätter und Pamphlete selbstständige (dh eigenständige) Schriften sind.

Manchmal ändert sich mit einem Zweitdruck oder mit einer Neuauflage auch der Titel, worüber der Leser informiert werden sollte. Ein Beispiel hierfür ist der Titel Palmer (1988) unter (1), dessen Textfassung von 1974 formell keine Neuauflage der Fassung von 1969 ist.

(1) Ein Autor

Chomsky, Noam. [3]2006. *Language and mind.* Cambridge u.a.: Cambridge University Press.

Eisele, Wolfgang. [7]2002 [[1]1979]. *Technik des betrieblichen Rechnungswesens: Buchführung und Bilanzierung, Kosten- und Leistungsrechnung, Sonderbilanzen.* München: Franz Vahlen.

Läuger, Klaus. [2]1992 [[1]1991]. *Mathematik kompakt und verständlich: Für das naturwissenschaftliche Grundstudium an Hochschulen und Fachhochschulen, insbesondere für Studienanfänger mit Haupt- und Nebenfach Physik. Mit 144 Aufgaben samt Lösungen.* München, Wien: Oldenbourg.

Palmer, F[rank] R. [2]1988 [[1]1974]. *The English verb.* London: Longman (Longman Linguistics Library, 18) [[1]1974 ist eine revidierte Fassung von *A linguistic study of the English verb*, 1969].

Man beachte, dass auch bei fremdsprachlichen Titeln die Verständigungssprache die deutsche ist; daher *hg.* oder *hg. v. ... u.a.* (nicht *ed. by ... et al.*). Ob Untertitel zu nennen sind, hängt vom Zweck der Bibliografie ab. Dient sie lediglich als Quellennachweis, so würde man darauf sicherlich insbesondere bei langen Untertiteln (zB bei *Läuger* oben) verzichten können, sofern die bibliografische Referenz eindeutig bleibt. Im Zweifelsfall gebe man Untertitel lieber an.

Verständigungssprache deutsch, Untertitel

(2) Zwei, drei oder mehr Autoren

Biber, Douglas et al. 1999. *Longman grammar of spoken and written English.* London: Longman.

Knollmeyer, Cornelia M. & Evaldine M. Ketteler. 2002. *Lebenszeichen: Geistliche Übungen in der Fastenzeit.* Würzburg: Echter.

1

Standop, Ewald & Edgar Mertner. [5]1992 [Nachdruck von [4]1983; [1]1963]. *Englische Literaturgeschichte*. Wiesbaden: Quelle & Meyer.

bis zu drei
2 **Autoren namentlich**
aufführen

3

4

5

6

[u.a.], [et al.]

7

8

9

Bis zu drei Autoren werden namentlich aufgeführt. In internationalem Schrifttum werden zwei Autoren *im bibliografischen Eintrag* am häufigsten durch '&' (Ampersand) getrennt, was hier auch für mehr als zwei Autoren empfohlen wird, um eine Trennung von erstem und zweitem Verfassernamen durch ein Komma zu vermeiden, was irritieren kann, weil ein Komma bereits zwischen Nachname und Vorname trennt. Statt 'Sinclair, John, Martin Hoelter & Carol Peters (Hgg.)' wird somit die einheitlichere und visuell klarere Form 'Sinclair, John & Martin Hoelter & Carol Peters (Hgg.)' empfohlen, auch wenn sie nicht der Lautierung entspricht. Dem Ampersand ist wegen seiner Kompaktheit und Distinktivität auch der Vorzug vor einem ausgeschriebenen 'und' zu geben; es kann zudem auch international eingesetzt werden. Nennt das Titelblatt mehr als drei Autoren, so führt man in der Bibliografie sowie in Anmerkungen meist nur den ersten unter Hinzufügung von [u.a.] oder [et al.] an, zB 'Biber [u.a.], 1999:31'. (Ausnahmen können die Regel bestätigen; siehe (12)). Nach den RAK-Richtlinien gelten solche Werke als anonym. Grundsätzlich zu vermeiden sind unglückliche Schreibungen wie 'E. Standop-E. Mertner' oder 'Standop-Mertner', wobei letztere Form als Doppelname fehlinterpretiert werden könnte. Empfohlen sei hier für die bibliografiebezogene Zitierweise sowie für sonstige Bezugnahmen *im laufenden Text* die Form 'Standop & Mertner'.

(3) Sammelwerke, Festschriften

A I

[Stree, Walter & Johannes Wessels]. 1993. *Beiträge zur Rechtswissenschaft: Festschrift für Walter Stree und Johannes Wessels zum 70. Geburtstag*, hg. von Wilfried Küper u. Jürgen Welp. Heidelberg: C.F. Müller, Juristischer Verlag.

A II

Seeber, Hans Ulrich (Hg.). [4]2004 [[1]1991]. *Englische Literaturgeschichte*. Stuttgart: Metzler.

A III

Sammelwerke, an denen mehr als drei Autoren mitgewirkt ha-   **mehr als drei**
ben, werden entweder unter dem Namen des Herausgebers, unter   **Autoren,**
ihrem Titel oder, bei Festschriften, unter dem Namen des Gefei-   **Festschriften**
erten eingeordnet. Während man bei Festschriften einheitlich
verfahren sollte, hängt die Entscheidung im Übrigen davon ab,
ob ein Werk eher unter seinem Titel oder unter seinem Herausgeber bekannt ist.

(4) TEXTAUSGABEN (AUTOR UND HERAUSGEBER)

Carroll, Lewis. 2000. *The annotated Alice: The definitive edition,* hg. v.
    Martin Gardner. New York u.a.: Norton.

Walther von der Vogelweide. [13]1965. *Die Gedichte,* hg. v. Hugo Kuhn.
    Berlin: de Gruyter.

oder:

Kuhn, Hugo (Hg.). [13]1965. *Die Gedichte Walthers von der Vogelweide.*
    Berlin: de Gruyter.

oder:

[Walther]. Hugo Kuhn (Hg.). [13]1965. *Die Gedichte Walthers von der
    Vogelweide.* Berlin: de Gruyter.

Ist neben dem Autor ein Herausgeber genannt, so gilt normaler-   **Autor und**
weise die Reihenfolge Autor, (Jahr), Sachtitel, Herausgeber. Strebt   **Herausgeber**
man eine bibliografiebezogene Zitierweise an und möchte sich
unter dem Kürzel *Walther* auf die verwendete Ausgabe beziehen,
so bieten die oben verwendeten eckigen Klammern hierzu eine
exzellente Möglichkeit. Sie erlauben auch die Kurzzitierweise
Kuhn, 1965:72 im Text bei gleichzeitiger Einordnung des Titels
unter *Walther* in der Bibliografie. (Ein Querverweis von *Kuhn* auf
Walther wäre in diesem Falle hilfreich.) Ferner kann bei dieser
Methode der Herausgeber stets vor dem Titel genannt werden.
Abweichend hiervon kann der Herausgeber an die Spitze gestellt
werden, wenn weniger der herausgegebene Text als die Leistung
des Herausgebers in den Vordergrund gerückt werden soll, wenn

1

2

also etwa nur auf die Einleitung oder den Kommentar Bezug genommen wird. In beiden Fällen hat man die Möglichkeit, sich beispielsweise auf *Kuhn (1965)* zu beziehen. – Statt *Hg./hg. v. Tim Page* kann auch einfach *Hg. Tim Page* stehen.

(5) PSEUDONYME

3

[Tucholsky, Kurt]. 1919. *Fromme Gesänge von Theobald Tiger* [d.i. Kurt Tucholsky]. Mit einem Vorwort von Ignaz Wrobel. Charlottenburg: Lehmann.

4

'Paul, Jean' [d.i. Jean Paul Friedrich Richter]. 1977. *Sämtliche Werke.* 2. Abt., Bd. 3 *Vermischte Schriften,* hg. v. Norbert Miller & Wilhelm Schmidt-Biggemann. München: Hanser.

5

[Standop, Ewald]. 1986. *Mister Knickerbocker und die Grammatik – oder warum der Sprachunterricht nicht umkehrt.* Von Aliusque Idem. München: Hueber.

'Æ.' Siehe Russell, George William.

6

[Russell, George William]. Denson, Alan (Hg.). 1961. *Letters from Æ* [d.i. G.W.R.]. London: Abelard-Schuman.

7

Pseudonym

In allen Fällen wird ein Pseudonym aufgelöst. Dies ist nicht notwendig, wenn der Autor, wie im zweiten Beispiel, nur unter dem Pseudonym bekannt ist. Eigentlich sollte das Pseudonym stets in der Form 'Jean Paul' erscheinen, doch müsste dann unter 'Paul, Jean' für den nicht informierten Leser ein Verweis erscheinen, was pedantisch wäre. Für das Initialenpseudonym 'Æ' kommt natürlich eine Umstellung nicht in Betracht.

8

9

(6) AUTOR NICHT GENANNT, ABER ZU ERMITTELN

A I

A II

[Fowler, Henry Watson & Francis George Fowler]. [3]1931 [[1]1906]. *The King's English.* Oxford: Clarendon Press [letzter Nachdruck 2002 bei Oxford University Press mit neuer Einführung durch Matthew Parris].

A III

Kann der Name des Autors, der im Buch selbst nicht genannt ist, auf irgendeine Weise ermittelt werden, so wird er der Titelangabe ebenfalls in eckigen Klammern vorangestellt. Bleibt die Autorschaft zweifelhaft, so kann man ein Fragezeichen hinzufügen.

Autor nicht genannt

(7) Autor unbekannt

[Nibelungenlied]. Helmut de Boor (Hg.). [22]1988. *Das Nibelungenlied.* Überarb. v. Roswitha Wisniewski. Mannheim: Brockhaus (Dt. Klass. d. Mittelalters).

[Eulenspiegel]. 1515. *Ein kurzweilig lesen von Dyl Vlenspiegel …* [Straßburg: Joh. Grieninger].

Der zweite Titel bezieht sich auf die Originalausgabe. Eine faksimilierte Ausgabe müsste natürlich mit ihrem modernen Titel zitiert werden; danach: [Faks. d. Ausg. Straßburg …].

Ist der Autor generell unbekannt, was bei älteren Werken eher die Regel als die Ausnahme ist, so wählt man zur alphabetischen Einordnung das nächstliegende Stichwort des Sachtitels, wenn man nicht solche Schriften von vornherein in einer besonderen Abteilung der Bibliografie, etwa unter 'Quellen', zusammenfasst. Eine Einordnung unter [Anonymus] oder [N.N.] (*nomen nescio*) kommt nur dann in Betracht, wenn ein persönlicher Autor vermutet werden kann, der sich anonym gehalten hat, aber sonst mit den übrigen in der Bibliografie aufgeführten Autoren gleichrangig ist.

ältere Werke ohne bekannten Autor

(8) Institution als Autor, Verfassergruppen

Bundeszentrale für politische Bildung (Hg.). 1991. *Mecklenburg-Vorpommern, Brandenburg, Sachsen-Anhalt, Thüringen, Sachsen.* Bonn: Franzis-Verlag (Informationen zur politischen Bildung, 230).

[Hochschulrahmengesetz]. Hochschulrektorenkonferenz, Bonn (Hg.); Meis, Ursula (Red.). 1996. *Hochschulrahmengesetz. Hochschulgesetze der Länder,* Bd. 3: *Rheinland-Pfalz, Saarland, Sach-*

sen, Sachsen-Anhalt, Schleswig-Holstein, Thüringen (Dokumentation zur Hochschulreform, 119) [ohne Verlag].

Institutionen und Autorenkollektive

Oft ist weder die alphabetische Einordnung unter der Institution noch die unter dem Sachtitel für den Benutzer sehr hilfreich. Man stelle solche Werke in einer besonderen Abteilung der Bibliografie zusammen und ordne nach sachlichen Gesichtspunkten, soweit dies möglich ist. Das zweite Beispiel macht von der Möglichkeit Gebrauch, dem Eintrag ein Stichwort, das zur Alphabetisierung dienen soll, in eckigen Klammern voranzustellen. Auch Verfassergruppen (Autorenkollektive), zB 'Forschungsgruppe Kappa-Lambda', 'Arbeitsgruppe Sozialmedizin', kann man an ihrer alphabetischen Stelle oder unter '[Anonym]', '[Autorenkollektiv]' einreihen.

Als Faustregel kann gelten: Man beginnt, wenn kein Verfasser vorkommt, mit der Institution und führt statt eines Verlags die Vertriebsinstanz der Schrift bzw des Bild- oder Tonträgers an (wenn nicht mit der Institution identisch). In DIN 1505 folgt hierauf – nach Punkt und Gedankenstrich – eine Benennung der Publikationsgattung, zB Forschungsbericht, Vorträge, Firmenprospekt, Katalog, DVD, Audio-CD, Fernsehsendung. Für solche Beschreibungen, denen auch erläuternde Bemerkungen beigefügt sein können, werden in diesem Buch eckige Klammern vorgeschlagen.

(9) ANTHOLOGIEN

Abrams, M.H. (Hg.). [8]2006 [[1]1962]. *The Norton anthology of English literature.* 2 Bde. New York u.a.: W.W. Norton & Company.

Cameron, Alan (Hg.). 1993. *The Greek anthology from Meleager to Planudes.* Oxford: Oxford University Press.

Anthologien, Chrestomathien (dh für den Unterricht bestimmte Textsammlungen aus Werken bekannter Autoren) und ähnliche Sammelwerke werden unter dem Namen des Herausgebers zitiert.

(10) Übersetzungen

Keats, John. 1986. *Briefe eines Liebenden*. Aus dem Englischen übers. v. Adolf Girschnick. München: Matthes & Seitz.

Sterne, Laurence. ²1921. *Tristram Schandis Leben und Meynungen* [*The life and opinions of Tristram Shandy, gentleman,* deutsch]. 3 Bde. Übers. v. Johann Joachim Bode, neu hg. v. O. J. Bierbaum. München: G. Müller.

Mossé, Fernand. 1969. *Handbuch des Mittelenglischen* [*Manuel de l'anglais du Moyen Age,* deutsch]. Übers. v. Herbert Pilch u. Ursula Siewert. München: Max Hueber.

Wird der Originaltitel nicht, wie im ersten Beispiel, dem Übersetzungstitel hinzugefügt, so sollte man jeweils angeben, aus welcher Sprache übersetzt wurde.

(11) Mehrfachveröffentlichungen

Trier, Jost. 1949. "Rhythmus." *Studium Generale* 2, 135–141. [Nachdruck in Ewald Standop. 1989. *Abriß der englischen Metrik*. Tübingen: Francke (UTB, 1524)].

Popp, Margret. 1985. "How should one read Shakespeare's verse?" *Shakespeare studies* 17, 189–207 [verbesserte Übersetzung von "Wie soll man Shakespeares Verse lesen?", *Shakespeare Jahrbuch* 1981, 32–49].

Es kommt vor, dass Schriften zugleich oder nacheinander an verschiedenen Stellen veröffentlicht werden. Sind die Texte identisch, so ist es gleichgültig, welche Publikation man zum Haupteintrag macht und welche man in Klammern hinzufügt. Ansonsten geht man naturgemäß von der letzten Fassung der Schrift aus.

(12) Mehrbändige Werke

[Kindlers Literaturlexikon]. Jens, Walter (Hg.). 2001. *Kindlers neues Literaturlexikon*. 22 Bde. Frechen: Komet [umfasst die ursprünglichen 20 Bde. der Erstausgabe mit diesem Titel (1988–1992) und 2 Supplementbände (1998)].

Menéndez Pidal, Ramón. 2005. *Historia de la lengua española*. 2 Bde. Madrid: Fundación Ramón Menéndez Pidal.

[Cambridge bibliography]. Joanne Shattock (Hg.). ³1999-. *The Cambridge bibliography of English literature*. Cambridge: CUP [frühere Ausgabe u.d.T. *The new Cambridge bibliography of English literature*. 5 Bde. Hg. James Watson, 1955–1977].

[LRL]. Holtus, Günter & Michael Metzeltin & Christian Schmitt (Hgg.). 1988–2005. *Lexikon der romanistischen Linguistik*. 8 Bde. Tübingen: Niemeyer.

[Goethe]. Karl Richter (Hg.). 1985–1998. *Johann Wolfgang von Goethe: Sämtliche Werke nach Epochen seines Schaffens* (Münchner Ausgabe, 20 Bde. in 32 Teilbänden u. 1 Registerband; in Zusammenarbeit mit Herbert G. Göpfert, Norbert Miller, Gerhard Sauder u. E. Zehm). München: Hanser.

[MED]. Kurath, Hans & Sherman M. Kuhn & John Reidy & Robert E. Lewis (Hgg.). 1954–2001. *Middle English dictionary*. 22 Bde. Ann Arbor, Mich.: Univ. of Mich. Press.

Bandangabe

Bei mehrbändigen Werken gibt man stets die Anzahl der Bände an, und zwar entweder in der Form '4 Bde.' oder 'Bd. 1–4'. Zitiert man das Gesamtwerk, muss das Erscheinungsjahr des ersten und des letzten Bandes genannt werden. Will man nur einen Band herausgreifen, so nennt man sowohl den Stücktitel (soweit vorhanden) als auch den Titel des Gesamtwerkes; das dann zu nennende Erscheinungsjahr bezieht sich nur auf diesen Band.

Algeo, John (Hg.). 2001. *English in North America. The Cambridge history of the English language*. Bd. 6. Cambridge: Cambridge University Press.

Einordnung unter einem Kürzel

Das *Middle English dictionary* wurde hier unter dem dafür gebräuchlichen Kürzel eingeordnet; man hätte es auch unter dem ersten Herausgeber oder dem vollen Sachtitel einordnen können. Entgegen den RAK-Richtlinien (die Werke mit mehr als drei Autoren oder Herausgebern als anonym behandeln) einerseits und den unter (2) gegebenen Empfehlungen andererseits wurden hier anstelle von *Kurath, Hans et al.* alle Herausgeber genannt, weil dies für den Benutzer informativ sein kann. Eine Angabe von vier Herausgebern ist sicherlich ein Grenzfall und die Wahl zwischen der vollen Angabe und *et al.* hängt vom Zweck der Bibliografie ab. Will man deutlich machen, dass ein Werk noch nicht vollständig erschienen ist, so kann man dies durch Benutzung eines Bindestriches mit nachfolgendem Leerraum andeuten, zB 1952- ; Bd. 1- . Noch informativer ist jedoch die Aufschlüsselung der erschienenen Bände oder, bei alphabetisch geordneten Werken, des abgedeckten Buchstabenbereichs. Beide Angaben erhalten einen Zusatz wie *[mehr bisher (9/2007) nicht ersch.]*. Sind Folgebände weder erschienen noch inzwischen geplant, so sollte auch dies vermerkt werden.

unvollständig erschienene Werke

(13) REIHENVERÖFFENTLICHUNGEN

[Rheinisches Marienlob]. Adolf Bach (Hg.). 1934. *Das Rheinische Marienlob*. Leipzig: Hiersemann (Bibliothek des literarischen Vereins in Stuttgart (Tübingen), 281).

Lydgate, John. 1973. *The Temple of Glass,* hg. v. Joseph Schick. Millwood, N.Y.: Kraus (EETS, ES, 60) [Nachdruck der Ausgabe von 1891, London, Paul, Trench & Trübner & Co].

In einer nicht anglistischen Arbeit wird man ausschreiben: *Early English Text Society, Extra Series.*

Braune, Wilhelm. [14]1987. *Althochdeutsche Grammatik*. Bearb. v. Hans Eggers. Tübingen: Niemeyer (Sammlung kurzer Grammatiken germanischer Dialekte, Reihe A 5).

------ [15]1989. *Abriß der althochdeutschen Grammatik mit Berücksichtigung des Altsächsischen*. Bearb. v. Ernst A. Ebbinghaus. Tübingen: Niemeyer (Sammlung kurzer Grammatiken germanischer Dialekte, Reihe C 1).

mehrere Bearbeiter   Im Haupttitel sollte immer der letzte Bearbeiter des Werkes, in ersterem Beispiel Hans Eggers, genannt werden; der erste Bearbeiter, Karl Helm, der im Buch erwähnt wird, kann in der bibliografischen Angabe fehlen. Auch der Reihentitel darf gekürzt werden. In Übereinstimmung mit den RAK-Richtlinien lässt man am besten Angaben zur Reihe nebst weiteren Ergänzungen in Klammern folgen. Zum Vergleich mit der oben verwendeten Kürzung sei hier der volle Reihentitel genannt: *Sammlung kurzer Grammatiken germanischer Dialekte, begründet von Wilhelm Braune, fortgeführt von Karl Helm, herausgegeben von Helmut de Boor, A. Hauptreihe, Nr. 5.*

(14) HOCHSCHULSCHRIFTEN

ohne Verlag   Hochschulschriften, die nicht über einen Verlag publiziert wurden, zitiert man wie folgt:

Audehm, Birgit. 2005. *Wort- und Satzgliedstellung im Mittelfeld des gesprochenen Deutsch: Eine korpusbasierte Untersuchung.* Universität Hannover [Diss.].

Besonderheiten   Das Beispiel bezieht sich auf eine im Fotokopierverfahren hergestellte Dissertation, die trotz der wiedergegebenen Maschinenschrift wie eine normal gedruckte Dissertation behandelt wird. Wollte man genau sein, hätte man auch *[Phil. Diss., fotomech. vervielfältigt]* spezifizieren können. Angegeben wird in allen Fällen der Promotionsort. Der auf dem Titelblatt erscheinende Druckort ist unwichtig und darf höchstens zusätzlich, nie aber allein zitiert werden. Als Promotionsjahr gilt das Jahr der Ausstellung der Urkunde, das leider in manchen Fällen nur mithilfe des *Verzeichnisses deutscher Hochschulschriften der Deutschen Nationalbibliographie* (DNB-Diss; auf CD-ROM verfügbar) ermittelt werden kann. Die vorgeführte Anordnung gilt für alle Dissertationsdrucke, die auf dem Titelblatt den Vermerk *Inaugural-Dissertation zur Erlangung der Doktorwürde …* tragen. Nicht weiter vervielfältigte Schriften wie zB Magisterarbeiten machen den Zusatz [unveröffentlicht] erforderlich.

Dissertationen und andere Hochschulschriften, die später zu-   **mit Verlag**
gleich als Monografie oder in Reihen oder Zeitschriften veröffentlicht worden sind, werden in der neuen Form zitiert, erhalten jedoch möglichst einen Hinweis auf die ursprüngliche eingereichte
Arbeit. Entsprechend werden sonstige Zusätze wie 'Teildruck',
'Habilitationsschrift' oder 'Programmschrift' (diese mit Angabe
der betreffenden Schule) angebracht.

Botsch, Elisabeth. 1992. *Eigentum in der Französischen Revolution: Ge-*
sellschaftliche Konflikte und Wandel des sozialen Bewußtseins. München: Oldenbourg [1988, Universität Freiburg (Breisgau), Diss.].

Bender, Klaus. 1992. *Deutschland, einig Vaterland? Die Volkskongreß-*
bewegung für deutsche Einheit und einen gerechten Frieden in der
Deutschlandpolitik der Sozialistischen Einheitspartei Deutsch-
lands. Frankfurt/Main u.a.: Lang (Europäische Hochschulschriften, Reihe 3, 509) [1991, Universität Köln, Diss.].

(15) BRIEFWECHSEL

Barth, Karl & Kornelis H. Miskotte. 1991. *Briefwechsel 1924–1968,* hg.
v. Hinrich Stoevesandt. Zürich: Theologischer Verlag u. Buch-
handlungen.

Schütz, Alfred; Aron Gurwitsch. 1985. *Briefwechsel 1939–1959,* hg.
v. Richard Grathoff, Einl. v. Ludwig Landgrebe. München: Fink
(Übergänge 4).

Zwei oder drei namentlich aufgeführte Korrespondenten zitiert
man wie die Verfasser einer Schrift.

(16) BRIEFSAMMLUNGEN

Cotta, Johann Friedrich. 1925–1934. *Briefe an Cotta.* 3 Bde., hg. v. Maria Fehling (Bd. 1) u. Herbert Schiller (Bd. 2 u. 3). Stuttgart: Cotta.

Lichtenberg, Georg Christoph. 1925. *Briefe aus Lichtenbergs eng-*
lischem Freundeskreis, hg. v. H. Hecht. Göttingen (Vorarbeiten

zur Geschichte der Göttinger Universität u. Bibliothek, II) [Aus den Hss. des Lichtenberg-Archivs].

[Deutschsprachige Philosophen]. Norbert Henrichs; Horst Weeland (Hgg.). 1987. *Briefwechsel deutschsprachiger Philosophen 1750–1850*. 2 Bde. Bd. 1: *Register, Verfasser – Adressaten, Adressaten – Verfasser*. Bd. 2: *Nachweise, Briefe, Briefsammlungen*. München: Saur.

Briefsammlungen ohne Verfasser Briefsammlungen, in deren Titel kein Verfasser, wohl aber ein Adressat genannt ist, werden in Katalogen unter den Namen des Adressaten gestellt. Deshalb wurde im ersten Beispiel *Cotta* als Ordnungswort gewählt. Während Briefsammlungen mit Beiträgen von höchstens drei Korrespondenten als Werke mehrerer Verfasser behandelt werden, stellt man solche von vier und mehr Korrespondenten unter den Sachtitel.

(17) FRÜHE DRUCKE

[Eulenspiegel]. 1884. *Till Eulenspiegel: Abdruck der Ausgabe vom Jahre 1515*, hg. v. H. Knust. Halle: Niemeyer.

[Eulenspiegel]. *[In Frakturschrift:]* Ein kurtzweilig lesen von Dyl | Vlenspiegel gebore[n] uss dem land zu Brunßwick. Wie | er sein Leben volbracht hatt .xcvi. seiner geschichten. *[Holzschnitt: Eulenspiegel zu Pferde mit Eule und Spiegel]* *[Am Ende des Buches:* Getruckt vo[n] Johan[n]es Grieninger … Straßburg … M.cccc.xv].

Regeln für buchgeschichtliche Titelbeschreibungen Für buchgeschichtliche Titelbeschreibungen gelten u.a. folgende Regeln und Konventionen: Großbuchstaben des Titels sind als solche wiederzugeben, unterschiedliche Größen in ein und derselben Zeile eventuell von Hand anzudeuten. Auch die Verwendung von Frakturschrift ist kenntlich zu machen. Alle Zeilen des Titels werden als selbstständige Einheiten behandelt und durch einen senkrechten Strich voneinander getrennt (Schrägstriche finden sich oft bereits in den Titeln). Linien und Ornamente werden unter Angabe ihrer Größe erwähnt. Kleines *v* für *u* ist durch *u* wiederzugeben.

(18) ANTIKE AUTOREN

[Caesar]. Otto Seel (Hg.). 1961. *Caesar, G. Julius. Bellum Gallicum. Commentarii Rerum Gestarum.* I. Bibliotheca Scriptorum Graecorum et Romanorum Teubneriana. Leipzig: Teubner.

[Horatius]. [8]1989. *Opera omnia,* hg. v. Bernhard Wyss. Frauenfeld: Huber & Co (Ed. Helveticae Lat.).

[Ovid]. 1999. *Ovid: Liebesgedichte.* Lat.-Dt., hg. u. übers. v. Niklas Holzberg. Düsseldorf [u.a.]: Artemis und Winkler (Sammlung Tusculum).

Bei antiken Texten erscheint der Name des Autors im Nominativ, und zwar stets in seiner gebräuchlichsten Form, der Titel des Werkes nach Möglichkeit ebenfalls im Nominativ, auch wenn das Titelblatt anders abgefasst ist. Herausgebernamen und Verlagsorte erscheinen in nichtlatinisierter Form. Dasselbe gilt für Verfassernamen, wenn sie bereits im Titel des Buches so erscheinen.

antike Texte

(19) BÜCHER IM SELBSTVERLAG

Kaiser, Rolf (Hg.). [3]1958. *Medieval English: An Old English and Middle English Anthology.* Bd. 1. Berlin-Wilmersdorf: Rolf Kaiser [Selbstverlag; 5. Nachdruck 1961 ausgeliefert durch Hueber, München].

6.10.2 Nichtselbstständiges Schrifttum

(20) BEITRÄGE IN SAMMELWERKEN

Burgschmidt, Ernst. 1992. "The two languages of Wales." In: Rüdiger Ahrens & Heinz Antor (Hgg.). *Text – culture – Reception: Cross-cultural aspects of English studies.* Heidelberg: Winter (Forum Anglistik, Neue Folge, 8), 247–258.

Sauer, Hans. 1993. "Altenglische Berichtermahnungen aus den Handschriften CCCC 320 und Laud misc. 482: Edition und Kommentar." In: Klaus R. Grinda & Claus-Dieter Wetzel (Hgg.). *An-*

Festschrift

glo-Saxonica: Festschrift für Hans Schabram zum 65. Geburtstag.
München: Wilhelm Fink, 21–51.

Standop, Ewald. 1993. "Alliteration und Akzent: 'Schwere' und
'leichte' Verse im *Beowulf*." In: Klaus R. Grinda und Claus-Dieter
Wetzel (Hgg.), 167–180.

Details zu Beiträgen in Sammelwerken

Beiträge in Sammelwerken zitiert man in der folgenden Weise
und Reihenfolge: Verfasser, Erscheinungsjahr, Titel des Beitrags
in Anführungszeichen, Herausgeber, Titel des Sammelwerkes
oder der Zeitschrift kursiv, Bandnummer in römischen oder
arabischen Ziffern, Verlag, Erscheinungsort, Seitenzahl(en). Es
sollte die Regel gelten, dass, wenn weder Verfasser noch Herausgeber genannt werden, der Verfasser des Artikels auch der Verfasser des ganzen Buches ist. Analog braucht das bereits für den
jeweiligen Beitrag nach dem Autor genannte Erscheinungsjahr
bei den Angaben für den Sammelband nicht mehr wiederholt zu
werden. Die hier gezeigte Form 'In:' folgt DIN 1505. Bei der Au-
tor-Jahr-Zitierweise hat man sich natürlich auf die entsprechende
Einordnung des Sammelwerkes zu beziehen, wenn dies an seiner
alphabetischen Stelle (meist unter dem Herausgeber) ausführlich
aufgeführt ist. Analog zum letzten Beispiel kann man in vergleichbaren Fällen schreiben: Brief (Vorwort, Einführung u. dgl.)
an … (zu, in …), abgedruckt in … (zitiert bei, in, von …) usw.

Kurzform und Lang- form von Fest- schrift-Beiträgen

Die Aufsätze von H. Sauer und E. Standop entstammen derselben Festschrift; das Sauer-Beispiel illustriert die ausführliche
Titelaufnahme, die notwendig wird, wenn die Festschrift nicht
getrennt in die Bibliografie aufgenommen wurde; das zweite Beispiel setzt voraus, dass die Daten der Festschrift einem eigenen
Eintrag (hier alphabetisiert nach Grinda; möglich wäre auch die
Einordnung nach einem vorangestellten *[Schabram-Festschrift]*)
entnommen werden können.

(21) ZEITSCHRIFTENAUFSÄTZE

Käsmann, Hans. 1992. "Das englische Phonästhem *sl-*." *Anglia* 110, 307–346.

Lorenz, Alfred. 1930. "Homophone Großrhythmik in Bachs Polyphonie." *Die Musik* 22/4, 245–253.

Parkes, John & James Maxwell. 1993. "Microbiology: some like it hot (and oily)." *Nature* 365, 694.

Gerl, Hanna-Barbara. 1993. "Frau und Mann: Gleichheit und Unterschied." *Die politische Meinung* 38/289, 89–95 [= Nr. 289].

Zeitschriftenaufsätze werden im Prinzip wie Beiträge zu Sammelwerken behandelt, nur dass man hier auf die Nennung des Herausgebers und des Erscheinungsorts verzichten kann. Könnten jedoch Zweifel auftreten, so fügt man den Erscheinungsort unmittelbar dem Titel in Klammern hinzu, zB *Englische Studien* (Leipzig), *English Studies* (Amsterdam). Liegt ein Themenheft vor, so kann dies auch wie ein Sammelwerk unter dem Namen seines Herausgebers erscheinen. – Bei dem Aufsatz von Parkes&Maxwell genügt die Bandnummer 365; die individuelle Heftnummer (hier 6448) ist nicht notwendig, da *Nature* die Seiten innerhalb eines Bandes fortlaufend zählt. Der Aufsatz von Gerl hingegen weist sowohl eine Jahresbandnummer (38) als auch eine Einzelheftnummer auf, da in den Einzelheften von *Die politische Meinung* die Seitenzählung jeweils wieder bei 1 beginnt.

Zeitschriftenaufsätze analog zu Beiträgen aus Sammelwerken

Themenhefte

Ob bzw wie stark und in welcher Form man Zeitschriftentitel abkürzen will, hängt vom Adressaten der Bibliografie ab. Grundsätzlich sollte man nur etablierte Kurzformen oder Siglen verwenden; siehe hierzu Abschnitt 7.6. Bei starker Kürzung sollte der Bibliografie ein Kürzelverzeichnis vorangestellt werden, aber nur wenn sich dies wirklich lohnt, dh eine wesentliche Raumersparnis dabei herausspringt und für eine solche auch tatsächlich Gründe vorliegen.

Kürzung von Zeitschriftentiteln

Läuft die Seitenzählung pro Band durch, was meistens üblich ist, so verzichtet man auf die Angabe des betreffenden Heftes, andernfalls schreibt man aus, zB Bd. 4, H. 3, S. 7–12. Steht die

durchlaufende Seitenzählung

Jahreszahl nach dem Verfassernamen (moderne Form), so trennt der Schrägstrich Band (evtl. Jahr) und Heft, das Komma oder der Doppelpunkt Band (bzw Heft) und Seitenangabe. Gegenüber dem Doppelpunkt hat das Komma den Vorteil, dass bezüglich der Seitenangabe Beiträge in Sammelwerken (siehe unter (20)) und Zeitschriftenaufsätze analog behandelt werden können.

(22) Rezensionen

Aschenberg, Heidi [Rez.]. 1991. "Jean Bessiaire. *Dire le littéraire: Points de vue théoriques* (Liège, Bruxelles: Pierre Mardaga, 1990)." Romanische Forschungen 103, 465–467.

Mendelson, Edward [Rez.]. 1993. "The Oxford English dictionary in the square and the round" [= Rez. der 2. Auflage, gebunden und auf CD-ROM]. *The Yale Review* 81/4, 101–123.

Besprechungen werden wie Aufsätze zitiert. Ihr Verfasser erhält den Zusatz *[Rezensent]* oder *[Rez.]*. Die besprochene Schrift wird wie auch sonst üblich aufgeführt, und das Ganze steht in Anführungszeichen. Dem zweiten Beispiel entsprechend kann man dem rezensierten Buch oder dem gesamten Eintrag erläuternde Bemerkungen folgen lassen.

(23) Zeitungsartikel

Kriele, Martin. 1993. "Über jeden Grundgesetzartikel einzeln abstimmen." *FAZ,* 21. Dezember 1993, S. 7, Sp. A-D.

Krzeminski, Adam. 1993. "Die neuen deutschen Töne." *Die Zeit,* 24. Dezember 1993, S. 1, Sp. A-E.

Bei Zeitungen und Wochenschriften gibt man das Datum des Erscheinens oder, falls vorhanden, die laufende Nummer der Ausgabe mit Jahr an. Zugunsten einer einheitlichen Titelaufnahme wurde hier eine gewisse Redundanz, die sich aus der doppelten Nennung des Jahres ergibt, in Kauf genommen. Monatsnamen werden ausgeschrieben. Eine Spaltenangabe sollte der besseren Auffindbarkeit wegen nicht fehlen.

6.10.3 Ungedrucktes

(24) Alte Manuskripte

[*Beowulf*]. Um 1000. Das *Beowulf*-Manuskript ('Nowell-Codex'). British Library. [Zweiter Teil von] Cotton Vitellius A. XV.

Bei Manuskripten kommt es darauf an, möglichst kurz und doch zur eventuellen Nachprüfung vollständig genug anzugeben, wie die zitierte Schrift heißt, wo sie sich befindet und unter welcher Nummer sie dort gegebenenfalls inventarisiert wurde. Bezieht man sich auf einen besonderen Teil dieser Schrift (die *Beowulf*-Handschrift findet sich zusammen mit anderen in der Sammelhandschrift Cotton Vitellius A. XV), so gibt man dies ebenfalls an. Im Übrigen gilt das über frühe Drucke Gesagte hier entsprechend.

(25) Graue Literatur ('Preprints' und anderes)

Popp, Margret. [4]1997 [[1]1986]. *Chaucers Aussprache: Einführung anhand der Würzburger Chaucer-Kassette. Würzburg.* [Mit begleitender Tonkassette; vervielfältigt.]

Müller, X.Y. 2006. *Über den Wert der grauen Literatur.* [Ms., unveröffentlicht.]

Müller, X.Y. 2006. *Über den Wert der grauen Literatur.* [Ms., vervielfältigt; erscheint in *ZfXY.*]

Titel, die nur als vervielfältigt gelten können, zeichne man wie üblich aus, vermerke jedoch unbedingt, wie oben geschehen, worum es sich handelt. Nichtvervielfältigtes (Briefe, mündliche Mitteilungen usw) wird nicht bibliografiert (Anmerkung machen), wohingegen andere Textsorten, sogar auch Tonträgerquellen und Werke, die auf Bestellung von einem Original oder von einem Film kopiert werden, aufführbar sind.

nur Vervielfältigtes bibliografieren

6.10.4 Einige Besonderheiten

(1) Verspätetes Erscheinen bei Zeitschriften

Hockett, Charles. 1975. "If you slice it thin enough." *American Speech* 47, 233–255 [für 1972, erschienen 1975].

Oder:

1991 [= 1988, Heft 4, ausgegeben August 1991]. *Language and Style* ...

(2) Früheres Erscheinen

Lewis Carroll. 1872 [erschienen 1871!]. *Through the looking-glass* ...

(3) Doppelzählungen bei Zeitschriften

Standop, Ewald. "Grammatik und Fremdsprachenunterricht." *Praxis des neusprachlichen Unterrichts* 38 (1/1991), 87–89; McArthur, Tom. 1997. "The last post?" *English Today* 51, 2 (= vol. 13, No 3).

beide Zählungen anführen

Hier handelt es sich um Heft 3 des 13. Jahresbandes = Heft 51 der Gesamtzählung, wobei jedes Heft seine eigene Seitenzählung hat. Man führt also am besten beide Zählungen an.

6.10.5 Internet-Dokumente

Das Internet bietet heute auf fast allen Wissenschaftsgebieten sehr vielfältige Informationen, sodass der Bedarf, elektronische Quellen zu zitieren, enorm zunimmt. Einen international einheitlichen Standard gibt es jedoch nicht, obwohl das sich am MLA-Standard für Gedrucktes orientierende *Style Sheet* von Janice R. Walker & Todd Taylor (siehe unten) ebenso wie die recht gut dokumentierten Online-Zitierhilfen von Harnack & Kleppinger (1996) eine gewisse Verbreitung gefunden haben. Die nachfolgenden Empfehlungen orientieren sich im Wesentlichen an letzteren; aufgrund des bewährten und hier befürworteten Autor-Jahr-Systems wird jedoch das Erstellungsdatum im Folgenden unmittelbar hinter die Autorenangabe gestellt.

Online-Zitierhilfen von Harnack & Kleppinger

(26) INTERNET-SEITEN AUF WWW- UND FTP-SERVERN

Wichtigstes Informationselement für WWW-Seiten ('World Wide Web') ist die so genannte URL ('Uniform Resource Locator'), eine eindeutige Adresse mit Angabe des Zugriffsprotokolls (meist HTTP 'HyperText Transfer Protocol' oder FTP 'File Transfer Protocol'), mittels derer man von jedem Rechner mit Internet-Anschluss auf das Dokument zugreifen kann. Da HTTP das heute mit Abstand verbreitetste Zugriffsprotokoll ist, kann die Angabe 'http://' bei Adressen, die mit 'www' beginnen, entfallen. Dies gilt umso mehr, als alle gängigen Browser Angaben wie 'www.internetseite.de' automatisch als 'http://www.internetseite.de' interpretieren. Wird ein anderes Zugriffsprotokoll wie zB *gopher* oder *telnet* verwendet, ist dies jedoch weiterhin anzugeben. Es ist üblich, URL-Adressen in spitze Klammern zu setzen. Ein über einen Web-Browser allgemein zugängliches Internet-Dokument wird somit durch folgende Angaben zitiert:

(a) Name des Autors;
(b) Erstellungsdatum (falls bekannt);
(c) Titel in Anführungszeichen;
(d) URL (Zugriffsprotokoll optional, falls 'http://');
(e) Datum des erfolgten Zugriffs.

Harnack, Andrew & Gene Kleppinger. 10.06.1996. "Beyond the MLA Handbook. Documenting electronic sources on the internet." *Kairos: A journal for teachers of writing in webbed environments,* 1, 2. <http://english.ttu.edu/kairos/1.2/inbox/mla_archive.html> (21.08.2007) [enthält u.a. das Stilblatt "Citing the sites"].

Israel, Mark. 29.09.1997. "The alt.usage.english FAQ file." <www.cs.uu.nl/wais/html/na-dir/alt-usage-english-faq/faq.html> (21.11.2006).

Walker, Janice R. & Todd Taylor. 2006 [ohne genaues Datum]. "The Columbia guide to online style: Second edition." <www.columbia.edu/cu/cup/cgos2006/basic.html> (22.08.2007).

fehlendes Erstellungsdatum Häufig ist bei Internet-Dokumenten kein Erstellungs- oder Überarbeitungsdatum angegeben; in diesem Fall benutze man wie bei Büchern 'o.J.' für 'ohne Jahr' oder man schreibe aus 'ohne Datum.' Kann man das Erstellungsdatum der Quelle oder ihre letzte Überarbeitung zeitlich eingrenzen (wie im letzten der obigen Beispiele), so sollte man auch hier von den in Abschnitt 6.7 genannten Möglichkeiten der Präzisierung Gebrauch machen. Die

Trennung langer URLs URL beginnt mit dem Namen des Rechners, auf dem die jeweilige Seite liegt und kann sehr lang sein, was Umbruchprobleme mit sich zieht, weil sie keine Blanks aufweist. Idealerweise sollte sie nicht getrennt werden, aber in gedruckten Texten kann man entweder nach der Angabe des Hostrechners (also vor dem ersten einfachen Schrägstrich) oder nach der Pfadangabe (dh nach dem letzten Schrägstrich, dem noch Text folgt) einen Zeilenumbruch herbeiführen bzw in der Bibliografiedatei einen Leerschritt einfügen. Trennungen der URL innerhalb der Pfadangabe sollten Notfällen vorbehalten bleiben. Die spitzen Klammern um URL-Adressen signalisieren dem Leser, dass solche Leerschritte nicht signifikant sind, da URLs prinzipiell keine Blanks enthalten dürfen. Eine solche Trennung der URL muss unterbleiben, wenn die Bibliografie ins Netz gestellt werden und dem Benutzer die Möglichkeit geboten werden soll, durch einen Mausklick darauf direkt zum Originaldokument weitergeleitet zu werden. Ist eine Bibliografie sowohl für eine gedruckte als auch als Internet-Publikation vorgesehen, empfiehlt es sich, optionale Trennstellen etwa durch eine eindeutige Kodierung (zB '<&&>') zu kennzeichnen, die dann leicht automatisch getilgt (für die Online-Fassung) oder durch Leerschritte ersetzt (für die Druckfassung) werden können.

Nicht alle Links sind zitierfähig! Viele URLs, die auf Unterseiten einer übergeordneten Seite verweisen (sog. *deep links*) sind gar nicht für das Verlinken und somit auch nicht für die Aufnahme in eine Bibliografie gedacht und ändern sich allzu häufig. Vielfach wurde der Pfad auch gar nicht mehr manuell angelegt, sondern von einem Softwarewerkzeug zur Homepage-Erstellung automatisch generiert und enthält dann nicht nur Buchstaben und Schrägstriche, sondern auch

Ziffern und andere Zeichen, die dem Adressaten ein fehlerfreies Abtippen erschweren. Das folgende Beispiel zeigt eine für das Zitieren ungeeignete URL ('↵' = 'eingefügte Trennfuge'):

[Statistisches Bundesamt]. 11.06.2007. "Inlandsprodukt: Verwendung des Bruttoinlandsprodukts." <www.destatis.de/jetspeed/ portal/cms/Sites/destatis/Internet/DE/Content/Statistiken/ Zeitreihen/LangeReihen/VolkswirtschaftlicheGesamtrech↵ nungen/Content100/lrvgr02a,templateId=renderPrint.psml> (18.07.2007).

nicht nachahmenswert

Man sollte dem Benutzer nicht zumuten, eine solche URL im Bedarfsfall abtippen zu müssen; zudem kann der Pfad schon in kurzer Zeit veraltet sein. Eine nachfolgend illustrierte, praxistauglichere Alternative ist in solchen Fällen oft, nur die URL der Hauptseite anzugeben und anschließend die Navigation von dort zur gewünschten Seite aufzuschlüsseln, dh dem Benutzer mitzuteilen, worauf er auf den jeweils übergeordneten Seiten klicken muss, um die gewünschte Seite zu erhalten:

Navigations- beschreibung statt URL

[Statistisches Bundesamt]. 11.06.2007. "Inlandsprodukt: Verwendung des Bruttoinlandsprodukts." <www.destatis.de, →Startseite →Lange Reihen →Inlandsprodukt →Verwendung des Bruttoinlandsprodukts> (18.07.2007).

bessere Alternative

(27) Beiträge zu Online-Zeitschriften

Beiträge zu Online-Zeitschriften werden ebenso zitiert wie solche zu gedruckten Zeitschriften (siehe Abschnitt 6.10.2(21)), dh auch der Titel der Online-Zeitschrift wird kursiviert und die Nummer der jeweiligen Ausgabe wird, soweit vorhanden, angegeben. Gegenüber gedruckt erschienenen Aufsätzen sind jedoch analog zu zitierten Internetseiten (siehe Abschnitt 6.10.5(26) oben) nach dem Aufsatztitel die Netzadresse (URL) und das Datum des Zugriffs in runden Klammern zu ergänzen.

Ahrweiler, Petra & Nigel Gilbert & Andreas Pyka. 2006. "Institutions matter but … Organisational alignment in knowledge-based industries." *Science, technology & innovation studies*, 2/1, 39–58 <www.sti-studies.de/articles/2006-01/ahrweiler.htm> (18.06.2007).

Kane, Julie. 2007 [gedruckte Erstveröffentlichung 2004]. "Poetry as right-hemispheric language." *PsyArt* <www.clas.ufl.edu/ipsa/journal/2007_kane01.shtml> (15.08.2008) [Erstveröffentlichung in *Journal of consciousness studies*] 11, Nr. 5–6, 2004, 21–59].

Sofern die Aufsätze wie das Beispiel Ahrweiler et al. in einem Druckformat wie dem PDF-Format vorliegen und eine Seitenzählung aufweisen, ist die Seitenangabe zu ergänzen. Sofern ein Beitrag wie der von Julie Kane bereits früher in gedruckter Form erschienen ist, ist dies ebenfalls anzugeben.

(28) Persönliche E-Mail

Die Angaben für eine persönliche E-Mail an den Autor der Bibliografie umfassen

(a) den Autornamen;
(b) dessen E-Mail-Adresse in spitzen Klammern;
(c) das Datum;
(d) den Inhalt der Betreff-Zeile ('subject line');
(e) den Vermerk 'Persönliche E-Mail' und schließlich
(f) das Datum des Zugriffs auf die E-Mail in runden Klammern.

Letzteres kann auch entfallen, sofern es nicht bedeutsam ist, dass man eine bestimmte Nachricht erst mit deutlicher Verspätung zur Kenntnis nehmen konnte. Ein vorangestelltes *Re:* steht für 'reply,' dh es handelt sich um eine Antwort auf eine frühere Mail.

Chambers, J.K. <jack.chambers@utoronto.ca>. 18.07.2007. "Publication on Canadian syntax." Persönliche E-Mail (19.07.2007).

Clarke, Sandra <clarkes@mun.ca>. 16.07.2007. "Re: Kind request for a contribution on Canadian English in 'Anglistik'." Persönliche E-Mail.

Betreff-Zeilen werden aufgrund der Schnelllebigkeit im Internet oft sehr stiefmütterlich behandelt. Sind sie nicht aussagekräftig oder gar leer, sollte man in eckigen Klammern den Inhalt der Mail kurz umreißen. Eine Betreff-Zeile, die ursprünglich nur 'Kinder' lautete, kann in der Bibliografie zB durch ' "Kinder" [Fantasie von Kindern im Vorschulalter]' wiedergegeben werden.

Betreff-Zeilen

(29) E-Mail an Newsgroups

Für E-Mails an Newsgroups mache man die folgenden Angaben:

- (a) Name des Autors mit E-Mail-Adresse;
- (b) Datum der E-Mail;
- (c) Titel in Anführungszeichen;
- (d) Name der Newsgroup in spitzen Klammern und schließlich
- (e) Datum des Zugriffs.

Rubin, Herman <hrubin@odds.stat.purdue.edu>. 15.12.2006. "Re: Can ZFC prove addition is associative?" <sci.logic> (18.12.2006).

Dietrich, Olaf <olaf.dietrich@urz.uni-heidelberg.de>. 06.03.1998. "Re: Woher kommt das Wort Maedchen?" <alt.usage.german> (07.03.1998).

Einige E-Mails oder Beiträge zu Nachrichtengruppen werden für so nützlich erachtet, dass man sie über eine normale Internet-Seite zugänglich macht. Die Angabe dieser Seite ist besonders bedeutsam, da auf ältere E-Mails oft nur noch über sie zugegriffen werden kann. Ihre URL folgt der Newsgroup, wird durch 'über' oder 'via' eingeleitet und ebenfalls in spitze Klammern gesetzt. Das Datum des Zugriffs bleibt auch hier die letzte Angabe:

E-Mails mit eigener URL

Bauer, Laurie <laurie.bauer@vuw.ac.nz>. 04.03.1998. "Re: Dialect Tapes." <ask-ling@LINGUISTLIST.ORG> über <linguistlist.org/~ask-ling/msg15203.html> (06.03.1998).

Wall, Larry <larry@wall.org>. 30.10.1998. "Re: Rebol (was Re: Perl's version number is way too low)" über <www.xray.mpe.mpg.

de/mailing-lists/perl5-porters/1998-10/msg01851.html>
(14.08.2007).

Fagan, David . 15.12.2006. "Re: 'Linking L' in Brazilian Portuguese."
<ask-ling@LINGUISTLIST.ORG> über <linguistlist.org/ask-ling/
message-details2.cfm?AsklingID=200378709> (15.04.2007).

Detaillierte Vorschläge zu weiteren Internet-Quellen findet man
in Harnack/Kleppinger (1996).

7 Abkürzungen

7.1 Allgemeine und technische Abkürzungen

Die Verwendung zu vieler Abkürzungen ist unhöflich, in der wissenschaftlichen Abhandlung ebenso wie im Brief. Unangebracht sind daher alle Bequemlichkeitsabkürzungen, die an Wörtern des laufenden Texts vorgenommen werden. Wir haben zB nicht von der 'wiss. Abh.' gesprochen oder Wörter wie *Einleitung* oder *Kapitel* überall abgekürzt. Dagegen wird man praktisch immer die Abkürzungen *z.B.* und *d.h.* sowie ohne Ausnahme *usw.* gebrauchen, wobei man sogar noch einen Schritt weitergehen und Abkürzungen wie *usw* als Siglen ohne Punkt schreiben kann (siehe hierzu Abschnitt 7.2). Fügen wir noch *u.a., u. dgl., z.T., ggf., sog.* hinzu (in diesem Buch mit Punkt belassen), so sind bereits die meisten nichttechnischen Abkürzungen genannt, die in wissenschaftlichen Darstellungen üblich sind. Ausdrücke wie *unter Umständen, mit anderen Worten, meines Erachtens, meines Wissens* und ähnliche werden ausgeschrieben. Erst recht sollte nicht von einem 'o.a. Buch' die Rede sein. Die Ersparnis für das 'oben angegebene Buch' ist gering, der stilistische Schock dieser Entlehnung aus der Kanzleisprache beträchtlich.

Bequemlichkeits-abkürzungen vermeiden

Zahlreich sind hingegen die Abkürzungen technischer Art. Hierher gehören in erster Linie diejenigen, die bei Zitaten und bibliografischen Angaben, vornehmlich somit in Anmerkungen und Bibliografien, gelegentlich jedoch auch im Text selbst üblich sind. Die 'technische' Abkürzung steht gewöhnlich in einem von Schematisierung und Formelhaftigkeit geprägten Jargon. Man vergleiche die folgenden Beispiele:

Falsch: […] auf S. 15 des 1. Bds. – In diesem Kap. wird ausgeführt …

Richtig: […] auf Seite 15 des ersten Bandes. – In diesem Kapitel … – In der Anmerkung auf Seite 4 heißt es … gegenüber: Müller, S. 4, Anm. 3; vgl. Kap. 3; siehe S. 4, Abs. 2.

Kürzung häufig gebrauchter Begriffe

Häufig gebrauchte Begriffe oder Titel werden gekürzt, wenn sie in ihrer ausgeschriebenen Form unhandlich wären oder überhaupt nur in der Kurzform geläufig sind. Man spricht somit in einschlägigen Schriften vom BAföG ('Bundesausbildungsförderungsgesetz'), vom TVA ('Tarif- und Verkehrsanzeiger …'), vom EKG ('Elektrokardiogramm' bzw 'Evangelischen Kirchengesangbuch') oder von der MwSt ('Mehrwertsteuer'). Man kann solche **ad-hoc-Kürzungen** Kürzungen für gewisse Arbeiten *ad hoc* festlegen, wenn dies der Kürze und Präzision dient und die Lesbarkeit nicht darunter leidet, zB EF für 'Erweiterte Form', TGG für 'Transformationell-generative Grammatik', AV für 'Authorized Version'. Man hüte sich jedoch davor, dies zu übertreiben und von der Fachsprache in einen Fachjargon abzugleiten. Wer im Text einer medizinischen Arbeit (nicht in schematisierenden Aufstellungen) stets vom EZ ('Ernährungszustand') und KZ ('Kräftezustand') spricht, drückt sich bereits recht salopp aus, und eine 'p. op. Maßnahme' (für 'postoperativ') entspricht ziemlich genau einem 'o.a. Buch'. Dementsprechend muss es entweder heißen 'der Befund p.m.' oder 'der Post-mortem-Befund'.

7.2 Abkürzungen, Akronyme, Siglen

Abkürzungen mit Punkten

Eine Abkürzung im engeren Sinne liegt dann vor, wenn das abgekürzte Wort oder die abgekürzte Wortgruppe beim Lesen ungekürzt ausgesprochen wird (zB *Abt.* für *Abteilung, Bd.* für *Band, d.h., dh* für *das heißt*). In diesen Fällen dient der Punkt als Abkürzungssignal. Eine typische Kürzung von Wortgruppen, die sich in neuerer Zeit größter Beliebtheit erfreut, besteht in der Akro- **Akronyme** nymie. Man kann zwei Arten von Akronymen unterscheiden: solche, bei denen die Anfangsbuchstaben der Bestandteile des gekürzten Ausdrucks ein neues, künstliches Wort ergeben, welches dann praktisch nur als solches verwendet wird und worüber der ursprünglich gekürzte Ausdruck zuweilen gänzlich in Vergessenheit gerät, und solche, bei denen die Anfangsbuchstaben als Buchstaben gelesen werden und damit eine ebenso feste Ausdruckssweise darstellen, als wenn es sich um ein regelrechtes Wort handelte. Zur ersten Gruppe gehören etwa UNO, UNESCO, DIN, *Hapag* sowie das populäre TÜV ('Tüff'), zur zweiten FGB ('Familiengesetzbuch'), LSD, BAT, DSL ('Digital Subscriber Line'), M.A. ('Magister Artium'), USA, PS usw. Dass bei der ersten Gruppe kein Punkt verwendet werden kann, leuchtet unmittelbar ein. Wie das Beispiel M.A. zeigt (vgl. auch F.D.P. gegenüber CDU und SPD), ergibt sich ein gewisses Schwanken der Konvention bei der zweiten Gruppe, doch wirken Punkte auch hier eher archaisierend als modern. Erst recht besteht kein Grund für Schreibungen wie *USA.* und *NB.* (*Nota bene*), die inzwischen auch vom Duden weitgehend aufgegeben worden sind. Dem Duden unbekannt sind modernste Formen ohne Punkt wie *Jh, usw, u dgl, üdM* ('über dem Meeresspiegel') und sogar *C F Meyer,* die deswegen Verbreitung verdienen, weil in der Tat der Punkt ein unglückliches Abkürzungssignal darstellt. – Siehe DR, ^{24}2006:29ff.

Ebenfalls modern sind die Kürzungen, die wir als Siglen bezeichnen wollen. Wie bei den Akronymen handelt es sich hier um konventionell festgelegte und eingefrorene Kürzungen aus Groß- und Kleinbuchstaben, die mit einem Akronym identisch sein können (z. B. FAZ, falls 'ef-a-zet' gesprochen), im Grunde jedoch an die Stelle traditioneller Abkürzungen treten. Typische Beispiele bietet die juristische Literatur, zB StVO ('Straßenverkehrsordnung'), aber auch im Bereich der Technik können neue Siglen jederzeit *ad hoc* gebildet werden, zB FLKVt-2 ('Frischluft-Kopfventil 2').

Siglen

Wer dem Trend zu siglenartigen Abkürzungen folgen will, kann sich als Trendsetter betätigen und beispielsweise (wie in diesem Buch) *zB, dh, usw, bzw, ca* schreiben. Weitere denkbare Siglen ohne Punkt wären *ggf, sog, zT* sowie S17 für 'Seite 17', V5 für 'Vers 5', Z7 für 'Zeile 7', St8 für 'Strophe 8', §9 für '§ 9'.

progressive Abkürzungen ohne Punkt

Siglen sind besonders hilfreich, wenn sie Werke abkürzen, die nicht als Sekundärliteratur behandelt und somit auch nicht bequem bibliografiebezogen, dh nach der Harvard-Notation (siehe Abschnitt 5.2.1) zitiert werden können. – Für die Werke großer

Siglen und Harvard-Notation

Dichter wie Goethes, Boccacios, Shakespeares und Chaucers sollten keine eigenen Siglen verwendet werden, da hierfür meist etablierte Standardausgaben existieren, deren Abkürzungen man übernehmen kann. Tafel 7.8 (s. Abschn. 7.8) gibt einen Überblick über gebräuchliche Siglen für die Werke Shakespeares.

fremdsprachige Siglen: DNA, IPA u.a.

In vielen Fällen sind in der Wissenschaft auch fremdsprachliche Siglen geläufig geworden, und der deutsche Forscher steht sehr oft vor der Frage, ob er solche Formen übernehmen soll, wenn unter Umständen die Gegenstände und Begriffe im deutschen Sprachbereich noch nicht geläufig sind. Hier lässt sich keine generelle Regel aufstellen, doch erscheint es unnötig, beispielsweise von einer IC-Analyse ('Immediate Constituents') zu sprechen, wenn dafür bequem UK-Analyse ('Unmittelbare Konstituenten') gesetzt werden kann. Man mag vielleicht die sprachlich bedingte Begriffsduplizierung bedauern, aber die Verständigungssprache sollte möglichst auch in der Fachterminologie beibehalten werden. In zahlreichen Fällen existieren deutsche und fremdsprachliche Formen (insbesondere englische) bereits nebeneinander, zB DNS ('Desoxyribonukleinsäure') gegenüber DNA ('Deoxiribonucleic Acid'). In günstigen Fällen kann die fremdsprachliche Kürzung zufällig mit der deutschen übereinstimmen (zB FSP für 'Funktionale Satzperspektive', engl. 'Functional Sentence Perspective'), in anderen Fällen werden Umstellungen nötig (zB API für 'Association Phonétique Internationale', IPA für 'International Phonetic Association', sodass man sowohl vom API-Alphabet als auch vom IPA-Alphabet sprechen kann).

7.3 Flexionsformen

Bei der Schreibung der Flexionsformen folge man dem Rechtschreibeband des Duden. Wird die Flexionsendung zum Ausdruck gebracht, *folgt* sie dem Punkt, wenn der letzte Buchstabe der Abkürzung *nicht* der letzte Buchstabe des Wortes ist *(des Jh.s, des Vf.s)*, sonst nicht *(des Jhdts., die Bde., jmdm.)*. Im ersteren Falle verdient jedoch die Form ohne offene Endung den Vorzug *(des Jh., des Vf.)*. Die alte Konsonantenverdoppelung für den Plural hat sich erhalten in *Jgg.* ('Jahrgänge'), *Mss.* ('Manuskripte'), *ff.* ('folgende (Seiten)') und einigen ähnlichen Fällen.

7.4 Lateinische Abkürzungen

Die vielen lateinischen Abkürzungen sind fast alle außer Gebrauch gekommen. Wer würde noch etwas mit *u.s. (ut supra)* oder mit *c.c.i.* (auch *corr. corr. impr.* für *correctis corrigendis imprimatur*) anfangen können? Wer erkennt noch in *etc.pp.* den lateinischen Imperativ *perge* oder *pergite* 'fahre fort'? Nur bei Literaturangaben haben sich einige wenige lateinische Abkürzungen bis heute gehalten, zB *id. (idem), ib. (ibidem), p. (pagina), loc.cit. (loco citato), s.v. (sub voce), q.v. (quod vide)*. Doch auch diese können bequem durch ihre deutschen Entsprechungen wiedergegeben werden, und es lohnt kaum, aus Gründen internationaler Verständlichkeit daran festzuhalten. Will man sie dennoch benutzen, so sollte man einen Wechsel zwischen deutschen und lateinischen Abkürzungen, etwa zwischen p. und S., in ein und derselben Arbeit vermeiden. Der noch recht häufig vorkommende Gebrauch von *etc.* statt *usw (usw.)* ist durch nichts gerechtfertigt. Siehe auch Abschnitt II.5.1.

7.5 Gemäßigte Titelkürzung

Nicht nur die Verweise, sondern auch die Titel, auf die sie sich beziehen, werden in wissenschaftlichen Apparaten weitgehend gekürzt. Sehr nützlich ist zB die Verwendung von Abkürzungen bei der Titelangabe von Zeitschriften, Reihen, wichtigen Handbüchern und Nachschlagewerken. Einen Titel wie *Tarif- und Verkehrsanzeiger für den Personen-, Gepäck-, Expressgut-, Güter- und Tierverkehr der Eisenbahnen des öffentlichen Verkehrs im Gebiet der Bundesrepublik Deutschland* kann man höchstens bei der ersten Anführung in voller Länge bieten; für weitere Anführungen wird man sich gerne der handlicheren Form TVA bedienen.

Wie soll gekürzt werden? Wie oben dargestellt, lassen sich zwei Verfahren unterscheiden. Entweder wird der Wortlaut des Titels nur so weit gekürzt, dass die Vollform daraus ohne Schwierigkeiten erschlossen werden kann und auch für den uneingeweihten Leser durchsichtig bleibt, oder man wählt die stärkere Kürzung durch eine Sigle. *Germ.-Rom. Mtsschr.* gibt sich leicht als *Germanisch-Romanische Monatsschrift* zu erkennen, GRM nicht. Unwichtige Wörter wie Artikel, Konjunktionen und Präpositionen können bei gemäßigter Kürzung weggelassen werden, zB *J. prakt. Chem.* für *Journal für praktische Chemie.*

DIN 1502
zu Titelkürzungen

Einzelheiten hierzu findet man in dem Normblatt DIN 1502: *Kürzung der Titel von Zeitschriften und ähnlichen Veröffentlichungen* nebst Beiblatt 1 (DIN-TB 153). Die darin gemachten Vorschläge, die auf eine Vereinheitlichung der Abkürzungspraxis für Zeitschriftentitel abzielen, sind sehr begrüßenswert. Allerdings geben sie nur ein Dutzend Grundregeln an die Hand, mit deren Hilfe verständlich bleibende Abkürzungen gebildet werden können, und obwohl das Beiblatt eine umfangreiche Liste der "in Zeitschriftentiteln häufig vorkommenden Wörter" in der empfohlenen Kurzform mitteilt (zB *Abh.* für *Abhandlung; Acad.* für *Academia, Académie* usw; *Akad.* für *Akademie; Arch.* für *Archiv, Archive* usw), werden an wirklichen Titeln nur wenige vorgeführt.

7.6 Stärkere Titelkürzung durch Siglen

Kürzt man Titel mithilfe von Siglen ab, sodass der Wortlaut im Wesentlichen auf die Initialen der wichtigsten Einzelwörter reduziert wird, zB GGA für *Göttingische Gelehrte Anzeigen,* so ist die Raumersparnis offensichtlich. Sie geht jedoch auf Kosten der Verständlichkeit. Die einzelne Initiale erlaubt es nicht mehr, die Vollform, die sie vertritt, eindeutig zu rekonstruieren. Während J in JEGP für *Journal (of English and Germanic Philology)* steht, vertritt es in JR (*Juristische Rundschau*) ein ganz anderes Wort. Ein weiterer Nachteil besteht darin, dass unterschiedliche Titel ein und dieselbe Sigle hervorrufen können, zB *Review of English Studies* und *Revue des études slaves* oder *English Studies* (Amsterdam) und *Englische Studien* (Leipzig), die jeweils RES bzw

ES ergäben. Folglich wird man willkürlich zwischen RESt und RESv bzw zwischen ES und ESt unterscheiden müssen. Zwar ist inzwischen in einzelnen Wissenschaftsbereichen eine gewisse Einheitlichkeit erzielt worden, doch sind wir nach wie vor weit davon entfernt, für die in die Tausende gehenden Zeitschriften und Reihen *aller* Bereiche ein international einheitliches und verbindliches Siglenverzeichnis benutzen zu können. So steht beispielsweise AC in der *Bibliographie Linguistique* für *L'Antiquité Classique* (Louvain), in der *MLA International Bibliography* jedoch für *Archaeologica Classica,* was in der *Bibliografie Linguistique* als *ArchClass* erscheint, während umgekehrt *L'Antiquité Classique* in der *MLA Bibliography* zu AntC gekürzt wird. Einig ist man sich im Allgemeinen nur darin, die aus nur einem Wort bestehenden Titel nicht weiter zu kürzen, zB *Anglia, Antiquity, Arabica.* Damit stellen sich die drei Möglichkeiten der Titelangabe bei Zeitschriften folgendermaßen dar:

Voller Titel	Gemäßigte Kürzung	Sigle
British Journal for the History of Science	Brit. J. Hist. Sci.	BJHS
Canadian Journal of Philosophy	Can. J. Philos.	CJPh
European Journal of Applied Mathematics	Eur J Appl Math	EJAM
Studies in functional and structural linguistics	Stud. funct. struct. linguist.	SFSL
Journal of General Microbiology	J. Gen. Microbiol.	JGMb
Zeitschrift für Biologie	Zt. Biol.	ZB
Anglia: Zeitschrift für englische Philologie	Anglia	Anglia
English Studies	Engl. Studies	ES
Englische Studien	Engl. Studien	ESt

7.7 Titelverzeichnisse

Verwendet man in der Bibliografie ausschließlich Siglen, so richtet man sich am besten nach einem der maßgeblichen Zeitschriftenverzeichnisse des betreffenden Faches und sagt dem Leser im Vorwort oder in einer Präambel zur Bibliografie ausdrücklich,

wonach man sich gerichtet hat und wo man folglich die Auflösung der Kürzungen finden kann. Zu den wichtigsten einschlägigen Werken gehören die folgenden:

Abkürzungsverzeichnis der Rechtssprache. ⁶2007. Bearb. von Hildebert Kirchner & Cornelie Butz. Berlin: de Gruyter.

Alkire, Leland G. ¹²2000. *Periodical title abbreviations.* 2 Bde. Detroit,
   Mich., u.a.: Gale Research Inc.

*L'année philologique. Bibliographie critique et analytique de l'antiquité
   grécolatine,* hg. v. Jules Marouzeau. Année 1- . Paris: Les Belles
   Lettres, 1928- .

Bibliographie der französischen Literaturwissenschaft. 1960- . Begr. v.
   Otto Klapp, bearb. u. hg. v. Astrid Klapp-Lehmann. Bd. 1–41 u.
   Suppl. zu 1–6. Frankfurt/Main: Klostermann.

Dahlmann, F.C. & G. Waitz. ¹⁰1965–99. *Quellenkunde der deutschen
   Geschichte: Bibliographie der Quellen und der Literatur zur deutschen Geschichte.* 12 Bde. Hg. v. H. Heimpel u. H. Geuss. Stuttgart: Hiersemann.

Gebhardt, Bruno. ¹⁰2001- . *Handbuch der deutschen Geschichte,* hg.
   v. W. Benz, A. Haverkamp, J. Kocka & W. Reinhard. Bd. 1–24.
   Stuttgart: Klett-Cotta.

Körner, Josef. ³1949 [Nachdruck 1966]. *Bibliographisches Handbuch
   des deutschen Schrifttums.* Bern: Francke.

Köttelwesch, Clemens (Hg.). 1973- . *Bibliographisches Handbuch der
   deutschen Literaturwissenschaft 1945–1969* (unter Mitarbeit von
   H. Hüttermann & C. Maihofer). Frankfurt/Main: Klostermann.

Leistner, Otto. ¹¹2006. *Internationale Titelabkürzungen von Zeitschriften, Zeitungen, wichtigen Hand- und Wörterbüchern, Geset-
   zen, Institutionen usw.* München: Saur [auch auf CD-ROM].

[Linguistic bibliography] *Bibliographie linguistique de l'année ~ / Linguistic bibliography for the year ~.* 1949- . Springer: Dordrecht [in
   diesem Verlag seit 31.1976 (1980); die Jahrgänge ab 1993 sind
   mit einigen Ergänzungen online frei zugänglich unter http://
   www.kb.nl/blonline/].

MLA [Modern Language Association]. 1/1983- . *Journal list.* [auf CD-ROM].

Publications of the Modern Language Association of America: PMLA. [Register in den jährlichen Bibliografien].

Serials in the British Library. Bibliographic Services Division. [Jahresbände ab 1981; Vorgänger u.d.T. *British union catalogue of periodicals, incorporating World list of scientific periodicals*]. London: British Library Board [letzte Ausgabe Mehrjahresausgabe von 1988].

Ulving, Tor. 1963. *Periodica philologica abbreviata: A list of initial abbreviations of periodicals in philology and related subjects.* Stockholm: Almqvist und Wiksell.

World list of scientific periodicals published in the years 1900–1960. 3 Bde. ⁴1963–65. Hg. v. Peter Brown & George Burder Stratton. London: Butterworths Scientific Publications.

World medical periodicals. ³1961–68 (2 Bde., bearb. von C. H. A. Fleurent). New York: World Medical Association.

Zeitschrift für romanische Philologie. [Register in den bibliografischen Supplementbänden].

7.8 Handbücher, Gesetzestexte und andere Werke

Ein weiterer Anwendungsbereich der Siglen betrifft wichtige Handbücher und Nachschlagewerke, auf die man sich in einer Arbeit mehrfach bezieht, wie zB TDW *Trübners Deutsches Wörterbuch,* FEW für Walther von Wartburg, *Französisches etymologisches Wörterbuch,* IEW für Julius Pokorny, *Indogermanisches etymologisches Wörterbuch,* CHEL für *The Cambridge history of English literature.* Da hier noch weniger Einheitlichkeit besteht als im Falle der Zeitschriften, müssten derartige Kürzungen erst recht im Zusammenhang mit der Bibliografie aufgeschlüsselt werden. Man kann dies tun, indem man die Kürzung dem jeweiligen Titeleintrag voranstellt, zB

Siglen für Handbücher, Nachschlagewerke, Gesetzestexte

[AgD] Andreas Heusler. ²1941. *Die altgermanische Dichtung.* Pots-
dam: Athenaion.

[DV] Andreas Heusler. ²1956. *Deutsche Versgeschichte, mit Einschluss
des altenglischen und altnordischen Stabreimverses.* Bd. 1–3. Berlin: de Gruyter.

[OCEL] Tom McArthur (Hg.). 1992. *The Oxford companion to the English language.* Oxford, New York: Oxford University Press.

[SL] Gero von Wilpert. ⁸2001. *Sachwörterbuch der Literatur.* Stuttgart: Kröner.

Dieses Verfahren ist jedoch nicht für alle Werke der aufgeführten
Art empfehlenswert, da ein Verweis auf 'Heusler 1956' sprechender
ist als das Kürzel DV. An die Stelle von Siglen zur Bezeichnung
von Literatur ist heute die sog. Einordnungsformel nach dem Autor-Jahr-System getreten (siehe Abschnitt 5.2.1). Man beschränke
somit den Siglengebrauch auf diejenigen Fälle, in denen die Sigle
entweder sprechend oder bereits in der Fachliteratur üblich ist (zB
Gesetze, Verordnungen, Erlasse, Berichte) und integriere eine entsprechende Aufschlüsselung in die Bibliografie.

Siglen für häufig zitierte Werke In sprach- und literaturwissenschaftlichen Arbeiten kann es nützlich
sein, Siglen wenigstens für diejenigen Werke zu verwenden, aus denen
Beispiele und Belege zitiert werden ('Quellen' oder 'Primärliteratur').
In einer Untersuchung über Wilhelm Raabe wären für die Romane
beispielsweise folgende Kürzungen (stets ohne Abkürzungspunkte)
denkbar: CS für *Die Chronik der Sperlingsgasse,* KF für *Die Kinder von
Finkenrode,* LW für *Die Leute vom Walde,* Sch für *Der Schüdderump*
usw. Ebenso ist für eine anglistische Arbeit, die laufend aus Jespersens
Modern English grammar on historical principles (7 Bände) zitiert, eine
Sigle wie MEG für das Gesamtwerk sehr zu empfehlen; auf einzelne
Bände kann man sich dann mittels MEG I, MEG II usw beziehen. Führt
man solche eigenen Siglen ein, muss man sie dem Leser an der Stelle der
ersten Einführung oder, falls umfangreicher, in einem eigenen Abkürzungsverzeichnis erläutern.

Abkürzungskonventionen Man beachte, dass sich ebenso wie für bekannte Handbücher eines
Faches auch für gewisse literarische Texte bereits Abkürzungskonventionen eingebürgert haben, denen man folgen sollte. So gibt es zB Normie-

rungsvorschläge für altenglische Texte (s. *OE Newsletter* 12 [1979], 6–12), aber auch für zahlreiche andere Bereiche, oft der leichteren Programmierbarkeit wegen auf drei Buchstaben beschränkt. In manchen Fällen kann man sich einfach dem Gebrauch bekannter Handbücher oder Standardausgaben anschließen.

In Tafel 7.8 werden die Siglen für die Werke Shakespeares gemäß den Vorgaben der MLA sowie dem "Merkblatt für die Anfertigung von Manuskripten" für das *Jahrbuch der Deutschen Shakespeare-Gesellschaft* aufgelistet; da sie zwar alle 1–3-buchstabig, aber oftmals nicht sprechend sind, wurden jeweils nach dem Schrägstrich die Alternativen aus Alexander Schmidts *Shakespeare-Lexikon* hinzugefügt (fehlende Angaben bedeuten Übereinstimmung mit der MLA). Schmidts System hat zudem den Vorteil, grundsätzlich ohne Abkürzungspunkte auszukommen.

Siglen für die Werke Shakespeares

Tafel 7.8: Siglen für die Werke Shakespeares

Ado	Much ado about nothing	MM/Meas	Measure for measure
Ant./Ant	Antony and Cleopatra	MND/Mid	A midsummer night's dream
AWW/Alls	All's well that ends well	MV/Merch	The merchant of Venice
AYL/As	As you like it	Oth./Oth	Othello
Cor./Cor	Coriolanus	Per./Per	Pericles
Cym./Cymb	Cymbeline	PhT/Phoen	The phoenix and the turtle
Err./Err	Comedy of errors	PP/Pilgr	The passionate pilgrim
1H4/H4A	1 Henry IV, first part	R2	Richard II
2H4/H4B	2 Henry IV, second part	R3	Richard III
H5	Henry V	Rom./Rom	Romeo and Juliet
1H6/H6A	1 Henry VI, first part	Shr./Shr	The taming of the shrew
2H6/H6B	2 Henry VI, second part	Son/Sonn	The sonnets
3H6/H6C	3 Henry VI, third part	TGV/Gent	Two gentlemen of Verona
H8	Henry VIII	Tim./Tim	Timon of Athens
Ham./Hml	Hamlet	Tit./Tit	Titus Andronicus
JC/Caes	Julius Caesar	Tmp./Tp	The tempest
Jn./John	King John	TN/Tw	Twelfth night
LC/Compl	A lover's complaint	TNK/Kins	The two noble kinsmen
LLL	Love's labour's lost	Tro./Troil	Troilus and Cressida
Lr./Lr	King Lear	Ven./Ven	Venus and Adonis
Luc./Lucr	The rape of Lucrece	Wiv./Wiv	The merry wives of Windsor
Mac./Mcb	Macbeth	WT/Wint	The winter's tale

Abkürzungen für die Werke Chaucers

Als maßgeblich für die Abkürzungen der Werke Chaucers sollte die *Riverside Edition* (³1987, hg. v. Larry D. Benson, Boston, Houghton Mifflin) angesehen werden.

Oberstes Gebot sollte bei allen Abkürzungen sein, dass der Aufwand in angemessenem Verhältnis zum Nutzen steht. Sie sollen die Übersichtlichkeit fördern, nicht stören. Auch jede technische Abkürzung verfehlt ihren Sinn dort, wo es entweder auf Raumersparnis nicht ankommt oder die Überschaubarkeit des Ganzen in einem Gewimmel von Zeichen verloren zu gehen droht. Nichts ist ärgerlicher für den Leser, als für die Entschlüsselung uneinsichtiger Abkürzungen erst umständliche Nachforschungen anstellen zu müssen, um am Ende vielleicht gar zu entdecken, dass sich der Verfasser seine eigenen Kürzel zurechtgezimmert, aber die Mitlieferung eines Verzeichnisses nicht für notwendig gehalten hat.

8 Arbeits- und Schreib-techniken, Hilfsmittel und Korrekturen

Im Zeitalter der elektronischen Datenverarbeitung ist es sinnvoll, die folgenden Arten von Manuskripten zu unterscheiden:

(1) Manuskripte, die, abgesehen von Mehrfachausdrucken oder wenigen Kopien, nicht weiter vervielfältigt werden (zB Diplomarbeiten, Zulassungsarbeiten, Prüfungs- und Seminararbeiten, Berichte). **unvervielfältigte Manuskripte**

(2) Manuskripte, die für eine fotomechanische Vervielfältigung vorgesehen sind, also ohne jede Veränderung abgedruckt werden (Reproskripte, Reprotexte). Solche Manuskripte wird man tendenziell aufwendiger gestalten und möglichst satzähnlich aufbereiten. **Reproskripte**

(3) Elektronische Lichtsatzvorlagen. Die beiden wichtigsten Typen von Lichtsatzvorlagen sind heute

(a) Postscript- oder PDF-Dateien (siehe Abschnitt 9.2(11)), die das endgültige Layout bereits festlegen (einschließlich Schriftwahl und Seitenumbruch) und alle Drucksteuerzeichen für den Lichtsatz bereits beinhalten. **Postscript- und PDF-Dateien**

(b) Reine Textdateien im ASCII- oder ANSI-Format mit Formatierungskürzeln (Makros), die vom Setzer oder dem Satzprogramm erst in die endgültigen Steuerzeichen für Schriftwahl, Auszeichnungen, Absatzformate usw umgesetzt werden. Hierher gehören Dateien im SGML-Format ('Standardized General Markup Language'; siehe Abschnitt 9.2(3)), TeX-Dateien (für das von Donald Knuth entwickelte, gleichnamige Satzprogramm gedacht, das vor allem wegen seiner Fähigkeiten des Formelsatzes berühmt wurde) und schließlich Vorlagen mit verlagseigenen Kennungen, **Textdateien mit Steuerkodes, zB SGML, TeX** von denen man als Autor eine mehr oder weniger vollständige Liste vom Verlag bekommen kann. Seit der 14. Auflage liegt der Herstellung dieses Buches eine reine Textdatei mit sprechenden, HTML-ähnlichen Kennungen zugrunde. Der Vorteil ist hier, dass der Autor sich auf eine rein logische Auszeichnung (wie zB 'Überschrift der zweiten Ebene', 'Hervorhebung', 'Anmerkung') beschränken kann und der Verlag diese logische Auszeichnung im Einklang mit den Vorgaben einer Buchreihe inhaltlich ausfüllen kann. So könnte zB für 'Überschrift der zweiten Ebene' festgelegt werden: Futura 13 Punkt, halbfett, linksbündiger Text, kein Randausgleich.

8.1 EDV-Drucker

8.1.1 Tintenstrahldrucker

Vor- und Nachteile von Tintenstrahldruckern

Moderne Tintenstrahldrucker bieten bei günstigen Anschaffungskosten und einer mit Laserdruckern vergleichbaren Auflösung eine gute Schriftschwärzung, eine akzeptabel schnelle Ausgabe und einen vollautomatischen Einzelblatteinzug, gute Grafikfähigkeit (inkl. hochwertigen Fotodruck) und die Möglichkeit, auch (spezielle) Folien zu beschriften. Tintenstrahldrucker haben deutlich niedrigere Anschaffungskosten als Farblaserdrucker, denen allerdings höhere Verbrauchskosten, dh Druckkosten pro Seite gegenüberstehen. Kostspielig ist auch die Notwendigkeit, für fotorealistischen Druck teures Spezialpapier zu benutzen. Ein weiterer Nachteil gegenüber Laserdruckern ist die Gefahr des Eintrocknens der Druckköpfe bei längerer Nichtbenutzung. In der Regel reicht zudem die Schriftqualität nicht an die guter Laserdrucker heran, sodass für reguläre Publikationen ein Laserdrucker nach wie vor die erste Wahl bleibt. Er macht sich trotz höherem Anschaffungspreis bei höherem Druckvolumen oft schon nach kürzerer Zeit bezahlt.

8.1.2 Laserdrucker

Laserdrucker sind für Reproskripte der am besten geeignete Druckertyp, auch wenn sie modernen Lichtsatzanlagen qualitativ deutlich unterlegen sind. Sie liefern bereits bei der in einfacheren Modellen noch anzutreffenden Auflösung von 600 dpi eine bessere Schrift- und Grafikqualität als Tintenstrahldrucker, die meist durch zusätzliche Verfahren zur Anordnung der Pixel (zB die 'Resolution Enhancement Technology' von Hewlett Packard) gesteigert wird. Pixel sind die Einzelpunkte (mit definierten Koordinaten innerhalb eines Rasters, dessen Feinheit von der maximalen Auflösung des Druckers abhängt), aus denen ein Druckzeichen zusammengesetzt wird. Drucker, die eine Auflösung von echten 1200 dpi beherrschen, bilden Grafiken, aber auch krumme Linien, Haarnadelstriche und Serifen von Schriften relativ scharf ab, reichen jedoch nicht an professionelle Lichtsatzqualität heran. Wird Farbdruck nur gelegentlich benötigt, kann es von Kostenvorteil sein, für die Farbausgabe einen in der Anschaffung günstigen Tintenstrahldrucker (mit meist relativ hohen Druckkosten pro Seite) neben einem Laserdrucker zu betreiben, auf dem man preisgünstig alle Schwarz-Weiß-Drucke ausgibt. Im Gegensatz zu Tintenstrahldruckern mit zeilenweise fortschreitendem Ausdruck arbeiten Laserdrucker seitenweise (ähnlich wie ein Kopierer) und benötigen daher einen relativ großen Arbeitsspeicher. Insbesondere der Druck von PS-Dateien (PS = 'Postscript') mit komplexen Grafiken kann einen sehr hohen Speicherbedarf bedingen. Laserdrucker arbeiten in der Regel deutlich schneller als Tintenstrahldrucker, wobei die in Prospekten angegebenen Ausgabegeschwindigkeiten in der Praxis oft nicht erreicht werden. Mittlerweile erschwinglich und empfehlenswert ist eine zusätzliche PS-Option, die neben einer Reihe zusätzlicher Schriften vor allem die Möglichkeit bietet, einen Ausdruck zu erzeugen, dessen Layout bis auf die Auflösung mit der (möglicherweise später angestrebten) Ausgabe auf einem PS-Belichter identisch ist. PS ist eine weitgehend hardwareunabhängige Standard-Seitenbeschreibungssprache, die sich einer breiten Softwareunterstüt-

Anwendungsbereiche von Laserdruckern

erhöhte Flexibilität durch PS-Fähigkeit

1

2

Ghostscript und
Gsview

zung erfreut. Das maximale Ausgabeformat in erschwinglichen
Preisregionen ist DIN A4, das jedoch auch im Querformat, dem
sog. *Landscape*-Druck, bedruckt werden kann. Wer PS-Dateien
erzeugen, betrachten oder ausdrucken muss, aber keinen PS-fähigen Drucker besitzt, kann sich mit der kostenlosen PS-Emula-
tion Ghostscript behelfen, für die es auch einen Dateibetrachter
namens Gsview gibt. Siehe hierzu auch Abschnitt 9.2(11).

3

8.2 Rechner und Software

4

5

6

7

8

9

Plant man speziell für eine wissenschaftliche Arbeit die Anschaffung eines Rechners samt geeigneter Software, so ist besonderes
Augenmerk auf Kompatibilität und die Möglichkeit, vorhandene Software preiswert oder kostenlos zu aktualisieren, zu legen.
Durch seine enorme Flexibilität und die relativ strenge Einhaltung
einschlägiger Industriestandards ist in den letzten Jahren Linux
bezüglich beider Kriterien zu einer sehr ernstzunehmenden und
kostengünstigen Alternative zu Windows- oder Mac(intosh)-
Rechnern geworden. Bei der Wahl des einzusetzenden Betriebs-
systems und der zu benutzenden Textverarbeitung prüfe man
auch, wie oft das Dateiformat in der Vergangenheit abgeändert
wurde und welche Formate Kollegen auf ihren Rechnern lesen/
erzeugen können, wenn ein Datenaustausch etwa im Rahmen
eines gemeinsamen Projekts erforderlich wird. Man achte ferner
auf folgende Punkte:

Anschaffungs-
tipps

A I

A II

A III

- Keinesfalls sollte man einen veralteten Rechner oder veraltete
  Software kaufen, auch nicht zu besonders günstigen Preisen
  (wobei nicht jeder gebrauchte Rechner für den geplanten Einsatzzweck veraltet sein muss).
- Man wähle auch für reine Textverarbeitung den Rechner wenigstens eine, wenn nicht zwei Nummern größer als geplant,
  da die jeweils neuere Version der benutzten Anwendung (zB
  der Textverarbeitung) sich meist als speicher- und leistungs-
  hungriger als die vorhergehende entpuppt.

- Festplattenplatz und Arbeitsspeicher sollte man besonders großzügig dimensionieren (auch wenn Festplattenplatz durch externe Geräte heute leicht erweiterbar ist).
- Ein möglichst leises Gesamtsystem mit guter Dämmung und geräuscharmer Kühlung schont die Nerven.

Aktuelle Standard-Textverarbeitungen können Dokumente zwar inzwischen alle in das *Rich Text Format* sowie in das HTML-Format exportieren, verwenden aber standardmäßig meist ein proprietäres Dateiformat, das den Datenaustausch mit all denen erschwert, die eine andere Textverarbeitung oder eine ältere/neuere Version des gleichen Textverarbeitungsprogramms einsetzen. Bei der Auswahl der geeigneten Software und des geeigneten Dateiformats sollte man auch die im Internet kostenlos verfügbaren Office-Pakete (bestehend aus Textverarbeitung, Grafikprogramm, Tabellenkalkulation und oft auch einer Datenbank) einbeziehen, von denen einige leistungsmäßig zu den bekannten Standardlösungen aufgeschlossen haben und ihnen in einzelnen Disziplinen sogar überlegen sind.

Dateiformate

8.3 Scannen von Text und Grafik

Der Markt bietet heute preiswerte Farb-Scanner an, die sich in Geschwindigkeit und Auflösung, sowie bezüglich des maximal nutzbaren Formats (A3/A4), der Schnittstelle (USB, Firewire) und nicht zuletzt bezüglich der Güte der beigelegten Software unterscheiden. Letztere hat wesentlichen Einfluss auf das Scan-Ergebnis und legt auch die unterstützten Bild- und Kompressionsformate fest. Eingescannte Vorlagen können in Form einer Bilddatei bestimmten Formats von spezieller Bildbearbeitungssoftware oder von OCR-Software ('Optical Character Recognition') weiterverarbeitet werden. Letztere vermag aus Grafikdateien computerlesbaren Text zu machen. Die Auflösungen auch preiswerter Scanner reichen in der Regel auch für eine Lichtsatzausgabe aus. Einige Geräte sind zudem durchlichtfähig, können also auch

OCR-Software

Durchlichtfähigkeit

Dias und Negative scannen. In Kombination mit einem Drucker können Scanner auch als Ersatz für Kopierer fungieren.

Möglichkeiten und Grenzen der elektronischen Texterkennung

Während die Bildbearbeitung längst ein beachtliches Niveau erreicht hat, bietet erst die neueste OCR-Software akzeptable Leseergebnisse auch bei schlechten Vorlagen und Übernahme von Formatierungen und Tabellen in die Textverarbeitung. Exotische Schriften und Sonderzeichen werden jedoch meist erst nach einem Schrifttraining (dh Speicherung mindestens eines Musters pro Schriftart und -schnitt für jedes zu lesende Zeichen) korrekt gelesen. Zur Verringerung von Lesefehlern benutzen die meisten OCR-Programme ein elektronisches Lexikon pro unterstützter Sprache, um zu überprüfen, ob ein gelesenes Wort in der betreffenden Sprache auch existiert. Wer Texte nicht unterstützter Sprachen scannen will, muss auf die Wörterbuchkorrektur verzichten, wodurch die Lesefehler deutlich ansteigen. Die OCR-Erkennung hat ferner noch immer Probleme mit kleinen Schriften, schlechten Druckvorlagen (zB Tageszeitungen), verrutscht eingescannten Vorlagen (schräger Zeilenverlauf) sowie mit engen Laufweiten und Ligaturen bei Proportionalschriften.

8.4 Maße und Abstände

Auch wenn sich DIN 16507–2 klar für die ausschließliche Verwendung metrischer Maße in der digitalen Drucktechnik ausspricht und heutige Textverarbeitungen Randmaße und Abstände in Zentimetern zulassen, sind Größen- und Maßangaben in Punkten noch sehr verbreitet. Nicht hinreichend bekannt ist, dass es dreierlei Punktmaße gibt:

drei Punktmaße: Didot-, ATA- und DTP-Punkt

- den Didot- oder typografischen Punkt mit 0,376 mm, was 1/72 eines französischen Zoll mit 27,07 mm entspricht, der wiederum 1/12 eines französischen Fußes entspricht; ferner ergeben 12 Didot-Punkte eine Cicero, dh 4,531 mm,

- den angelsächsischen Pica-Punkt (engl. auch 'Anglo-Saxon point', 'ATA point') mit 0,351 mm (12 Pica-Punkte = 1 Pica = 4,218 mm) sowie
- den dem Postscript-Standard zugrundeliegenden und auch von vielen Textverarbeitungssystemen verwendeten Post-script- oder DTP-Punkt (im Satzsystem TeX auch als 'big point' bezeichnet), der als 1/72 Zoll definiert ist (= 0,353 mm; alle Millimeter-Angaben gerundet).

Ein Zoll (25,4 mm) fasst also genau 72 Postscript-Punkte, aber 72,27 Pica-Punkte. Der Postscript-Punkt entstand durch Abrun-dung des letzten Werts. Tafel 8.4 fasst die wichtigsten Maße und ihre Äquivalenzen zusammen (Werte mit '*' wurden gerundet):

Schriftgrad

Postscript-Punkt als Standardmaß für Textverarbei-tungen und DTP-Programme

Tafel 8.4: Typografische Maße und ihre Äquivalente

typografisches Maß	metrisches Äquivalent	Bezugsgröße
frz. Fuß ('pied de roi')	32,484 cm*	6 Cicero
Cicero	4,531 mm*	12 Didot-Punkte
Didot-Punkt	0,376 mm*	$1/_{72}$ frz. Zoll
frz. Zoll ('pouce')	27,07 mm	$1/_{12}$ frz. Fuß ('pied du roi')
Pica-Punkt 'ATA point'	0,351 mm*	$1/_{12}$ Pica (=4,218 mm)
Postscript- oder DTP-Punkt	0,353 mm*	$1/_{72}$ Zoll (inch)
Zoll (inch)	25,4 mm	[72 Postscript-, aber 72,27 Pica-Punkte]

Ein Schriftgrad von 12 Didot-Punkten ist somit 4,531 mm hoch, während 12 Pica-Punkte 4,218 mm und 12 Postscript-Punkte 4,233 mm entsprechen (alle numerischen Angaben nach Vaku-lenko, 2000; gerundet). Der Schriftgrad wird dabei jeweils von der Oberkante der Oberlängen bis zur Unterkante der Unterlän-

1

2 **Zeilenabstand**

3

4 **Durchschuss**

5

6

7

8

9

A I

A II **OpenType-Schriften**

A III

gen gemessen (Details siehe Siemoneit, 1989:87). Wer mit gängigen Textverarbeitungssystemen wie zB Microsoft Word oder DTP-Programmen arbeitet, wird nicht umhin kommen, mit dem Maß für den Postscript-Punkt zu arbeiten. Man beachte, dass man für den Zeilenabstand (Zeilenvorschub) noch einen von den Mittellängen (dh der Größe von Kleinbuchstaben wie *a, o* ohne Unter- und Oberlänge) der jeweiligen Schrift (und idealerweise auch abhängig von der Zeilenlänge) abhängigen Durchschuss hinzuaddieren muss. Der Zeilenabstand ist dabei der Platzbedarf für eine Zeile, gemessen von Unterkante der Grundlinie zur Unterkante der Grundlinie der nächsten Zeile; der Durchschuss ist der Abstand zwischen den Unterlängen einer Zeile und den Oberlängen der nächsten Zeile. Stellt man in Word einen einfachen Zeilenabstand (Voreinstellung) und eine 12-Punkt Times New Roman ein, beträgt der Zeilenvorschub ca 4,9 mm (bei ca 1,8 Punkt Durchschuss), dh auf einen Satzspiegel von 233 mm, den man erhält, wenn man bei einem DIN-A4-Seitenmaß oben 2,1 und unten 4,2 cm Rand einstellt (empfohlener Satzspiegel bei 16er Teilung), passen 48 ganze Zeilen (experimentell ermittelt). Diesen automatisch angepassten Zeilenvorschub kann man auch als relative Engzeiligkeit bezeichnen (in Word bei einer 12-Punkt Times New Roman ca 13,8 Punkt). Siehe hierzu Abschnitt 9.1(7).

8.5 Schrifttypen

Die heute für wissenschaftliche Manuskripte noch immer am weitesten verbreitete Schrift ist die Times Roman Proportional, eine Schrift mit Serifen (dh mit Quer- bzw Haarstrichen). Da man dieser Schrift nunmehr allenthalben begegnet, ist ihre ursprüngliche Exklusivität verloren gegangen, sodass man Alternativen erwägen sollte. Besondere Beachtung verdient hierbei das plattformübergreifenden OpenType-Schriftformat, das von Adobe und Microsoft gemeinsam entwickelt wurde und das gegenüber dem bisherigen TrueType-Format unter anderem den Vorteil hat, durch die Nutzung von Unicode nicht mehr auf

maximal 256 darstellbare Zeichen begrenzt zu sein (theoretisch
sind bis zu 65536 Zeichen pro Schriftsatz möglich). Noch können nicht alle Anwendungsprogramme mit OpenType umgehen;
unterstützt wird es aber u.a. von den Produkten von Adobe, von
OpenOffice und von Microsoft Office. Bereits unter Windows XP
liegt in diesem Format die für den Buchdruck sehr geeignete Palatino Linotype vor, die insgesamt immerhin gut 1000 Glyphen,
darunter viele Buchstaben mit Diakritika, aber auch griechische
und kyrillische Zeichen sowie die wichtigsten phonetischen und
mathematischen Symbole bereitstellt und die Unterschneidung
(Kerning) beherrscht. Ein vollständiger phonetischer Zeichensatz
nach IPA-Standard ist allerdings noch nicht enthalten. Bei gleichem Schriftgrad ist der Platzbedarf allerdings deutlich größer
als bei der Times New Roman. Man erkennt OpenType-Schriften
daran, dass sie im Explorer unter Windows ein Icon mit einem
grünen 'O' aufweisen (gilt zumindest für diejenigen, die auf dem
früheren TrueType basieren).

Palatino Linotype

Kompaktere empfehlenswerte Alternativen zur Times New
Roman sind die Garamond, die Palatino oder die Bauer Bodoni;
Schriften wie die Century Schoolbook oder die Bookman sind
gegenüber gängigen Schnitten der Times New Roman wiederum
deutlich raumgreifender. Alle genannten Schriften verfügen über
eine sehr elegante, eigenständige Kursive, die der schräggestellten
Rekteschrift einfacherer Systeme optisch deutlich überlegen ist.
Bei der Auswahl der Schrift achte man auf die folgenden Punkte:

**Alternativen zur
Times New Roman**

(a) Man verwende für den Haupttext wissenschaftlicher Arbeiten unbedingt eine Serifenschrift, die generell eine bessere Lesbarkeit bietet als eine serifenlose Schrift wie zB die Helvette oder
die Optima.

Lesbarkeit

(b) Man vergewissere sich, ob alle für die Arbeit benötigten
Sonderzeichen und Diakritika vorhanden sind. Wer nicht ohne
Sonderzeichen auskommt, für den sind *Unicode*-Schriften ein
Muss. Von Vorteil ist auch ein Schrägstrich mit Unterlänge, wie
er unter den Windows-Schriften in der Garamond, der Georgia
oder der Palatino Linotype (nicht aber in der Times New Roman!)
vorhanden ist. Zwar kann man fehlende einzelne Glyphen auch

**Sonderzeichen,
Diakritika**

aus anderen Schriften ergänzen, dies ist jedoch ein optisch wenig gefälliger Kompromiss und sollte die Ausnahme bleiben.

typografische Anführungszeichen

(c) Eine professionelle Serifenschrift muss über typografische (dh öffnende und schließende) Anführungszeichen (einfach und doppelt, oben und unten) verfügen.

eigenständige Kursive

Kapitälchen

(d) Neben einer eigenständigen Kursive (die nicht zu verwechseln ist mit der relativ hässlichen Schrägstellung der entsprechenden Rekteschrift) sollte eine professionelle Schrift insbesondere eigenständige Kapitälchen aufweisen, was derzeit vielfach nicht der Fall ist. Stattdessen werden die entsprechenden Versalien (Großbuchstaben) zu Kapitälchen verkleinert, was der Profi sofort an der gegenüber Kleinbuchstaben zu dünnen Strichstärke erkennt.

Kerning

(e) Die Schrift sollte die Unterschneidung ('Kerning') aller einschlägigen Zeichenpaare unterstützen (siehe hierzu auch die Illustration in Abschnitt 9.3).

halbfette Kursive

(f) Wer Kursivierung auch innerhalb von Fettdruck benötigt achte darauf, eine Schrift zu wählen oder zu kaufen, die einen eigenen Schnitt für eine halbfette Kursive beinhaltet. Während dies zB bei der kostenlosen Charis-SIL-Schrift des *Summer Institute of Linguistics* (Download unter scripts.sil.org) oder bei der mit Windows XP oder Vista gelieferten Palatino Linotype der Fall ist, fehlt ein solcher Schnitt bei manchen Standardschriften aktueller Betriebssysteme, sodass die Kursivierung bei Fettdruck durch Schrägstellung der Normalschrift erreicht wird, was ausgesprochen hässlich aussieht und gemieden werden sollte.

(g) Naturwissenschaftler werden nicht zuletzt auf eine gute Unterscheidung zwischen der Ziffer '1' und dem Kleinbuchstaben 'l' Wert legen, die in vielen Schriften (und auch in der Brotschrift dieses Buches) leider leicht verwechselt werden können. Auch das Minuszeichen sollte als eigenes Zeichen vorhanden sein; Binde- bzw Gedankenstrich sind hierfür unbefriedigende Ersatzzeichen.

Druckertreiber

Da für eine gefällige Ausrichtung besonders von Proportionalschriften sowie für korrekten Umbruch und Randausgleich bei Blocksatz ein genau angepasster Druckertreiber (dh eine Datei, die alle Anwendungen über Fähigkeiten und Ansteuerung des angeschlossenen Druckers informiert) erforderlich ist, lohnt es sich vielfach, neben den mit dem jeweiligen Betriebssystem oder dem Drucker mitgelieferten Treibern nach aktuellen Treiber-Versionen auf der Leitseite des Herstellers Ausschau zu halten. Ein zusätzlicher Druckertreiber kann testweise auch neben dem vorhandenen installiert werden.

8.6 Sonderzeichen

Unter allen Betriebssystem-Versionen können Sonderzeichen, die sich nicht auf der Tastatur befinden, die aber im erweiterten aktiven Zeichensatz vorhanden sind, durch eine systemspezifische Tastenkombination eingegeben werden. Textverarbeitungen bieten ebenso wie spezielle Zusatzprogramme die Möglichkeit der Einblendung einer Zeichensatztabelle, aus der Zeichen durch Mausklick in die Textverarbeitung übernommen werden können. Schriften, die Unicode unterstützen, bieten hier, wie bereits in Abschnitt 8.5 erläutert, den Vorteil einer weitaus größeren Auswahl von Zeichen (oft deutlich mehr als 1000). Naturwissenschaftler sollten bedenken, dass eigenständige Glyphen für die wichtigsten Brüche (½, ¾, ⅞ usw), das Multiplikationszeichen '×' sowie viele mathematische Symbole und Sonderzeichen in vielen Schriften fehlen. Zwar ist es oft weniger kritisch, ein mathematisches Zeichen aus einem speziellen Symbolzeichensatz zu benutzen als ein fehlendes diakritisches Zeichen wie zB das Cedille 'ç' (das innerhalb eines Wortes eingefügt werden muss), jedoch ist auch dies ein Kompromiss. Das Satzprogramm TeX dürfte hier kaum Wünsche offen lassen.

Brüche, Multiplikationszeichen, mathematische Symbole

Wer dennoch häufiger auf Zeichen aus einer anderen installierten Schriftart wie zB dem serienmäßigen Symbol-Zeichensatz zurückgreifen muss, sollte sich mit der Definition von Tastaturmakros, durch die sich jedes gewünschte Sonderzeichen durch eine in Maßen frei wählbare Tastenkombinationen einfügen lässt, vertraut machen.

Tastaturmakros

phonetische Zeichen

Die Basisausstattung an Schriften reicht meist nicht aus, wenn man einen kompletten phonetischen Zeichensatz (IPA-Alphabet) benötigt. Für Macintosh und Windows-Benutzer bietet das *Summer Institute of Linguistics* über die Startseite http://scripts. sil.org kostenlose TrueType-oder Postscript-Zeichensätze an, die einen nahezu vollständigen IPA-Zeichensatz einschließlich vieler Diakritika (Längenzeichen, Akzente u.a.) enthalten. Zu den besonders reichhaltigen unter die SIL-Lizenz gestellten Schriften gehören die Charis, die Gentium und die Doulos. Auch für das von Donald Knuth entwickelte kostenlose Satzprogramm TeX ist ein phonetischer Zeichensatz (nebst vielen weiteren) verfügbar; wer das auf TeX aufbauende (ebenfalls kostenlose) Makropaket LaTeX einsetzt, kann auf das frei verfügbare Paket *Tipa* von Fukui Rei zurückgreifen.

kostenlose Schriften des SIL

Charis, Gentium, Doulos

phonetische Zeichen in TeX

8.7 Toner und Kartuschen

Ersatzkartuschen und -patronen

Laserdrucker benutzen ebenso wie Kopierer Tonerkassetten, Tintenstrahldrucker hingegen (meist teure) Kartuschen. Beide Systeme liefern bis zu ihrer völligen Erschöpfung eine unvermindert gute Druckqualität, doch man sollte stets Ersatz zu Hause vorrätig haben, um wichtige Abgabetermine für Arbeiten und Manuskripte nicht zu gefährden. Dies gilt insbesondere dann, wenn man einen wenig verbreiteten Drucker besitzt, für den längst nicht jeder Händler Ersatzpatronen oder -kartuschen bereithält. Die Kosten für Ersatztinte oder -toner können schnell die Anschaffungskosten gerade vieler preiswerter Drucker übersteigen, sodass man bei hohem Druckvolumen den Druckerkauf von den Verbrauchskosten abhängig machen sollte. Viele Laserdrucker bieten einen per Software aktivierbaren Sparmodus, der bei allerdings deutlich verminderter Druckqualität die Lebensdauer des Toners verlängern kann. Für die Endfassung einer gedruckten Arbeit kommt ein solcher Modus nicht infrage. Die Möglichkeit des mehrfarbigen Ausdrucks sollte wissenschaftliche Arbeiten nicht zur Spielwiese werden lassen; zwar kann Farbe zB in Dia-

Verbrauchskosten

Sparmodus nicht für die Endfassung

grammen, Grafiken oder in Werken mit lehrbuchartigem Charakter durchaus informativ und sinnvoll sein, doch sollten Textteile, Beispiele oder Überschriften nicht ohne besondere Überlegung farbig abgesetzt werden; hierfür stehen genügend andere Auszeichnungsformen zur Verfügung.

8.8 Papier

Man benutzt für Manuskripte rein weißes Papier vom Format DIN A4 mit einem Gewicht von mindestens 80, besser aber von 90 g/m². Ungebleichtes Umweltschutzpapier leistet für Rohausdrucke zwar hervorragende Dienste, ist für zu vervielfältigende Manuskripte jedoch oftmals zu dünn und für optimale Kopien auch gegenüber dem Schriftspiegel kontrastärmer. Besitzer von Tintenstrahldruckern sollten sich bei der Wahl des für den Einsatzzweck idealen Papiers beraten lassen.

90 g/m² empfohlen

8.9 Rand und Seitenzahlen

Weder ein zu breiter noch ein zu schmaler Rand ist für eine Arbeit empfehlenswert. Für zu benotende Arbeiten mit Zeilenabstand 1,5 und nur einseitig bedruckten Blättern, die ein Korrektor mit Anmerkungen und Korrekturen versehen wird und die ferner oftmals zu heften sind, beträgt er am besten links 2 cm, oben 1,5 cm, unten 3 cm und rechts 4 cm. Die Seitenzahlen stehen zentriert 2 cm vom unteren Blattrand zwischen Gedankenstrichen, können aber auch unten rechtsbündig stehen oder in eine Kopfzeile integriert werden. Auf Seiten, die mit einer Überschrift beginnen, unterdrückt man eine ggf. vorhandene Kopfzeile. Diese Empfehlungen gelten für Diplom-, Fach-, Zulassungs- und Magisterarbeiten, sofern die jeweilige Einrichtung nicht ausdrücklich andere Vorgaben gemacht hat.

Seitenlayout für zu benotende Arbeiten

Für den Druck sowie für Vervielfältigungen größerer Arbeiten durch den Autor selbst können für das DIN-A4-Format die

Satzspiegelempfehlungen für den Druck in Tafel 9.1d

Satzspiegelempfehlungen aus Tafel 9.1d (s. Abschn. 9.1) gelten, die primär für ein gespiegeltes Seitenlayout und einfachen Zeilenabstand gedacht sind.

8.10 Abstände, Zwischenraum, Einzug

Im Schreibmaschinenzeitalter sprach man bei ca 6 Zeilen pro Zoll vom engzeiligen (siehe auch 8.4), bei 4 Zeilen pro Zoll von 1,5-zeiligem Abstand. Bei einer 12-Punkt Times New Roman verwendet **Zeilenabstand** Word hingegen einen 'einfachen' Zeilenabstand von ca 6,5 Zeilen pro Zoll (ca 13,8 Punkt); die Einstellung 'Zeilenabstand 1,5' führt zu einem Zeilenabstand ca 4¼ Zeilen pro Zoll (ca 21,1 Punkt; Werte jeweils experimentell ermittelt). In Arbeiten mit Prüfungscharakter wie Fach-, Seminar- oder Zulassungsarbeiten stelle man in der Textverarbeitung für der Haupttext 1,5 Zeilen, für Zitate und Fußnoten hingegen den 'einfachen' Zeilenabstand ein, der sich der verwendeten Schriftgröße automatisch anpasst. Natürlich ist es auch möglich, einen abweichenden festen Zeilenabstand festzulegen. Dies kann vor allem dann sinnvoll sein, wenn der Text viele höher- oder tiefergestellte Zeichen enthält, die den Zeilendurchschuss verringern. In aller Regel führt aber die automatische **'relative Eng-** Anpassung des als engzeilig anzusehenden Zeilenabstands an die **zeiligkeit' und** verwendete Schriftgröße zu sehr gefälligen Ergebnissen, die meist **Korrektur des** nur dort der Korrektur bedürfen, wo etwa die Einfügung von Son- **Zeilenabstandes** derzeichen zu einem ungleichmäßigen Zeilenabstand auf einer Seite führt. Siehe hierzu auch Abschnitt 9.1(6).

Erstzeileneinzüge Die erste Zeile eines Absatzes wird, ausgenommen nach Über- **zur Absatz-** schriften, wo linksbündig begonnen werden sollte, bei 1,5-zei- **kennzeichnung** ligem Haupttext und Schrift mit fester Schrittteilung um rund **empfohlen** zwei Geviert (ca 0,8 cm bei einer 12-Punkt-Schrift) eingezogen (zu Einzügen bei engzeiligem Text in Druckvorlagen siehe 9.1(7)). Hat ein Manuskript ingesamt einen einfachen Zeilenabstand, so beträgt der Einzug ein Geviert (ca 0,4 cm bei einer Schriftgröße von 12 Punkt). Engzeilig abgesetzter Text (zB Zitate) sollte rechts und links um den Wert des Erstzeileneinzugs des 1,5-zeiligen

Haupttextes (nach obigen Empfehlungen ca 0,8 cm) eingezogen und durch zusätzlichen Durchschuss vom Haupttext abgesetzt werden. Ein zweifacher Zeilenabstand zwischen der letzten Zeile des 1,5-zeiligen Haupttextes und der ersten Zeile der engzeiligen Einschaltung und der gleiche Abstand zwischen der letzten Zeile der Einschaltung und dem nachfolgenden Haupttext wirkt dabei recht gefällig.

Einzüge sollten unterbleiben (1) nach Überschriften, weil sie dort redundant sind; (2) nach *insgesamt* bereits eingezogenen Textpassagen, damit nicht folgende Situation entsteht:

> drittletzte Zeile …
> vorletzte Zeile …
> letzte Zeile …
>
> erste Zeile des neuen Abschnitts …
dessen weitere Zeilen dann nicht mehr eingezogen sind.

Auch nach linksbündigen, abgesetzten Zitaten mit zusätzlichem Abstand nach oben und unten kann grundsätzlich ohne Einzug weitergeschrieben werden. Wer gemäß DIN 5008 *(Regeln für Maschinenschreiben)* nicht einziehen möchte, beachte, dass dann der Abstand zwischen der letzten Zeile des vorherigen und der ersten Zeile des neuen Absatzes um mindestens das 0,5-fache des jeweiligen Zeilenabstandes vergrößert werden muss. Leider wird diese Regel auch im Druck nicht immer beachtet.

Überschriften werden am besten linksbündig gesetzt und dezimal bis zu drei oder vier Stellen durchgezählt. Sie sollten weder unterstrichen noch durch Großbuchstaben ausgezeichnet werden. Besser setzt man Überschriften durch die Wahl einer größeren Schrift, durch Fettdruck oder durch Kapitälchen ab. Zusätzlich sollte man angemessenen Abstand zum Haupttext halten, und zwar stets größeren Abstand oberhalb als unterhalb. Man vermeide es unter allen Umständen, in ein und derselben Überschriftszeile Fettdruck und Normalschrift zu mischen, also nicht 'Die Moderne von A. Müller,' sondern nur '**Die Moderne von A. Müller**.'

8.11 Weitere Schreibregeln

Satzzeichen und Leerschritte

Nach jedem Satzzeichen folgt ein Leerschritt, das Satzzeichen selbst wird jedoch ohne Spatium an den letzten Buchstaben angeschlossen, auch Frage- und Ausrufezeichen. Im Anschluss an Kursivschrift werden Doppelpunkt und Semikolon (nicht Ausrufe- und Fragezeichen) am besten mit kursiviert. Stehen ganze Sätze in einer Klammer, so gehört der Schlusspunkt mit in die Klammer, ansonsten beginnt das Eingeschobene klein und der Schlusspunkt des Satzes steht außerhalb der Klammer. Als Trennungsstrich wird der Bindestrich (-) benutzt und nicht etwa das Gleichheitszeichen (=). Der Gedankenstrich unterscheidet sich vom Bindestrich durch seine deutlich größere Länge und dadurch, dass ihm jeweils ein Leerschritt vorausgeht und folgt, es sei denn, dass dem Gedankenstrich nicht ein neues Wort, sondern ein Satzzeichen (meistens ein Komma) folgt; dieses ist ohne Leerschritt dem Gedankenstrich anzuschließen. Zur Form von Anführungszeichen, Gedanken- und Trennstrich im Lichtsatz siehe 9.2(6).

Für *ß* wird höchstens dann *ss* geschrieben, wenn *ß* fehlt, was bei der Wahl einer geeigneten Schrift jedoch grundsätzlich vermieden werden kann. Man achte auch auf die in manchen Zeichensätzen unzulängliche Darstellung des *ß*.

8.12 Anführungszeichen

Anführungszeichen oben auch im Deutschen

Standard-Tastaturen stellen nur "Anführungszeichen oben" zur Verfügung, und zwar doppelte Anführungszeichen und einfache oder 'halbe' Anführungszeichen. Für normale Zitate im laufenden Text verwendet man die doppelten Anführungszeichen. Die in deutschem Schrifttum lange Zeit gebräuchliche Anführung unten wird unter dem Einfluss des Englischen und vor allem des Computers, der sie allenfalls als Sonderzeichen kennt, immer seltener und daher hier aus praktischen Erwägungen sowie wegen der darin enthaltenen Redundanz nicht mehr empfohlen. Zitate innerhalb von Zitaten stehen in einfachen Anführungszeichen.

Die Anführungszeichen fremdsprachlicher Zitate sind auch ihrer Form nach zu übernehmen. Angleichung ist nur bei zitierten Einzelwörtern und Wendungen statthaft, und es ist misslich, wenn zB englische oder französische Texte im Druck mit der deutschen Anführung eröffnet werden.

Es wird empfohlen, beim Zusammentreffen von Anführungszeichen mit anderen Satzzeichen grundsätzlich nach dem Satzsinn zu verfahren und das Satzzeichen vor oder hinter das schließende Anführungszeichen zu setzen, je nachdem ob es zum Zitat gehört oder nicht. Aus ästhetischen Gründen lässt man andererseits gern einem Punkt oder einem Komma das Anführungszeichen folgen – ohne Rücksicht auf die Zugehörigkeit zum Zitat, doch gibt der Brauch der Logik den Vorzug gegenüber der Ästhetik. Auch DR empfiehlt die logische Regelung, womit das Komma praktisch stets *nach* dem schließenden Anführungszeichen zu stehen kommt ([24]2006:33, K9), auch wenn dies ästhetisch wenig befriedigt. Da bei bibliografischen Titeln keinerlei Konfusion entstehen kann, sollte man hier der Ästhetik den Vorzug geben und den Punkt nach Aufsatztiteln vor die Abführung setzen.

8.13 Korrekturen und fehlerfreier Text

Ein modernes Textverarbeitungsprogramm auf einem PC bietet praktisch unbegrenzte Korrekturmöglichkeiten vor dem Ausdruck. Auch die Umstellung oder Tilgung großer Textblöcke bereitet keine Probleme. Die großen Standard-Textverarbeitungen erlauben dem Autor auch radikale Änderungen und Löschungen im Fußnotenbereich und korrigieren automatisch die Fußnoten- und Seitenzählung. Nicht selten sind jedoch fragmentarische Sätze, Wortverdopplungen und eine holprige Syntax die Folge, sodass nach allen größeren Korrekturen der Text erneut durchgesehen werden muss. Auch die versehentliche Duplizierung größerer Textblöcke, eventuell gar durch mehrere Seiten getrennt, ist eine große Gefahr des Computers, die durch einmaliges Korrekturlesen oft nicht ausgeräumt werden kann.

Benötigt man zB für eine kritische Textedition einen besonders fehlerfreien Text, so lohnt es sich, den Text entweder zweimal abschreiben zu lassen (möglichst durch zwei verschiedene Personen) oder ihn einmal einzuscannen und einmal abzuschreiben. Die beiden Fassungen werden dann mittels geeigneter Software zum Textvergleich (zB das Programmpaket TUSTEP der Universität Tübingen) automatisch miteinander verglichen; alle Abweichungen werden in einer separaten Datei protokolliert. Fehler verbleiben nur noch dort, wo beide Fassungen die gleiche Abweichung an der gleichen Stelle aufweisen. Dieses Verfahren führt zu einer höheren Fehlerfreiheit als selbst dreimaliges Korrekturlesen und ist zudem ökonomischer.

8.14 Elektronisches Korrigieren, Überarbeiten und Kommentieren

Heutige Textverarbeitungsprogramme gestatten es, mithilfe einer Kommentarfunktion Korrekturen und Änderungsvorschläge zu dokumentieren. Dies ist von besonderer Bedeutung, wenn eine Publikation mehrere Autoren hat, sodass einzelne Korrekturvorschläge vor der endgültigen Übernahme von allen Beteiligten geprüft werden können. In Word heißt eine solche Funktion 'Kommentarfunktion' und ermöglicht es, Kommentare am Seitenrand einzufügen, die durch Hilfslinien eindeutig einer Textpassage zugeordnet sind. Tafel 8.14 illustriert solche Kommentare anhand eines Textes über Fregeanische Prädikate. Die anfallenden Kommentare gehören hier zu verschiedenen Kategorien und es empfiehlt sich, diese jeweils einheitlich (zB durch eine unterschiedliche Farbe oder durch einen vorangestellten Zusatztext oder eine Sigle) zu kennzeichnen. So kann man zB zwischen obligatorischen Änderungen und eher tentativen unterscheiden.

Tafel 8.14: Elektronisch protokollierte Korrekturen und Kommentare

Eine intensionale Semantik für Fregeanische Prädikate
KRISTINA LIEFKE

1 Theoretischer Hintergrund

Gottlob Freges Satzanalyse in *Argument* und *Funktion* bildet eine zentrale Annahme der modernen philosophischen Logik, Sprachphilosophie und linguistischen Semantik. Argumentausdrücke (zB *John*), ihr *Sinn* sowie der durch sie jeweils bezeichnete Gegenstand [*Bedeutung*] sind nach Freges Darstellung 'gesättigt', 'vollständig' und 'nicht ergänzungsbedürftig'. Funktionsausdrücke [*Fregeanische Prädikate*] (zB *rennt*), ihr *Sinn* sowie die durch sie bezeichnete Eigenschaft sind 'ungesättigt', 'unvollständig', 'bedürfen der Ergänzung' und 'führen eine leere Stelle mit sich'. Die 'Sättigung' (des *Sinnes*) der Funktion bzw des Funktionsausdruckes durch (den *Sinn*) des Arguments bzw den Argumentausdruck ergibt eine entsprechende Aussage, einen Wahrheitswert oder einen Satz (Frege, 1891). Während formale Linguisten unter einer Übernahme der fregeanischen Terminologie von der syntaktischen 'Subjektlücke' sprechen (Partee, 1973), sich auf 'offene' Sätze oder 'unvollständige' Verbalphrasen beziehen und die semantische Existenz von 'ungesättigten' Eigenschaften stipulieren (Chierchia, 1985), kritisieren Philosophen neben der scheinbar irreduziblen Metaphorizität der begrifflichen Darstellung (Marshall, 1953) sowohl Freges vermeintlich falsches Verständnis syntaktischer Operationen (Kaplan, 2005) als auch den 'exotischen' ontologischen Status unvollständiger Entitäten (Furth, 1964).

| [Bem] Fregeanische Parsings werden gleichermaßen auf der Aussageebene vorgenommen. |
| [Korr] 'sie bezeichnete' |
| [For] Sinn |
| [Bem] Eher: Die Anwendung (des Sinnes) des Argumentausdruckes auf (den Sinn) der Funktion oder des Funktionsausdruckes' |
| [Korr] 'einer direkten Übernahme' |
| [Bem] Siehe die entsprechenden Aufsätze Chierchias, Keenans und Partees. |
| [Bem] Satz teilen oder kürzen |

2 Ziel der Arbeit

Die vorliegende Arbeit verteidigt den fregeanischen Funktionsbegriff, die mit ihm verbundene Kompositionalitätstheorie und Epistemologie natürlicher Sprache in drei Schritten: Teil 1 zeigt, wie Kaplans modelltheoretische Reduktion der fregeanischen intensionalen Ontologie (Kaplan, 1975) und Montagues typenteoretische Formalisierung (Montague, 1970a; 1970b; 1973) Freges metaphorischen durch einen lambda-kategorialen Sprachgebrauch ersetzt und mithin sowohl den grammatischen als auch den metaphysischen Einwand als nicht haltbar erweist. Montagues algebraisch-rekursives Semantikverständnis verkörpert Freges Widerlegung der Notwendigkeit eines zusätzlichen semantischen 'Bindemittels' ['*no glue'-theory*] (Black, 1954; Frege, 1906) und blockiert die 'ungrammatische' Bildung von Aussagen durch die Anwendung einer nur *scheinbaren* Funktion (zB *Bertie traf den Vater von* ___) auf ein 'falsches' Argument (zB *Charles IV*). Als Abbildungen von möglichen Welten und Zeiten auf Mengen von Individuen verlieren Eigenschaften ihren ontologisch 'bizarren' Charakter.

| [Bem] Übersetzung von 'natural language epistemology' korrekt? |
| [Korr] 'typentheoretische' |
| [Korr] 'ersetzen'. |
| [Korr] 'erweisen'. |
| [Bem] Was ist darunter zu verstehen? |

In Tafel 8.14 gibt es die Kategorien [Bem] für 'Bemerkungen', die keine unmittelbare Korrektur darstellen (über die aber während des Fortschritts des Manuskripts noch einmal nachgedacht werden sollte), [Korr] für textliche 'Korrekturen' inklusive Einschüben, Ersetzungen und Tilgungen, [For] für Änderungen an der 'Formatierung' (zB Kursiv- statt Rektesatz, Hoch- und Tiefstellungen u.a.). Ergänzungen und Tilgungen sollten der Eindeutigkeit halber stets als Ersetzungen behandelt werden, dh man nimmt das dem Einschub bzw der Tilgung vorausgehende und folgende Wort mit in die Klammer (im Text) und führt im Kommentarfeld den vollständigen Ersatztext an. So kann mit der Ersetzung von 'kann heute' (Textklammer) durch 'kann, so die SZ, heute' (Kommentarfeld) ein Einschub und mit der Ersetzung von 'beweist eigentlich noch nichts' durch 'beweist noch nichts' eine Tilgung eindeutig gekennzeichnet werden. Bei großen Einschüben kann man im Kommentarfeld auch durch eine spezielle Nummerierung (zB [1], [2] …) auf einen entsprechend gekennzeichneten Textblock am Ende der Datei verweisen.

Darüber hinaus verfügen manche Textverarbeitungen auch über eine noch weitergehende Überarbeitungsfunktion, die bei Aktivierung sämtliche Einfügungs- und Löschvorgänge, die in der Datei vorgenommen werden, protokolliert und für Änderungen verschiedener Personen unterschiedliche Farben ermöglicht. Diese können dann in Einzelstufen als endgültig angenommen oder wieder verworfen werden. Welcher Methode man den Vorzug gibt, hängt von den jeweiligen Anforderungen im Einzelfall ab.

8.15 Makros

Makros sind ein Hilfsmittel moderner Textverarbeitungen, um immer wiederkehrende Arbeitsabläufe, wie zB das Kursivieren eines Wortes, die automatische Korrektur von Buchstabendrehern, das Einfügen konstanter Elemente in den Text dauerhaft zu speichern und das Gespeicherte unter einem Tastendruck oder einem Makronamen blitzschnell verfügbar zu machen. Das folgende einfache Winword-Makro fügt unabhängig von der im laufenden Text benutzten Schriftart und Schriftgröße einen oftmals fehlenden Schrägstrich mit Unterlänge aus der Schrift

'Georgia' ein. Die mit Apostroph beginnenden Zeilen sind lediglich Kommentare. Für die korrekte Ausführung des Makros müssen die Befehle 'CharacterNumber:=47, Unicode:=True' am Ende der vorausgehenden Zeile stehen (Umbruch nur drucktechnisch bedingt). Ein Zurückschalten zur Ausgangsschrift ist nicht erforderlich.

```
Sub Schrägstrich()
'
' Makro ‚Schrägstrich'
' fügt langen Schrägstrich aus Georgia ein
' erstellt am 21.03.2004
'
Selection.InsertSymbol Font:="Georgia",
CharacterNumber:=47, Unicode:=True

End Sub
```

Komplexere Makros können zB automatisch ein Inhaltsverzeichnis einer Datei generieren (bei entsprechend markierten Überschriften) oder zunächst nur alle ungeraden, in einem weiteren Durchgang alle geraden Seiten ausdrucken, was auch mit einfacheren Druckern beidseitigen Ausdruck einer Arbeit erlaubt. Makros können durch Aufzeichnen von Arbeitsabläufen erzeugt oder als Text geschrieben werden, wobei heutige Textverarbeitungen oft eine recht leistungsfähige, eigene Makroprogrammiersprache zur Verfügung stellen, mit der auch komplexere Abfragen, Schleifen oder Fallunterscheidungen bewältigt werden können. Makros sind nicht nur eine große Arbeitserleichterung vor allem bei komplizierteren Texten; sie helfen auch, Flüchtigkeitsfehler zu vermeiden, indem sie sicherstellen, dass bestimmte Operationen stets gleich und korrekt ausgeführt werden.

9 Vom elektronischen Manuskript zum Druck

Heute ist mit dem EDV-Vormarsch ein gewisser Niedergang der Buchdruckerkunst einhergegangen, der daher rührt, dass den Autoren zunehmend die gesamte Gestaltung ihres Manuskripts aufgebürdet wird, ohne dass sie von einer vergleichbaren Ausbildung profitiert hätten, wie sie früher für Setzer unerlässlich war. Mit dem Kauf einer beliebigen Textverarbeitung oder gar eines professionellen DTP-Programms ('Desktop Publishing') ist man noch lange kein Gestaltungsexperte, und viele von Verlagen nur noch vervielfältigte Manuskripte bekunden dies überdeutlich. Oftmals lehnen Verlage aufgrund ihrer Kostenrechnung insbesondere bei wissenschaftlichen Werken, denen naturgemäß meist nur kleine Auflagen beschieden sind, den Lichtsatz ab, und dem Autor bleibt nichts anderes übrig, als das Beste aus dieser Situation zu machen. Die folgenden Abschnitte sollen nun helfen, wenigstens die gröbsten methodischen und formalen Fehler zu vermeiden. Wenngleich aufgrund der zunehmenden Bedeutung des reprofähigen Manuskripts (im Folgenden Reproskript) hierauf besonders eingegangen wird, sei betont, dass professioneller Lichtsatz dem Reproskript nicht nur in Bezug auf die Gestaltung, sondern auch technisch überlegen ist. Nähere Informationen hierzu bietet der nachfolgende Abschnitt.

9.1 Reproskripterstellung, PDF- und Postscript-Satzvorlagen

Abstimmung mit dem Verlag

Bei einem Reproskript sind Sie als Autor zu einem erheblichen Teil mitverantwortlich für das endgültige Aussehen des Buches. Bitten Sie den Verlag um möglichst detaillierte Vorgaben für Ihr Werk; Sie können hier zumindest hoffen, von Fachleuten beraten zu werden (die leider auch im Verlagswesen zunehmend rar werden) und vermeiden spätere Änderungswünsche. Erscheint Ihr Werk in einer Buchreihe, so können Sie sich zusätzlich an früheren Bänden orientieren, ohne sich freilich darauf verlassen zu können, dass Ihre Vorgänger alles richtig gemacht haben. Haben Sie für die Gestaltung keine oder nur unzureichende Vorgaben, so gilt der Grundsatz: Je weniger Sie von Typografie und Gestaltung verstehen, umso schlichter sollte Ihr Text gestaltet werden!

im Zweifelsfall schlichte Gestaltung

Alle nachfolgenden Ausführungen gelten, soweit nichts anderes vermerkt wird, sowohl für Reprovorlagen in Form eines Ausdrucks, der vom Verlag von einer möglichen Verkleinerung abgesehen unverändert als direkte Vorlage für den Druck verwendet wird, als auch für PDF- und Postscriptdateien, die ebenso wie das gedruckte Reproskript das Aussehen der späteren Druckseiten bis in alle Details festlegen. Die Nutzung des PDF- oder Postscriptformats führt allerdings zu besseren Druckergebnissen, da mit diesen Formaten die Lichtsatzanlage direkt angesteuert werden kann, während Reproskripte erst eingescannt werden müssen. Da in diesem Fall das Druckbild von der fotografischen Aufnahme abhängt, ist sicherzustellen, dass diese möglichst kontrastreich und sauber ausfällt. Ideal ist ein Laserausdruck mit 1200 dpi auf bestem, weißem Papier.

Für die Formatierung des Textes benutze man, sofern möglich, Formatvorlagen ('Styles') (siehe hierzu Abschnitt 2.3.7(3)). Man hat dann (1) den Vorteil der garantierten Einheitlichkeit und kann (2) früher getroffene Entscheidungen bezüglich der Formatierung (zB alle Zitate linksbündig statt eingerückt) für das gesamte Manuskript ohne großen Aufwand abwandeln.

Druckformat-vorlagen für Einheitlichkeit

Man vereinbare beim Reproskript ein möglichst großes Ausgangsformat (das meist aber noch auf A4 ausdruckbar sein sollte) und das vom Verlag auf die spätere Buchgröße (zB DIN A5) zu verkleinern ist. Dies hat den Vorteil, dass man mit wenigstens zwei Punkt größeren Schriften arbeiten kann, wodurch sich in der Verkleinerung eine deutlich höhere Auflösung ergibt. PDF- und Postscript-Vorlagen müssen demgegenüber naturgemäß den endgültigen Satzspiegel aufweisen.

größeres Ausgangsformat für Reproskripte

**Satzspiegel-
bestimmung**

(1) Größe und Anordnung des Satzspiegels. Der Satzspiegel ist oftmals vom Verlag vorgegeben; sofern das Buch in einer Reihe erscheint, wird man in der Regel die Vorgaben aus Gründen der meist angestrebten Einheitheitlichkeit aller Bände übernehmen müssen. Erscheint das Buch jedoch als reihenunabhängige Monografie und erweisen sich die Verlagsvorgaben als optisch nicht befriedigend, so kann und sollte man als Autor versuchen, einen besseren Satzspiegel zu finden und den Verlag hiervon zu überzeugen. Die folgenden Ausführungen sollen hierbei Hilfestellung geben.

**Definition des
Satzspiegels**

Als Satzspiegel wird die für den Text zur Verfügung stehende, dh bedruckbare Fläche einschließlich eventueller Fußnoten und Marginalien, jedoch ausschließlich einer reinen Seitenzahlangabe (im Fachjargon auch 'toter Kolumnentitel' genannt) bezeichnet. Im Gegensatz hierzu wird ein lebender Kolumnentitel heute

**lebender
Kolumnentitel
Jan Tschichold**

meist (so auch hier) zum Satzspiegel gerechnet, auch wenn einer der Pioniere der Satzspiegelerforschung, Jan Tschichold, in seinem Aufsatz "Willkürfreie Maßverhältnisse der Buchseite und des Satzspiegels" ([2]1987), lebende Kolumnentitel ohne Trennlinie nicht zum Satzspiegel rechnen will (S. 68). Im Folgenden gelten also Empfehlungen für den oberen Seitenrand nur dann bis zur Oberkante der ersten Textzeile, wenn keine Kopfzeile mit nennenswerter Füllung zum Einsatz kommt; andernfalls gelten sie bis zur Oberkante der Kopfzeile. Beim Satzspiegel kommt es nach Tschichold zunächst darauf an, ein willkürfreies, gefälliges Verhältnis von Breite zu Höhe zu finden. Das bekannteste, wenn auch

Goldener Schnitt

keineswegs das einzige, ist hierbei der sog. 'Goldene Schnitt', bei dem dieses Verhältnis 1:1,618 (oder, in ganzen Zahlen angenähert, 21:34) beträgt. Mit diesem Verhältnis wird ein Ganzes so geteilt, dass sich der größere Teil zum Ganzen so verhält wie der

**gefällige Höhen-
und Seiten-
verhältnisse**

kleinere zum größeren. Der Goldene Schnitt ist nur ein gefälliges Höhen- und Seitenverhältnis unter mehreren, weitere sind nach Tschichold zB 2:3 (Quartformat) und 3:4 (Oktavformat). Ein zweites, seit dem Mittelalter von kundigen Setzereien weithin beachtetes Prinzip ist, dass das Höhen- und Seitenverhältnis

**Entsprechung
von Satzspiegel-
und Papiermaß**

des Satzspiegels dem des verwendeten Papierformats entsprechen soll. Dieses zweite Prinzip ist als höherrangig einzustufen; dh ein Satzspiegel im Goldenen Schnitt wird in der Regel auf einem Papierformat, das wie das DIN-A4-Format diesen Proportionen nicht entspricht (das Verhältnis ist hier 1:√2 bzw 1:1.4142), optisch unharmonisch wirken. Tafel 9.1a, die sich an Figur 6 Tschicholds anlehnt (1987:55), zeigt, wie sich nach dem Verfahren Raúl Rosarivos die genaue Größe und Lage des Satzspiegels durch Aufteilung der Seite in 9 × 9 Teilrechtecke, deren Höhe genau ein Neuntel der Seitenhöhe und deren Breite genau ein Neuntel der Seitenbreite beträgt, bestimmen lässt.

DIN-A4-Format

Tafel 9.1a: Satzspiegel für Papiermaße 2:3, Neunteilung

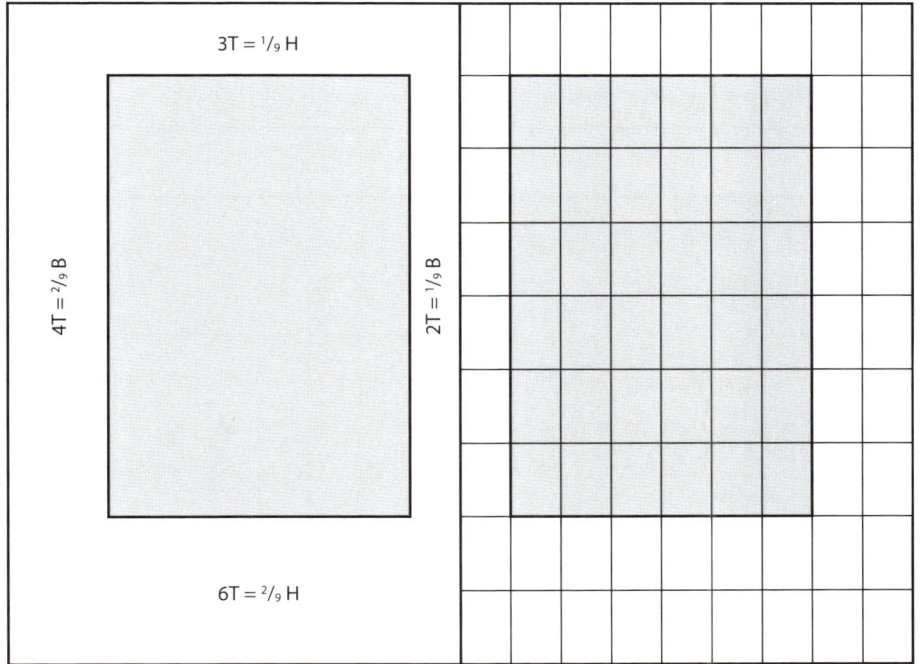

Diese Methode stellt sicher, dass die Proportionen des Satzspiegels jeweils denen des verwendeten Papierformats entsprechen.

Der obere Seitenrand beträgt dann jeweils $1/9$, der untere $2/9$ der *Seitenhöhe*, während der Innenrand $1/9$ und der Außenrand $2/9$ der *Seitenbreite* entsprechen. Hat das Papiermaß das im Mittelalter besonders beliebte Randverhältnis von 2:3 (Quarto), das auch Tafel 9.1 zugrundeliegt, so führt dieses Verfahren zu den als besonders ästhetisch befriedigend geltenden Randverhältnissen 2:3:4:6 (innen:oben:außen:unten).

Satzspiegel in DIN-Formaten   Oft ist man jedoch heute mit DIN-Maßen konfrontiert, die zumindest bei einspaltigem Satz zu meist weniger befriedigenden Satzspiegelmaßen führen und alle ein Verhältnis von Breite zu Höhe von 1 zu $\sqrt{2}$ aufweisen. Tafel 9.1b zeigt, welche Randmaße sich für DIN A4 bei Verwendung einer Neunteilung der Seite ergeben.

Tafel 9.1b: Satzspiegel bei Neunteilung einer DIN-A4-Seite

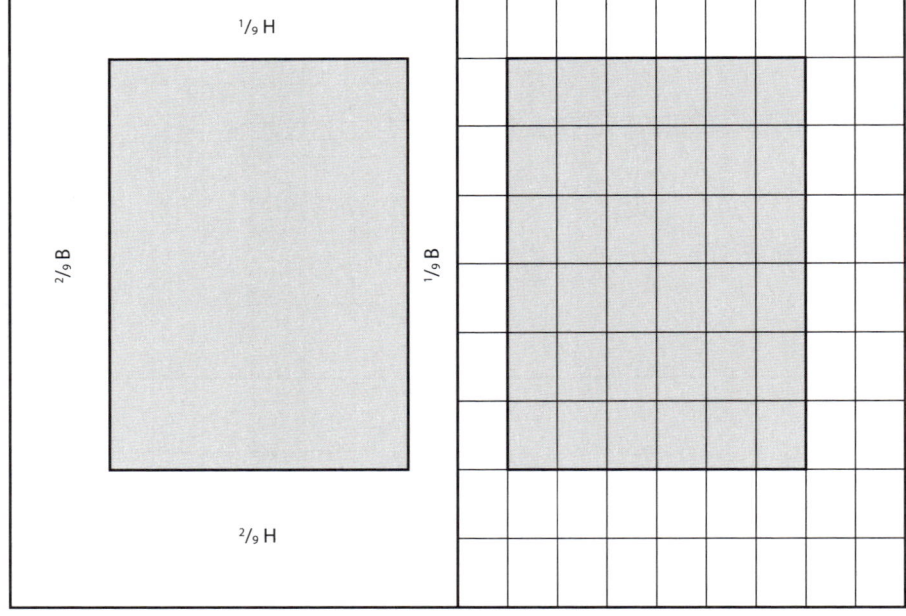

Ein Vergleich mit Tafel 9.1a lässt erkennen, dass das DIN-Außenmaß (1:√2) zu einem optisch zu breiten Satzspiegel führt. Dennoch dürfte in den meisten Fällen auch hier die Einrichtung eines Satzspiegels, dessen Proportionen denen des Papiermaßes entsprechen, dessen unterer Rand das doppelte des oberen und dessen äußerer Rand das doppelte des inneren beträgt, optisch am befriedigendsten sein. Der Satzspiegel wird bewusst nicht auf der Mitte der Seite zentriert, weil einerseits ein optischer Zusammenhalt zweier gegenüberliegender Seiten hergestellt werden soll und andererseits laut Markus Kohms "Satzspiegelkonstruktionen im Vergleich" unser Auge die optische Mitte über der geometrischen annimmt, wenn sich darauf eine geschwärzte Fläche (der Satzspiegel) befindet (siehe <www.dante.de/tex/typographie/satz↩spiegel/>). Die illustrierte Neunteilung führt allerdings zu recht großzügigen ('splendiden') Rändern und damit zu recht hohen Druckkosten. Es ist aber möglich, unter Beibehaltung des vorgeführten Prinzips zu einer Vergrößerung des Satzspiegels durch eine Verkleinerung des Seiten-Teilungsfaktors zu kommen. In Tafel 9.1c (S. 168) wird dies, ebenfalls basierend auf den DIN-Proportionen, für eine Zwölfteilung veranschaulicht.

Markus Kohm, "Satzspiegelkonstruktionen im Vergleich"

Eine Zwölfteilung kann als guter Kompromiss zwischen der großzügigen Seitengestaltung bei einer Neunteilung und einer recht ökonomischen Vierzehnteilung gelten. Letztere ist allerdings dann von Vorteil, wenn der Satzspiegel häufiger Grafiken, Tabellen und Diagramme akkommodieren muss, die nicht zu klein geraten sollen. Zu einem noch größeren Satzspiegel als dem, der sich aus der Vierzehnteilung ergibt, sollte man nur in Ausnahmefällen greifen. Auf der folgenden Seite zeigt Tafel 9.1d die sich für das A4-Format ergebenden Rand- und Satzspiegelmaße für eine Neun-, eine Zwölf- und eine Vierzehnteilung im Vergleich, jeweils mit und ohne einen exemplarisch veranschlagten Bundsteg von 3 mm. Er wird rechnerisch dadurch berücksichtigt, dass man die Satzspiegelberechnung wie oben exemplarisch für die Neunteilung gezeigt, auf der Basis der um den Bundsteg verschmälerten Seitenfläche berechnet und sodann dem inneren Rand den Bundsteg hinzuaddiert.

gefälliger Satzspiegel durch Zwölfteilung der Seite

Tafel 9.1c: Satzspiegel bei Zwölfteilung einer DIN-A4-Seite

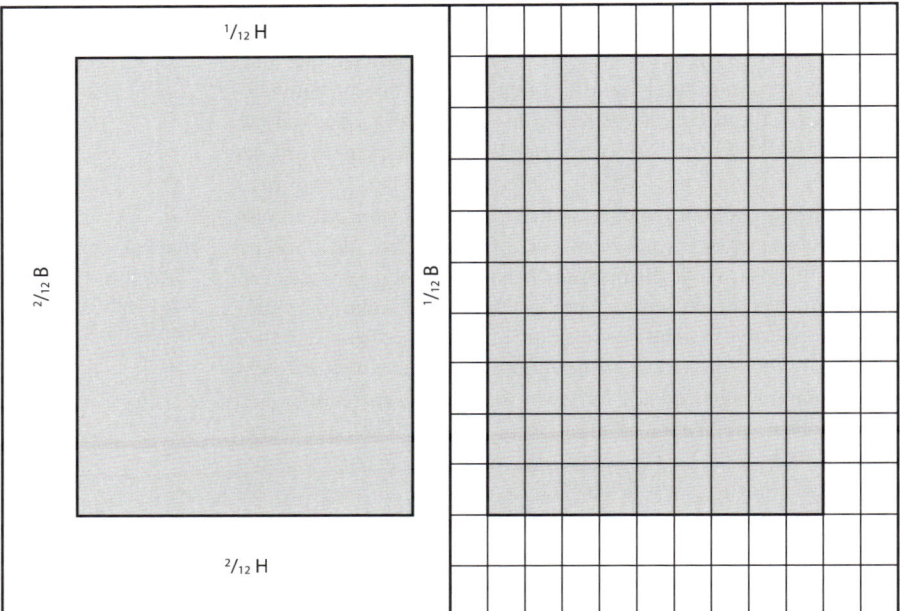

Tafel 9.1d: Randmaße für einen gefälligen Satzspiegel in A4-Reproskripten

	Rand innen[1]	Rand außen	Rand oben	Rand unten	Satz-spiegel-höhe	Satz-spiegel-breite
DIN A4, 9-er Teilung	23,3 mm	46,7 mm	33,0 mm	66,0 mm	198,0 mm	140,0 mm
DIN A4, 9-er Teilung mit 3 mm Bundsteg	26,0 mm	46,0 mm	33,0 mm	66,0 mm	198,0 mm	138,0 mm
DIN A4, 12-er Teilung	17,5 mm	35,0 mm	24,7 mm	49,5 mm	222,7 mm	157,5 mm
DIN A4, 12-er Teilung mit 3 mm Bundsteg	20,2 mm	34,5 mm	24,7 mm	49,5 mm	222,7 mm	155,2 mm
DIN A4, 14-er Teilung	15,0 mm	30,0 mm	21,2 mm	42,4 mm	233,4 mm	165,0 mm
DIN A4, 14-er Teilung mit 3 mm Bundsteg	17,8 mm	29,6 mm	21,2 mm	42,4 mm	233,4 mm	162,6 mm

[1] Beinhaltet bereits 3 mm Bundsteg in den entsprechenden Zeilen.

(2) Kolumnentitel. Lebende Kolumnentitel sind für den Leser praktisch und sollten möglichst nicht fehlen. Nur den Titel des Werkes auf jeder Seite zu wiederholen, ist wenig hilfreich; informativer ist bei gespiegeltem Seitenlayout zB der Titel des jeweiligen Hauptkapitels auf der linken und der des aktuellen Unterabschnitts auf der rechten Seite. Gefällig ist Kapitälchensatz, aber auch gegen andere Lösungen besteht, falls sie ästhetisch befriedigen, kein Einwand. Die lebenden Titel sind nicht unbedingt zu zentrieren, sie können auch randbündig oder in gleichbleibendem Abstand von den Seitenzahlen gesetzt werden. Auf oben nicht gefüllten Seiten bei Kapitelanfängen fehlen die Seitenzahlen. Dieser offensichtliche Nachteil hat dazu geführt, die Seitenzahlen immer häufiger auf den unteren Seitenrand zu setzen, was aber nur dann optisch befriedigt, wenn die Seitenzahl im Gegensatz zur Kopfzeile mit lebendem Kolumnentitel nicht zum Satzspiegel gerechnet wird.

> lebende Kolumnentitel

(3) Blocksatz und Zeilenausgleich. Blocksatz sollte zumindest außerhalb des Lichtsatzes keinesfalls obligatorisch sein. Der dadurch oft bedingte größere Wortabstand, der sich im Extremfall als optisches Loch in der Zeile manifestiert, stört ästhetisch weit mehr als Flattersatz und verschlechtert die Lesbarkeit. Eine saubere Trennung ist daher bei Verwendung von Blocksatz oberstes Gebot. Der Zeilenausgleich wird mit zunehmender Zeichenzahl pro Zeile unproblematischer; eine Raum sparende Proportionalschrift ist daher im Grunde für den Blocksatz unentbehrlich (siehe Abschnitt 9.1(5)). Das Austreiben der Zeile sollte ausschließlich durch Vergrößerung der Wortabstände, keinesfalls jedoch, wie in amerikanischen Publikationen zu beobachten, durch eine größere Laufweite (Maß für den Buchstabenabstand einer Schrift) erfolgen. Eine größere Laufweite wirkt wie eine leichte Sperrung und ist in deutschem Schrifttum verpönt. Zum idealen Wortabstand siehe Abschnitt 9.2(5).

> Blocksatz, Flattersatz, Wortabstände

(4) Trennungen. Eine saubere Trennung ist für ein ansprechendes Seitenlayout unerlässlich und beim Blocksatz noch wichtiger als beim Flattersatz. Die ästhetische Regel, wonach mehre-

> Trennen nach Duden

halbautomatische Trennung

Trennstrich, Bindestrich, fester Bindestrich

Trennzone

Serifenschrift für bessere Lesbarkeit

re unmittelbar aufeinander folgende Trennungen zu vermeiden sind, wird durch eine weitere Regel, wonach der Wortabstand idealerweise konstant eng zu halten ist (ein Leerschritt im elektronischen Manuskript; für den Lichtsatz siehe 9.2(5)), ausgestochen. Man trenne also bei Bedarf an jeder im Duden aufgeführten Trennfuge und nehme hiervon allenfalls Kombinationen von nur zwei Kleinbuchstaben aus. Die meisten Systeme erlauben eine halbautomatische Trennung mit interaktiver Bestätigungsmöglichkeit, von der man unbedingt Gebrauch machen sollte, um automatische Fehltrennungen zu vermeiden. Die meisten Textverarbeitungen unterscheiden zwischen (a) dem fakultativen Trennstrich, der nur am Zeilenende gedruckt wird, (b) dem Bindestrich, der stets gedruckt wird und gleichzeitig als potenzielle Trennfuge wirkt und schließlich (c) dem festen Bindestrich, der wie ein normales Zeichen behandelt wird, also nicht als Trennzeichen wirkt. Vom System automatisch eingefügt wird stets nur Typ (a). Gute Textverarbeitungssysteme erlauben zudem die Festlegung einer Trennzone (in cm), innerhalb der die Zeile ohne Trennung automatisch ausgeglichen wird. Sie sollte bei einer Schrift von 12 Punkt und einer Zeilenlänge von 15 bis 17 cm nicht größer als 0,5 cm sein, da sonst zu große Löcher im Satzspiegel entstehen. Unterlässt ein System die Trennung bei Zeichenfolgen, die nicht mit einem Buchstaben beginnen, also zB bei Wörtern mit vorangehendem Anführungszeichen oder einer vorangehenden Klammer, so ist das manuelle Einfügen eines fakultativen Trennstrichs erforderlich. Dadurch können sich natürlich nachfolgende Zeilen bis zur nächsten Absatzgrenze verschieben, sodass für diesen Absatz erneuter halbautomatischer Trenndurchlauf erforderlich wird. Man beachte, dass bei fremdsprachigen Zitaten auch die fremdsprachigen Trennungsregeln anzuwenden sind.

(5) Schriftart, Schriftgröße und Auszeichnungen. Für eine Publikation ist Proportionalschrift ein Muss. Aufgrund der besseren Lesbarkeit sollte man – zumindest für den Haupttext – eine Serifenschrift verwenden. Brauchbare, gängige Schriften, die nicht vom Inhalt des Textes ablenken, sind Serifenschriften, die speziell für den Buchdruck entworfen wurden, wie zB die

Palatino oder die Garamond. Muss viel Text auf einer Seite untergebracht werden, vergleiche man den Platzbedarf bei gleicher Schriftgröße; hier kann zB die Verwendung der Garamond anstelle der Palatino Linotype Druckkosten senken helfen. Unicode-Schriften sind generell von Vorteil; siehe hierzu Abschnitt 8.5. In der Regel wird man mit einer Schriftenfamilie (zB Times Roman Proportional) in unterschiedlichen Schnitten (Rekte, Kursive, (Halb-)Fett) und unterschiedlichen Größen auskommen. Das Mischen unterschiedlicher Schriften ist eine eigene **Schriftmischung** Kunst und kann dem Laien nur dann empfohlen werden, wenn er sich zuvor in der entsprechenden Fachliteratur (zB Siemoneit/ Zeitvogel 1992 oder Schuler 2000); weniger empfehlenswert sind viele DTP-Ratgeber von Laien für Laien) informiert hat, welche der ihm zur Verfügung stehenden Schriften miteinander harmonieren. Als Faustregel kann jedoch gelten, dass Serifenschriften sich meist nicht mit anderen Serifenschriften vertragen. Sollen zur optischen Auflockerung des Textes etwa Überschriften durch eine zweite Schrift hervorgehoben werden, so sollte dies eine serifenlose Schrift wie zB die Futura, die Arial oder die Helvetica sein. Man benutze für DIN-A4-Vorlagen, die auf ein A5- oder B5-Endformat verkleinert werden sollen, eine Hauptschrift von mindestens 13 Punkt Größe. Diese Punktgröße passt auch gut zu dem oben für das A4-Format empfohlenen Satzspiegel und verhindert leseunfreundliche überlange Zeilen mit mehr als 70 Druckzeichen. Sie erlaubt es auch, Zitate noch zwei Punkt kleiner abzusetzen, ohne dass diese zur Lesequal werden. Wird für eine DIN-A4-Vorlage nur 12 Punkt als Hauptschrift gewählt, so wähle man einen etwa um 1 bis 1,5 cm schmaleren Satzspiegel.

Die wichtigste Auszeichnungsform ist der Kursivsatz. Er kenn- **Kursivsatz und** zeichnet fremdsprachliche Wörter und Wendungen sowie Her- **Kapitälchen** vorhebungen gleichermaßen. Benötigt man noch eine zweite Auszeichnungsform (zB für Eigennamen, die man im Register aufführt), so wird hierfür Kapitälchensatz empfohlen. Fettdruck wirkt im laufenden Text relativ schwerfällig und sollte daher – wenn überhaupt – nur sparsam verwendet werden. Auf Versalien als Auszeichnungsform sollte man möglichst verzichten.

(6) Zeilenabstand (Durchschuss). Ein großzügiger (aber nicht übergroßer) Durchschuss erhöht ebenso wie die Serifen der Schrift die Lesbarkeit des Textes; zudem werden dann Hoch- bzw Tiefstellungen (zB für Fußnotenziffern bzw Indizes) weniger kritisch.

Mindest-zeilenabstand

Als Mindestzeilenabstand sollte 120% der Punktgröße der Schrift gewählt werden. Dies entspricht auch der von den meisten modernen Textverarbeitungen (dh solchen, die skalierbare Schriften handhaben können) getroffenen Voreinstellung (Option 'Zeilenabstand auto[matisch]'). Petitsatz wird damit vom System selbsttätig enger gesetzt und hebt sich optisch gut vom Haupttext ab.

Erstzeileneinzug um ein Geviert

(7) Absatzmarkierung. Absätze sind durch Erstzeileneinzüge kenntlich zu machen (siehe Abschnitt 8.10). Die ideale Einrückung beträgt ein Geviert (Quader mit der Seitenlänge des Schriftgrades) der verwendeten Schrift, also rund 4,5 mm bei einer 13-Punkt- und 4,2 mm bei einer 12-Punkt-Schrift (berechnet auf der Basis des Pica-Punktes = 0,351 mm; siehe Abschnitt 8.4). Einschaltungen in kleinerer Schrift sollten links und rechts um den doppelten Wert des Erstzeileneinzugs des Haupttextes eingezogen werden.

Absätze besser durch Erstzeileneinzüge als durch halbe Leerzeilen kennzeichnen

Ein stumpfer Absatzbeginn erfordert eine halbe führende Leerzeile. Diese Alternative zu Einzügen ist aber wegen des dadurch entstehenden zerrisseneren Satzspiegels nicht besonders empfehlenswert; man bedenke auch, dass die Abstände vor und nach Überschriften dadurch optisch weniger ins Gewicht fallen. Keinesfalls markiere man Absätze des Haupttextes sowohl durch Einzüge als auch durch halbe Leerzeilen. Für kleiner abgesetzte Zitate und ähnliche Einschaltungen (in Petitsatz) gilt dies ausdrücklich nicht.

Absetzen der Zitate vom Haupttext

(8) Zitate und Einschaltungen. Zitate werden am besten durch eine gegenüber dem Haupttext um zwei Punkte kleinere Schrift mit analog verringertem Zeilenabstand ('Auto'; siehe oben) sowie durch eine halbe Leerzeile nach oben und unten vom Haupttext abgesetzt. Eine zusätzliche Einrückung ist optional und wird dann empfohlen, wenn die Zeilen sonst deutlich über 75 Druckzeichen lang werden. Soll oder muss eingerückt werden, so tue man dies symmetrisch (rechts und links) um den jeweils doppelten Wert der Erstzeileneinzüge des Haupttextes. Anführungszeichen sind nur dann vonnöten, wenn auch andere Einschaltungen auf diese Weise abgesetzt werden. Wer will, kann Zitate einziehen, aber anderes Textmaterial in Petitsatz auf ganze Breite setzen, wodurch allerdings der Satzspiegel unruhiger wird (siehe hierzu auch (12)).

(9) **Überschriften.** Wie bereits in Abschnitt 3.9 erläutert, setzt man Überschriften am einfachsten durch entsprechende Schriftvergrößerung und mit aufsteigender Hierarchie zunehmendem Durchschuss vom Haupttext ab. Insbesondere für die Hauptkapitel sowie für in den Text integrierte Überschriften kann darüber hinaus eine Halbfett-Auszeichnung in Betracht gezogen werden. Unterstreichungen bei Überschriften wirken hässlich und sollten unterbleiben. Auch Versalien sind wegen ihrer schlechten Lesbarkeit und Schwerfälligkeit vor allem bei längeren Überschriften unzweckmäßig, wenn auch für Kapitelüberschriften nicht ganz auszuschließen. Man achte darauf, dass die Zugehörigkeit der Überschrift zum nachfolgenden Abschnitt optisch erkennbar bleibt, dh der Abstand nach unten sollte geringer sein als nach oben. Strebt man Registerhaltigkeit (Deckung der Textzeilen auf Vorder- und Rückseite eines Blattes) an, so sollte die Summe von Anfangs- und Endeabstand ein ganzzahliges Vielfaches des gewählten Zeilenabstandes betragen, also zB 1,5 Zeilen nach oben und 0,5 Zeilen nach unten. Der Abstand einer Überschrift zum Text sollte nicht größer sein als der Abstand zu einer eventuell folgenden Unterüberschrift. Hierauf ist vor allem bei der grundsätzlich empfehlenswerten Verwendung von Formatvorlagen (siehe 2.3.7(3)) zu achten, die vielfach noch nicht kontextsensitiv arbeiten.

> **Auszeichnung der verschiedenen Überschriftsebenen**
>
> **Unterstreichungen und Versalien meiden**
>
> **optische Zugehörigkeit zum nachfolgenden Absatz**

Wurde zB für eine Überschrift der zweiten Ebene ein Abstand zum vorausgehenden Text von 9 Punkt festgelegt, so wird dieser Abstand auch dann erzeugt, wenn der Überschrift bereits eine Überschrift der ersten Ebene mit definiertem nachfolgendem Abstand von 12 Punkt vorausgeht, sodass sich der Gesamtabstand der Überschriften auf 21 Punkt addiert, während er nur 12 Punkt betragen sollte. Viele Textverarbeitungen sind auch nicht in der Lage, den in einer Formatvorlage definierten Abstand zum vorausgehenden Text zu Beginn einer neuen Seite zu unterdrücken.

linksbündige Form

Arbeitet man mit dezimaler Zählung und untergliedert mit drei und mehr Stufen, so sollte man sich für eine linksbündige Form entscheiden, da die mehrstufige Zählung die Überschrift optisch linkslastig macht, was einer günstigen Wirkung der Zentrierung entgegensteht.

Position von Überschriften und ihrer Zählung

Bei linksbündigen Überschriften, die länger sind als eine Zeile, achte man darauf, dass sie nicht dem Blocksatz unterzogen werden; vergrößerte Wortabstände sind hier nicht tolerabel. Ferner sollten Folgezeilen auf die Position des ersten Zeichens nach der Dezimalzählung eingezogen werden. Abzuraten ist von der Alternative, auch Hauptüberschriften so weit nach rechts zu tabulieren, dass die längste zu erwartende Zählung, die in einer Unterüberschrift vorkommen kann, davor Platz hat. Hierdurch entstünde vor allem bei Hauptüberschriften ein unmotiviert wirkendes optisches Loch. Eher experimentell wirkt auch die bisweilen anzutreffende Alternative, die Dezimalzählung mittels eines rechtsbündigen Tabulators auszurichten und die Überschrifttexte unmittelbar danach (auf stets konstanter Position) beginnen zu lassen.

Fußnoten nicht zu klein setzen

(10) **Fuß- und Endnoten.** Fußnoten können gegenüber Zitaten nochmals durch Verkleinerung abgesetzt werden, sofern sie dadurch nicht kleiner als 8 Punkt werden. Im Zweifelsfall benutze man lieber die gleiche Größe wie für Zitate, was hier für Endnoten von vornherein empfohlen wird. Man beachte, dass Endnoten deutlich seltener gelesen werden als Fußnoten, weil sie langwieriges Blättern erfordern und den Lesefluss deutlich stärker hemmen als Fußnoten. Wer nicht, wie in literaturwissenschaftlichen Arbeiten manchmal vonnöten, differenzierte Angaben zu den zitierten Ausgaben unbedingt an Ort und Stelle machen muss, sollte von der modernen bibliografiebezogenen Kurzzitierweise Gebrauch machen. Dadurch lässt sich die Zahl der benötigten

Fußnoten drastisch verringern (siehe hierzu Abschnitt 5.2.1). Die Voreinstellung für die Fußnotenformatierung vieler Textverarbeitungen ist nicht befriedigend. Man rücke nur Erstzeilen ein und werde danach wieder linksbündig. Nachfolgende Fußnoten werden durch eine Halbzeile von der vorhergehenden abgetrennt. Siehe hierzu auch die Musterseiten in Anhang I. **nur erste Fußnotenzeile einziehen**

(11) Seitenumbruch. Der Seitenumbruch sollte zur Vermeidung von Überraschungen stets manuell bestätigt werden und darf erst nach abgeschlossener Silbentrennung erfolgen. Man strebe einen möglichst gleichmäßig gefüllten Seitenspiegel an, der, falls notwendig, nur unten, nicht aber oben variieren darf. Man vermeide jedoch eine einsame Zeile als Beginn eines Absatzes unten auf der Seite (früher als *Schusterjunge* bezeichnet) ebenso wie eine einsame letzte Zeile oben auf der Seite (früher als *Hurenkind,* englisch als 'widow' bezeichnet). Auch Überschriften dürfen nicht ohne nachfolgenden Text (wenigstens zwei Zeilen) unten auf der Seite zu stehen kommen. In der Regel wird man in all diesen Fällen die betreffende Seite verkürzen, weil eine Verlängerung einzelner Seiten von vielen Programmen gar nicht unterstützt wird oder zumindest aufwendig ist. Bei andernfalls großen Löchern ist jedoch maximal eine Zusatzzeile die bessere Wahl. Behelfsweise kann man dies erreichen, indem man die betreffenden Seite mit speziellen Markierungen als eigenen 'Bereich' ausweist, in dem abweichende Seitenränder gelten. Noch einfacher ist es, die Seite in eine eigene Datei zu kopieren und diese mit veränderten Randeinstellungen zu drucken. Abhilfe kann oftmals auch eine geringfügige Vergrößerung oder Verkleinerung des Zeilenabstandes in einzelnen Absätzen bringen; eine eventuelle Registerhaltigkeit geht hierdurch jedoch verloren. **Einzelzeilen beim Seitenumbruch vermeiden** **Vermeidung von stark verkürzten Seiten**

Besonders problematisch gestaltet sich der Seitenumbruch bei längeren Fußnoten, sowie bei Grafiken und Tabellen, die nicht getrennt werden dürfen. Letztere werden am besten mit einem festen Absatzschutz versehen. Hierbei handelt es sich um eine Markierung oder eine Steuerzeichensequenz, die einem Absatz oder einer Tabelle wie eine Formatierung zugewiesen werden kann und die **längere Fußnoten**

1

2

3

4

5

6

7

8

9

A I

A II

A III

Grafiken und Umbruch

das Programm veranlasst, den geschützten Bereich vom Umbruch auszunehmen. Entstehen hierdurch oder durch die Übernahme einer Grafik große Löcher, lohnt es sich, wann immer möglich, nachfolgenden Text nach vorne zu holen und gegebenenfalls Hinweise wie "Die genauen Werte sind folgender Tafel zu entnehmen" zu ersetzen durch "Die genauen Werte sind Tafel 8 zu entnehmen". Bei langen Fußnoten, die zu einem ungünstigen Umbruch führen, frage man sich, ob man die Fußnotenziffer nicht an früherer oder späterer Stelle anbringen oder die Fußnote durch Integration in den Text ganz vermeiden kann. Fortsetzungsfußnoten sind nur von linken auf rechte Seiten statthaft.

ruhiges Schriftbild durch Linksbündigkeit

(12) Linksbündige Form. Durch die EDV ist die linksbündige Form stark begünstigt worden. Sie erleichtert generell die Formatierung und verhindert Anordnungsexperimente. Konsequent angewendet sichert sie ein sehr ruhiges Schriftbild, und die Gefahr für den Laien, Formatierungsfehler zu machen, wird deutlich reduziert. In die Linksbündigkeit kann man einbeziehen: (1) die Überschriften; (2) Zitate (somit ohne Einrückung; dies wird jedoch nur bei schlanken Satzspiegeln empfohlen, bei denen auch der bei Zitaten übliche Petitsatz nicht zu Zeilen mit mehr als 75 Druckzeichen führt); (3) Fußnoten (Folgezeilen linksbündig); (4) Aufzählungen; (5) das Inhaltsverzeichnis; (6) die Titelei.

(13) Inhaltsverzeichnis. Die Anordnung des Inhaltsverzeichnisses wurde bereits in Abschnitt 3.10 besprochen; Anhang I enthält hierfür eine Musterseite. Wenn man keine besonderen Vorgaben oder Präferenzen hat, ist ein linksbündiges Inhaltsverzeichnis, dessen Hauptkapitelüberschriften durch größere Abstände und einen größeren Schriftgrad ausgezeichnet sind, die einfachste Lösung, bei der die wenigsten Formatierungsfehler passieren können. Der Text der Überschriften sollte bündig untereinander stehen, dh man tabuliere (abweichend von den Überschriften im Text) so weit nach rechts, dass die längste vorkommende Dezimalzählung samt abschließendem Spatium davor Platz hat. Man kann dann weitgehend die Originalformatierung der Überschriften im Text übernehmen. Unabhängig davon sollte

Überschriftstexte bündig untereinander

man sich das Inhaltsverzeichnis mit den Seitenangaben nach dem letzten Seitenumbruch automatisch generieren lassen. Dies stellt sicher, dass alle Seitenreferenzen auch nach der letzten textlichen oder formalen Änderung noch auf dem neuesten Stand sind.

(14) Bibliografie. Die Bibliografie sollte, wie in Kapitel 6 besprochen, die Form hängender Absätze mit einer halben (bei reichlich Raum einer ganzen) Leerzeile zwischen den Absätzen haben und muss bei bibliografiebezogener Zitierweise das Jahr unmittelbar nach dem Autor aufführen. Man formatiere die einzelnen Titel als geschützte Blöcke, die einen Seitenumbruch im Inneren automatisch unterbinden. Dies erleichtert die Seitenformatierung; auch ein Titel von vier Zeilen sollte möglichst als Ganzes auf einer Seite stehen. In den meisten größeren Textverarbeitungen kann die Bibliografie insgesamt, oder, bei einer Aufteilung in mehrere Rubriken (zB Primär- und Sekundärliteratur), blockweise sortiert werden. Doch Vorsicht! Man vergewissere sich nach der Sortierung, dass zB der mit dem Kürzel '[ALD]' beginnende Eintrag zum *(Oxford) Advanced Learner's Dictionary* wegen der eckigen Klammer korrekt unter A, dass ein Umlaut wie Ä korrekt nach *Duden* unter dem entsprechenden nicht umgelauteten Buchstaben (also A), nach DIN 5007 hingegen unter AE einsortiert wurde. Folgetitel eines Autors, die mit '– – – –' beginnen, werden ohne besondere Vorkehrungen ebenfalls falsch sortiert. Für große Bibliografien lohnt sich der Einsatz professioneller Hilfsmittel wie Perl oder AWK, die auch komplexe Sortieranforderungen bewältigen und zudem auch per eigenem Programm eine Konsistenzprüfung der Interpunktion ('Nach dem Ort stets Doppelpunkt?'; 'Abführung stets *vor* dem Punkt?') erlauben.

(15) Register. In Abschnitt 3.12 wurde für längere wissenschaftliche Publikationen bereits ein Register empfohlen. In der Regel wird man es wenigstens zweispaltig gestalten; bezüglich möglicher Sortierprobleme siehe obigen Abschnitt über die Bibliografie. Man kann sich die Arbeit erleichtern, wenn man bereits bei der Texteingabe die betreffenden Stichwörter entsprechend markiert.

Einträge als hängende Absätze

Tücken automatischer Sortierung

professionelles Sortieren

Für dieses Buches wurde ein anderer Weg gewählt: Alle Registerbegriffe wurden zunächst in einer getrennten Datei erfasst. Mithilfe eines Perl-Programmes wurden alle diese Registereinträge, sofern sie im fortlaufenden Text der Manuskriptdatei vorkamen, an Ort und Stelle verdoppelt und das jeweils zweite Vorkommen durch geschweifte Klammern, die sonst im Text nicht vorkommen, markiert. Aus 'Blocksatz und Zeilenausgleich' wurde so zB 'Blocksatz {Blocksatz} und Zeilenausgleich'. An Stellen, auf die nicht verwiesen werden sollte, wurden diese Kennungen manuell wieder entfernt. Die Verdopplung der Registereinträge hat den großen Vorteil, dass man von Flexionsformen abstrahieren und innerhalb der Registerkennung (manuell) Haupt- und Untereinträge unterscheiden kann. Aus einem im Text gefundenen 'in runde Klammern gesetzt' kann so zB 'in runde Klammern {Klammer(n): runde} gesetzt' werden, was eine leichte Einsortierung unter 'Klammer(n)' ermöglicht. In Perl lassen sich beliebige weitere Hierarchien programmieren, was allerdings eine gewisse Einarbeitungszeit erfordert. Ein zweites Perl-Programm kann dann einen solchermaßen annotierten Text nach markierten Einträgen durchsuchen, und zu jedem Eintrag als Referenzen entweder die Dezimalzählung des jeweiligen Abschnitts oder eine entsprechend kodierte Seitenzahl einlesen und dann alle Stichwörter mit Fundstellen sortiert in eine Datei ausgeben. Verweise auf die Dezimalzählung setzen voraus, dass alle Überschriften, die Referenzen enthalten, mit eindeutigen Kennungen versehen sind. In den Datenstrukturen von Perl lassen sich beliebig viele Stichwörter mit beliebig vielen Referenzen und hierarchischen Ebenen unterbringen. Einige Programme erlauben zudem die zusätzliche Angabe eines Oberbegriffs, unter dem das Stichwort später alphabetisiert werden soll.

hierarchischer Index

Visitenkarten des Buches

(16) Titelei. Die ersten Seiten sind die Visitenkarten des Buches und verdienen daher auch von der Herstellungsseite mehr Aufmerksamkeit, als ihnen oft zuteil wird. So ist es beispielsweise möglich, einen dem DIN-Format folgenden Satzspiegel (Verhältnis 1:$\sqrt{2}$) durch eine linksbündige Anordnung der Titelzeilen optisch etwas schlanker erscheinen zu lassen, als er in Wirklichkeit ist. Zentriert man die Zeilen um die Mittelachse, so wird, wenn die Zeilen auch noch besonders lang sind, die Horizontale noch zusätzlich betont. Auch der Grafiker, der eventuell einen farbigen Umschlag entwirft, sollte das bedenken und mit Querlinien sparsam sein. Der Titel der Reihe, in der ein Buch erscheint, steht am besten auf Seite 1 als Vortitel, während Seite 2 frei bleibt und dem Haupttitel damit umso mehr Profil verleiht. Reihentitel auf Seite 2 (gegenüber dem Haupttitel) wirken oft altmodisch. Natürlich ist auch die Wahl der Schrifttypen und ihre Anordnung nicht unwichtig, und manche Titel strahlen eher Fantasielosigkeit als Einfallsreichtum und Sorgfalt aus.

Selbst der eigene Name ist einer Überlegung wert. Bibliothekare schätzen zwar ausgeschriebene Vornamen anstelle von Initialen, der Autor kann sich jedoch nennen, wie er will, sollte aber Wert darauf legen, dass sein Name eindeutig identifizierbar ist und stets in gleicher Form benutzt wird.

eigener Name

Handelt es sich nicht um eine erste Auflage, so sollten nach Möglichkeit die zurückliegenden Auflagen und ihre Besonderheiten auf der Impressum-Seite aufgeführt werden. Dies erleichtert dem Benutzer das Bibliografieren des Buches und zeigt ihm gegebenenfalls an, welche Unterschiede zwischen den Auflagen vorhanden sind.

frühere Auflagen

9.2 Lichtsatzerstellung durch den Verlag

Soweit nicht verlagsseitige Vorgaben dagegen sprechen, kann man sich auch für den Lichtsatz an die formalen Empfehlungen halten, die für das Reproskript gegeben wurden. Der Ersteller einer Lichtsatz-Vorlage muss jedoch eine Reihe besonderer Gegebenheiten berücksichtigen. Die damit verbundene Mehrarbeit wird durch folgende Besonderheiten des Lichtsatzes belohnt:

(a) Es steht ein meist größerer Zeichensatz nebst Sonderzeichensatz (zB für das IPA) zur Verfügung;

(b) die Auflösung beträgt bis zu 2500 dpi (gegenüber 600 bis 1200 dpi bei Laserdruckern);

Vorteile des professionellen Lichtsatzes

(c) Unterschneidung ('Kerning') einschlägiger Zeichenfolgenpaare (zB der ersten beiden Buchstaben in 'Team' und 'VAG', der ohne Unterschneidung zu groß wirkt, ist ebenso selbstverständlich wie die Verfügbarkeit echter Kapitälchen; zur Illustration des Kernings siehe Abschnitt 9.3);

(d) die Zurichtung einer Schrift (dh die über die individuelle Zeichenbreite hinausgehende Vor- und Nachbreite eines Zeichens) ist meist professioneller als bei vielen Schriften, die für Textverarbeitungen zur Verfügung stehen und schließlich

(e) alle Einzüge, Zeilenabstände und das gesamte Seitenlayout werden (hoffentlich!) von Profis festgelegt.

Wenngleich Textverarbeitungen sich zunehmend in professionellere Bereiche vorwagen (und heute zB bereits die Unterschneidung beherrschen), bleibt die Überlegenheit des Lichtsatzes noch immer unangefochten.

(1) Reiner ANSI/ASCII-Text. Viele Textverarbeitungen verwenden eigene Steuerzeichen zur Formatierung des Textes. Sie werden von anderen Programmen ebenso wie von der Lichtsatzanlage oft falsch oder gar nicht interpretiert und sind daher fehl am Platze. Dies bedeutet zudem, dass man auf die der Textverarbeitung eigenen Möglichkeiten der Formatierung verzichten muss. Reiner ASCII- oder ANSI-Text besteht demgegenüber nur aus Zeichen, die gemäß dem *American Standard Code for Information Interchange* oder dem *American Standardization Institute* kodiert wurden und von jeder Textverarbeitung gelesen werden können. Leider weisen Umlaute sowie Zeichen mit Akzenten im unter Windows (alle Versionen) verwendeten ANSI-Zeichensatz eine andere Lage auf als im ASCII-Zeichensatz unter DOS. Der ASCII- und der ANSI-Zeichensatz stimmen nur bis Zeichenposition 127 überein; ferner ist der ASCII-Standard nur bis zum 127. Zeichen international kodiert, sodass je nach gewählter landesspezifischer Tastaturunterstützung und je nach eingesetztem Betriebssystem Umlaute und Sonderzeichen auf unterschiedlichen Zeichenpositionen liegen. Man ist daher auf der sicheren Seite, wenn man in reinen Textdateien nur die Zeichen 0–127 nutzt und alle anderen Zeichen speziell kodiert, wie dies in Standard-SGML-Dateien der Fall ist, wo zB ein *ü* kodiert wird als 'ü'. Ein frei verfügbarer Editor, der nicht nur zwischen ASCII- (zugrundegelegte Codepage 850 Multilingual (Latin I)) und ANSI-Text in beiden Richtungen konvertieren sondern auch beide Formate

keine Übereinstimmung von ANSI- und ASCII ab Zeichenposition 128

korrekt anzeigen sowie in das HTML-Format wandeln kann, ist
Note Tab von Eric Fookes (www.notetab.com; die *Light*-Version
ist kostenlos). Der Softwaremarkt bietet ferner durch spezielle
Prüfprogramme die Möglichkeit, im Text besondere Zeichen, die
nicht der ASCII- oder ANSI-Konvention entsprechen, aufzuspü-
ren. Beliebige Konvertierungen von Zeichensätzen sind schließlich durch Programmiersprachen wie Perl oder AWK möglich.

Auf reinem ASCII- oder ANSI-Text basierende Satzvorlagen
mit Ersatzkodierung aller Sonderzeichen erübrigen sich, wenn
eine auf Unicode basierende Schrift verwendet wird, die es dem **Unicode**
Autor ermöglicht, alle Sonderzeichen direkt aus einer Sonderzei-
chentabelle einzufügen und die sicherstellt, dass alle Umlaute und
Sonderzeichen auf standardisierten Positionen liegen. Da jedoch
noch nicht alle Schriften auf Unicode beruhen und noch nicht
alle Textverarbeitungen mit Unicode-Schriften wie den Open-
Type-Schriften umgehen können, wird für das oben beschriebene
Verfahren mit Ersatzkodierungen weiterhin Bedarf bestehen.

(2) Verlagseigene Steuerzeichen und Postscript. (a) *Verlagseigene Kennungen.* Für eine möglichst vollautomatische Übernahme
der elektronischen Satzvorlage benötigt man eine vollständige Liste der Kennungen aller im Druck möglichen Formatierungen und
Sonderzeichen. Benutzt man sie bereits bei der ersten Erfassung,
hat man das Risiko einer manuellen Konvertierung minimiert,
muss sich aber für alle vor den Fahnen liegenden Korrekturläu-
fe mit nicht oder wenig sprechenden Kürzeln herumplagen, was
die Fehleranfälligkeit erhöht. Besitzt man ein Softwarewerkzeug,
das beliebig viele Ersetzungen in einem Durchgang durchführen
kann, so kann man stattdessen bis kurz vor der Abgabe der Satzvorlage mit eigenen (möglichst sprechenden) Kürzeln arbeiten und
diese dann per Programm vollautomatisch gegen die endgültigen **Postscript: hard-**
Lichtsatzkennungen austauschen. (b) *Postscript.* Postscript ist **ware- und betriebs-**
eine international standardisierte Drucker-Programmiersprache, **systemunabhängig**
die den Vorteil hat, relativ hardwareunabhängig zu sein. Text und
Grafik werden gleichermaßen unterstützt. Sie erlaubt es, dieselbe
Datei auf unterschiedlichen Rechnern mit unterschiedlichen Be-

triebssystemen auszugeben. Der große Vorteil für den Autor ist, dass Postscript-Ausdrucke auf postscriptfähigen Laserdruckern bis auf die unterschiedliche Auflösung mit denen der Lichtsatzmaschine identisch sind. Postscript-Dateien sind ausschließlich für den Drucker oder die Setzmaschine gedacht und können vom Autor nicht mehr bearbeitet werden. Da der Autor im Falle von Postscript das komplette Layout selbst gestalten muss, gelten in diesem Falle die Empfehlungen für das Reproskript. Zur Möglichkeit Postscript zu emulieren, siehe Abschnitt 8.1.2.

SGML-Standard

(3) **SGML und HTML.** Begrüßenswerterweise liegt ein internationaler Standard für ein einheitliches Austauschformat von Textdateien vor. Er beruht auf einer neuen internationalen Referenz-Version (IRV) des weit verbreiteten ASCII-Kodes, gepaart mit der von der *International Standardisation Organisation* (ISO) formulierten standardisierten Textverarbeitungssyntax SGML ('Standard Generalized Markup Language'), die eine Weiterentwicklung der GML ('Generalized Markup Language') des IBM-Mitarbeiters und Juristen Charles Goldfarb darstellt. Dieser in der

ISO-Norm 8879

ISO-Norm 8879 festgelegte Standard legt zunächst Dokumententypen fest, zB 'Aufsatz' oder 'Buch', sodann SGML-gerechte Formatierungskürzel (Makros), die in spitze Klammern eingeschlossen werden, um sie vom laufenden ASCII-Text zu trennen, zB <q> und </q> (quote) zur An- bzw Abführung von Zitaten (siehe hierzu zB Herwijnen (1994)). Endemarken sind jeweils durch einen vorangestellten Schrägstrich gekennzeichnet. Mithilfe dieses Dateiformats kann der Autor Formatierungsmerkmale festlegen, die seinen Text logisch und inhaltlich strukturieren, ohne damit dessen letztendliche Erscheinungsform zu präjudizieren. Wer sich online über SGML und Derivate informieren will, findet eine Fülle von Informationen unter <www.sil.org/sgml/sgml.html>. Der Leser erfährt hier auch Näheres zum Verhältnis von der Internet-Seitenbeschreibungssprache HTML ('Hypertext Markup Language', ein von allen Browsern unterstützter Standard zum Dokumentenaustausch im Internet) zu SGML.

Aufbauend auf der ISO-Norm 8879 (SGML) hat der *Börsen-verein des Deutschen Buchhandels* und der *Bundesverband Druck E.V.* für den deutschsprachigen Bereich die Autorensprache STRUKTEXT konzipiert, die beim Bundesverband Druck E.V., Abt. Technik und Forschung, Postfach 1869, Wiesbaden, erhältlich ist. Eine kurze Illustration dieses Standards bietet der Anhang der *Duden Satz- und Korrekturanweisungen.*

Autorensprache STRUKTEXT

(4) Schriftwahl. Bei einer Lichtsatzvorlage überlässt man die Schriftwahl am besten dem Verlag und strukturiert den Text nur logisch, zB durch SGML-Markierungen (siehe oben). Der Text enthält somit lediglich eindeutige Marken, die Beginn und Ende von Haupt- und Abschnittsüberschriften, von Zitaten und Fußnoten usw festlegen. Diese Marken können von der Lichtsatzanlage bzw deren Software als Makros interpretiert werden, deren konkrete Auswirkungen auf den Text (Schriftwahl, Durchschuss, Auszeichnungsformen usw) erst beim Satz festgelegt werden. Will der Autor jedoch an der Schriftauswahl mitwirken, so sollte er sich hierüber mit dem Verlag abstimmen und entweder vorgegebene Kürzel verwenden oder dem Manuskript eine Liste mit allen von ihm eingeführten Schriftmarken voranstellen. In Abschnitt 9.3 werden die wichtigsten Schriftfamilien nach DIN 16518 vorgestellt; Tafel 9.3 illustriert jede Schriftfamilie durch jeweils einen Vertreter.

logische Textauszeichnung

In diesem Buch wurde der laufende Text in Minion Pro Regular, Kapitelüberschriften in Myriad Pro, beides OpenType-Schriften, gesetzt. Folgende Schriftgrößen finden Verwendung (20 Punkt = 8,0 mm, 11 Punkt = 4,13 mm, 10 Punkt = 3,75 mm, 9 Punkt = 3,375 mm, 8 Punkt = 3,0 mm): Grundschrift: 9,5-Punkt-Schrift mit 12 Punkt Zeilenabstand (9,5/12). Kleinere Schrift: 9-Punkt-Schrift mit 11 Punkt Zeilenabstand (9/11). Schrift für Beispiele: Myriad Pro 9-Punkt-Schrift mit 12 Punkt Zeilenabstand. Kapitelüberschriften: 1. Ebene 20 Punkt, 2. Ebene 11 Punkt, 3. Ebene 10 Punkt, 4. Ebene 10 Punkt.

für dieses Buch verwendete Schriften und Schriftgrößen

(5) Blocksatz und Wortabstände. Bereits beim Reproskript wurde darauf hingewiesen, dass Blocksatz die Wortabstände vergrößert. Trotz der dadurch bedingten schlechteren Lesbarkeit wird man dennoch beim Lichtsatz in den meisten Fällen auf Blocksatz bestehen, der dann allerdings aufwendiger ist als in den meisten Reproskripten. Nach Siemoneit entspricht der ideale Wortabstand der Breite eines *i* der verwendeten Schrift. Für guten Blocksatz empfiehlt er die Vorgaben eines Drittelgevierts als Optimum und eines Viertelgevierts als Minimum. Bei halbfetten und fetten Schriften ist das Optimum geringer (1989:69ff).

Schließlich sei noch die Hauptsünde beim Spationieren, dh beim Ausschließen der Zeile erwähnt. Im sorgfältigen Satz dürfen Zwischenräume nach Zahlen und bei mehrteiligen Abkürzungen nicht dem automatischen Zeilenausschluss unterworfen werden:

Falsch: 1. Teil, d. h. u. a., 5 cm, ist z. B. X. Y. Müller, 2 r – a
Richtig: 1.Teil, d.h. u.a., 5cm, ist z.B. X.Y. Müller, 2r–a

nationaler Gebrauch von Anführungszeichen

(6) Anführungszeichen, Binde- und Gedankenstriche, Minuszeichen. Lichtsatz unterscheidet sich von vielen Reproskripten unter anderem dadurch, dass öffnende und schließende Anführungszeichen verwendet werden, die den Text bei klassischen Serifenschriften optisch besser einrahmen. Für den klassischen deutschen Schriftsatz sind die doppelten Anführungszeichen, und zwar unten und oben, normal („…"). Außerdem gibt es die französische An- und Abführung «…», in der französischsprachigen Schweiz auch die Form »…«. Die englische Form ist "…". Parallel zu allen Typen von doppelten Anführungszeichen gibt es auch die einfachen (im klassischen deutschen Schriftsatz ebenfalls oben und unten). Für die Wiedergabe von Wortbedeutungen und Definitionen hat sich auch bei uns bereits die englische Form '…' eingebürgert. Da nach *Duden* fremdsprachliche Zeichen mit den Anführungszeichen der betreffenden Sprachen zu zitieren wären (häufig also zB " … " fürs Englische), so wird unter Hinzunahme der einfachen An- und Abführung die richtige Setzung der Anführungszeichen so kompliziert, dass hier als Vereinfachung die generelle Benutzung von "…" und '…' empfohlen wird. Diese

englische Anführung empfohlen

Form ist am ehesten geeignet, sowohl deutsche wie fremdsprachliche Zitate ohne Unterschied einzuschließen. Einige Zeitschriften sind diesem Vorschlag bereits gefolgt, und die Vereinfachung für alle Beteiligten ist beträchtlich.

Im Lichtsatz werden ferner längere Gedankenstriche ('–') von kürzeren Trenn- und Bindestrichen ('-') unterschieden; für den Bis-Strich ('3–4') sollte der Gedankenstrich verwendet werden. Besonders in naturwissenschaftlichen Arbeiten sollte man beachten, dass das Minuszeichen weder mit dem Binde- noch mit dem Gedankenstrich identisch ist. Letztere liegen tiefer, während das Minuszeichen exakt auf der Höhe des Querstriches des Pluszeichens liegt. Man sollte *sowohl* Plus- *als auch* Minuszeichen der gleichen Schrift entnehmen (unter Windows eignet sich hierfür zB der standardmäßig installierte Zeichensatz 'Symbol'. Man achte bei reinen Textdateien, die als Satzvorlagen dienen, darauf, Binde- und Gedankenstrich sowie Minuszeichen unterschiedlich zu kodieren.

Gedanken-, Trenn- und Bindestrich

Minuszeichen

(7) **Trennungen.** Im Gegensatz zum Reproskript dürfen Lichtsatzvorlagen, die vom Verlag noch weiter bearbeitet bzw formatiert werden, keine Trennungen enthalten; dh es sind nur feste Bindestriche zugelassen. Der Grund hierfür ist, dass erst beim endgültigen Satzlauf, dh nach Festlegung des Satzspiegels und aller Formatierungsattribute der Zeilenumbruch feststeht. Sofern in der Manuskriptdatei des Autors bereits Trennstriche vorhanden sind (zB weil man in vorläufige Fassungen zur Ausgabe auf dem eigenen Drucker bereits Trennungen vorgenommen hat oder weil eine frühere Auflage eingescannt wurde), kann man sie meist mit der Funktion 'Suchen und Ersetzen' entfernen und so die Trennungen aufheben. Hat man die Trennungen mit der programmeigenen Silbentrennung selbst erzeugt, so kann man sich die in Textverarbeitungen übliche Unterscheidung zwischen festen Bindestrichen und optionalen Trennstrichen zunutze machen. Fehlt diese Unterscheidung (zB bei einem Scanner-Output), so bietet sich die Option einer Ersetzung mit individueller Bestätigung an, damit nicht aus einem *Hartz-IV-Empfänger* ein *HartzIVEmpfänger* wird.

(8) Fotografien, Grafiken und Reproduktionen. Der Autor hat heute die Möglichkeit, mithilfe eines Scanners und professioneller Bildbearbeitungssoftware Fotos und andere Grafiken in einem Grafikformat (JPEG, JPEG2000, TIFF, PNG, GIF, EPS) zu speichern und diese Datei auf vielfältige Art zu bearbeiten (Eliminierung ungewünschter Bildteile, Verstärkung oder Abschwächung bestimmter Farben oder Grautöne, Rasterung in unterschiedlicher Auflösung, Farbinvertierung und vieles mehr).

verwendete Grafik-
formate mit dem
Verlag absprechen

Idealerweise sollte das verwendete Grafikformat in diesem Fall mit dem Verlag bzw der Setzerei abgesprochen werden, sodass die Datei direkt vom Satzbelichter ausgegeben werden kann. Ist dies nicht möglich, sollte man der Setzerei möglichst die Originalfotos bzw Originalgrafiken (keine eingescannten Reproduktionen davon) zukommen lassen.

Grafiken und
Urheberrecht

Eine durch die leichte Reproduzierbarkeit von Vorlagen häufig zu beobachtende Unsitte besteht darin, gedruckte Texte oder Darstellungen kurzerhand zu kopieren, ohne das Urheberrecht zu beachten. Auch wirken plötzlich auftretende Textstücke in gänzlich anderer Schrift und Zeilenlänge ausgesprochen störend, da man sie nicht als Text ansieht, sondern eher für Faksimile-Beigaben hält.

(9) WYSIWYG. Die Benutzung von verlagseigenen Formatierungskodes hat gegenüber der direkten Vervielfältigung eines Manuskripts noch den Nachteil, dass der Autor, sofern er diese nicht zB ins HTML- oder TeX-Format konvertieren kann, erst mit den Druckfahnen das letztendliche Aussehen seiner Texte zu sehen bekommt. Dies bedeutet zunächst eine Abkehr von der Gewohnheit, Formatierungen wie Fettdruck, Schriftgröße, Hochstellung usw markiertem Text direkt zuzuweisen (wie zB in Microsoft Word oder OpenOffice Writer üblich), ohne hierbei wissen zu müssen, mit welchen Kodes die entsprechende Schriftauszeichnung in der Datei tatsächlich bewerkstelligt wird. Die direkte Umsetzung aller Formatierungen sowie des Satzspiegels und des endgültigen Zeilenumbruchs am Bildschirm bezeichnet man als WYSIWYG ('What you see is what you get'). Aktuelle

Textverarbeitungssysteme und DTP-Programme sind bezüglich WYSIWYG zwar kaum zu schlagen, verwenden jedoch von Haus aus ein meist proprietäres Format, das vom Satzprogramm oft nicht oder nicht vollständig interpretiert werden kann. Will oder muss man dies vermeiden (etwa, um verlagseigene Formatierungskodes zu nutzen), kann man sich mit dem Verlag besprechen, ob nicht etwa eine HTML- oder LaTeX-Datei zum Einsatz kommen kann. Im Falle des HTML-Formats kann der Autor die Auswirkungen aller Formatierungen, soweit sie im HTML-Standard verankert sind, in jedem Browser betrachten.

(10) **TeX.** TeX ist ein von Donald Knuth entwickeltes, kostenlos verfügbares, formelsatzfähiges Satzprogramm, das bereits auf dem Konzept einer ASCII-Eingabedatei mit Steuerbefehlen, die ebenfalls reiner ASCII-Text sind, beruht. Die Benutzung von TeX wird durch das darauf aufsetzende, ebenfalls kostenlose Makropaket LaTeX enorm erleichtert. Da das System zudem durch einen makrofähigen Editor oder durch ein Perl-Skript SGML-konforme Eingabe oder spätere Umsetzung der TeX-Befehle in SGML-Kodes erlaubt, weist TeX gegenüber den DTP-Programmen größere Flexibilität auf. Man erkundige sich beim Verlag, ob das TeX-Format dort direkt zur Lichtsatzsteuerung verwendet werden kann. Alternativ ist TeX auch in der Lage, reine Postscript- oder PDF-Dateien zu erzeugen, die im Verlag ohne weitere Bearbeitung direkt gedruckt werden können.

(11) **Postscript und PDF.** Postscript (im Folgenden PS) ist eine **Postscript** weit verbreitete und vor allem plattformübergreifende Seitenbeschreibungs- bzw Programmiersprache, die alle zum Aufbau einer Seite notwendigen Informationen enthält; hierzu gehören neben dem zu druckenden Inhalt auch Formatierungsbefehle und Anweisungen zur Platzierung von Text und Grafik. PS-Dateien sind nur noch zur Darstellung und zum Druck eines Dokuments geeignet, nicht aber zu dessen Weiterverarbeitung. Ihr großer Vorteil ist, dass sie unter allen gängigen Betriebssystemen hardwareunabhängig gedruckt werden können, dh dass sich zB Zeilenumbruch, Grafiken und umfließender Text nicht verändern,

wenn die Datei (vom Verlag) auf einem anderen Drucker oder Satzsystem ausgegeben wird. Somit kann der Autor sein Manuskript komplett zu Hause gestalten und Probeausdrucke erstellen, ohne dadurch auf eine professionelle Lichtsatzausgabe durch einen Verlag oder eine Auftragsdruckerei verzichten zu müssen. Soll das Manuskript via PS vom Verlag gedruckt werden, so erkunde man frühzeitig, welcher Druckertreiber zu verwenden ist und wähle ihn bereits während der Texterstellung an, um später nicht von einem abweichenden Seitenumbruch nach einem Druckertreiberwechsel überrascht zu werden. Während Standard-PS-Dateien auf jedem PS-fähigen Drucker zu Papier gebracht werden können, sind für die Erweiterungen 'Postscript Level 2', 'Adobe Postscript 3' und 'AdobePS4' speziell ausgestattete Drucker und dazu passende Druckertreiber erforderlich. Linux-Distributionen bringen ebenso wie die verschiedenen Windows-Versionen Treiber mit, mit denen sich gängige PS-Drucker ansprechen lassen. Wer keinen PS-fähigen Drucker sein eigen nennt, kann dennoch einen mit dem Betriebssystem mitgelieferten Postscript-Druckertreiber installieren (zB den vom Shaker-Verlag für Windows empfohlenen Xerox Docutech 135 PS 2 oder einen aktuellen Adobe-Postscript-Treiber) und als Druck-Ausgabeziel eine Datei angeben. Diese PS-Datei kann dann zB mithilfe der Programme Gsview und Ghostscript (letzteres ist kostenlos) am Bildschirm betrachtet und auch auf nicht postscriptfähigen Druckern ausgegeben werden (Download via www.cs.wisc.edu/~ghost/gsview/). Eine Wandlung nach PDF ist ebenfalls möglich. Eine Abstimmung mit dem Verlag über den zu verwendenden Druckertreiber und eventuell zu beachtende Einstellungen ist sehr ratsam.

PDF-Format   In den letzten Jahren ist das von der Firma Adobe entwickelte 'Portable Document Format', bekannter unter der Abkürzung 'PDF', zum *de-facto*-Standard für den Dokumentenaustausch über das Internet geworden und spielt auch als elektronisches Format für wissenschaftliche Manuskripte eine immer größere Rolle. Verlage sind heute in der Regel in der Lage, von PDF-Dateien, die der Autor erstellt, professionellen Lichtsatz zu erzeugen. PDF stellt unter allen gängigen Betriebssystemen unabhängig von der eingesetzten Hard- und Software sicher, dass ein einmal gewähltes Layout inklusive aller Formatierungen auf jedem Rechner identisch dargestellt und auf jedem Drucker identisch ausgedruckt werden kann. PDF ist, von wenigen Ausnahmen (wie zB Formularen) abgesehen, ein reines Darstellungs- und Druckformat, eignet sich also nicht zur Weiterbearbeitung einer Datei, was bei der Weitergabe mancher Dokumente oder auch eines Manuskriptes durchaus ein Vorteil sein kann. Eine PDF-Datei ist in der Regel deutlich kleiner als eine entsprechende Postscript-Datei.

Neben den üblichen Absatz- und Zeichenformatierungen unterstützt das PDF-Format auch Tabellen, Anmerkungen, Querverweise (auch dokumentübergreifend), automatische Inhaltsverzeichnisse, Grafik- und Sound-Datei-Einbindungen, Formularfunktionen, sowie digitale Signaturen. Zur Betrachtung und zum Druck von PDF-Dokumenten dient entweder der kostenlose und verbreitete *Acrobat Reader* der Firma Adobe, oder der Postscript-Betrachter GSview von Russell Lang, mit dem zusätzlich Postscript-Dateien betrachtet, gedruckt und erstellt werden können.

Acrobat Reader, GSView

Will man PDF-Dateien selbst erstellen, so benutzt man am einfachsten einen geeigneten PDF-Druckertreiber, der durch den simplen Aufruf des Druckmenüs jeder Anwendung (dh auch jeder gängigen Textverarbeitung) die direkte Erstellung einer PDF-Datei erlaubt, deren Druckbild recht genau der Bildschirmdarstellung der betreffenden Anwendung entspricht. Ein kostenloses Programm hierfür ist der unter der GNU General Public Licence (GPL) stehende PDFCreator (<sourceforge.net/projects/pdfcrea↩tor/>). Intern nutzt dieses Programm das oben bereits erwähnte Ghostscript (siehe auch Abschnitt 8.1.2). Benutzer des kostenlosen Office-Pakets OpenOffice (www.openoffice.org) benötigen überhaupt keine Zusatzsoftware; PDF-Dateien können aus allen darin enthaltenen Anwendungen (inkl. der Textverarbeitung) direkt erzeugt werden. Für gehobene Ansprüche an die PDF-Erstellung wie zB die Einbringung und Überprüfung digitaler Signaturen als Echtheitsnachweis bietet sich das kostenpflichtige Adobe-Acrobat-Paket an. Will man Postscript-Dateien in das PDF-Format überführen, so bietet sich die oben erwähnte Kombination

PDFCreator

von Gsview (Betrachter für Postscript- und PDF-Dateien) und Ghostscript (Programm für Druckausgabe beider Dateitypen) an. Die Universität Magdeburg bietet eine Anleitung zur PDF-Erstellung mit Gsview/Ghostscript an: www.uni-magdeburg.de/urz/pdf/pdf_ausf.shtml. – Dem technisch versierten Leser seien die *PDF reference* von Adobe und die *PostScript- & PDF-Bibel* von Merz & Drümmer (siehe Bibliografie) empfohlen, denen dieser Abschnitt einzelne Details verdankt.

Anmerkungen möglichst als Fußnoten

(12) Anmerkungen. Im modernen Satz sollte es von technischer Seite her keine Entschuldigung mehr dafür geben, Anmerkungen nicht als Fußnoten, sondern als Endnoten zu gestalten. Zwar ist auch heute noch der Seitenumbruch bei Endnoten unproblematischer als bei Fußnoten, doch moderne Satzprogramme kommen auch mit umfangreichen Fußnoten, die im Extremfall auch noch auf einer rechten Buchseite fortgesetzt werden können, zurecht. Von Endnoten sollte nur noch dann Gebrauch gemacht werden, wenn es das Manuskript selbst erfordert, zB wenn zwischen einem textkritischen Apparat und anderen Anmerkungen zu unterscheiden ist. Für die Erfassung von Texten mit Fuß- oder Endnoten wird empfohlen, nach folgenden Regeln zu verfahren:

Empfehlungen zu Anmerkungen

(a) Alle Anmerkungen sind, sofern nicht mit dem Verlag anders vereinbart, getrennt vom Text zu erfassen und werden dem Verlag am besten in einer eigenen Datei zugeschickt. Dies gilt nicht, wenn das Satzprogramm des Verlags das vom Autor benutzte Format direkt importieren kann oder wenn der Autor eine druckfertige PDF- oder Postscriptvorlage liefert.

(b) Der laufende Text muss auch ohne Bezugnahme auf die Anmerkungen verständlich sein.

(c) Anmerkungen werden in der Regel kapitelweise durchgezählt.

(d) Freistehende Ziffern (mit nachfolgend eingerücktem Fußnotentext) sollte man möglichst vermeiden. Diese bereits kritisierte Form kann optisch nur befriedigen, wenn die Fußnoten generell recht kurz sind (1–2 Zeilen). Bei längeren Fußnoten zerfällt damit jedoch die Seite in zwei Satzspiegelbreiten, da den Fußnoten kein normal breit gesetzter Text mehr folgt.

(e) Die Anmerkungsziffern stehen im Text als Potenzziffern ohne altmodische Klammern. Entgegen *Duden* muss nachdrücklich empfohlen werden, die Potenzziffern *nach* einem eventuell voraufgehenden Satzzeichen zu setzen, wo immer dies ohne Missverständnisse möglich ist (siehe auch 5.3.2). Die nach wie vor meist übliche Folge ... *Text*[7], ... sollte zugunsten der optisch besseren Form ... *Text,*[7] ... aufgegeben werden.

(13) Tabellen. In Abschnitt 3.11 wurde bereits Grundlegendes zur Nutzung der Tabellenfunktion für besondere Anforderungen, sowie zur Zählung von Tabellen und Grafiken sowie deren Integration in den Text gesagt. Da es alle heute alle Textverarbeitungen dem Autor relativ leicht machen, Tabellen selbst zu erstellen und somit die letzte Hand des Profis fehlt, findet man gerade hier nicht selten optisch wenig Überzeugendes. Eine gute Tabelle erfordert einen gewissen Blick für Ästhetik und die Bereitschaft, mit manchmal nicht unerheblichem Zeitaufwand die oftmals ungünstigen Voreinstellungen der Textverarbeitungsprogramme abzuändern und den aktuellen Erfordernissen anzupassen. Trotz der Vielfalt von Inhalten, die in Tabellen untergebracht werden können und die sich einer einheitlichen Handhabung widersetzen, seien hier ein paar wichtige Hinweise zum sinnvollen Umgang mit Tabellen gegeben:

Tabellen selbst erstellen

(a) Die Inhalte der einzelnen Tabellenzeilen sind vertikal zu zentrieren, dh auf die optische Mitte der jeweiligen Tabellenzeile zu bringen. Dies ist besonders wichtig, wenn in einer Zeile einzelne Zellen mehr Zeilen aufweisen als andere, sodass kürzere Inhalte nicht mehr mittig neben längeren stehen und optisch am oberen Zellenrand kleben.

Formatierung des Tabelleninhalts

(b) Man sollte es vermeiden zu sagen, 'wie *die folgende* Darstellung zeigt', weil die Darstellung etwa beim Druck nicht notwendigerweise noch auf die Seite passt und es für das Layout (Anordnung von Text und Einlagen) günstiger ist, freie Hand zu haben (also immer 'wie *Tafel 7.2* zeigt ...'). (Dass die Regel auch in diesem Buch gelegentlich verletzt wird, spricht nicht gegen sie.) – Vgl. zur Thematik auch DIN 1422.

Verweise auf Tabellen

(c) Eine Tabelle, die sparsam mit Linien umgeht und etwa nur die Überschrift und die Parameterspalte vom übrigen Tabelleninhalt absetzt, wirkt optisch leichter und ist manchmal vorteilhafter als die meist durch die Voreinstellung der Textverarbeitung erzeugte Gitternetztabelle. Sie erfordert allerdings einen deutlichen Durchschuss zwischen den Tabellenzeilen und meist einen größeren Spaltenabstand als Tabellen mit durchgehenden Trennlinien.

unschöne Tabelle

Tafel 9.2a zeigt eine lieblos erstellte Tabelle mit Formatierungsfehlern, wie man sie häufig antrifft: Die Überschriften sind nicht vertikal auf Zeilenmitte zentriert (Punkt (a) oben), die Zahlenwerte kleben am linken Zellenrand und der linke Tabellenrand ragt aus dem Satzspiegel heraus, dessen Außenrand hier durch die senkrechte blaue Linie verdeutlicht wird.

Tafel 9.2a: Optisch misslungene Tabelle

Jahr, Quartal		Einwohner	Erwerbs-personen	Erwerbslose	Erwerbs tätige	Arbeit nehmer	Selbst ständige
2007	II	82.263	-	-	39.573	35.111	4.462
	I	82.292	42.270	3.120	39.150	34.742	4.408
2006	IV	82.340	42.582	2.988	39.594	35.186	4.408
	III	82.353	42.654	3.503	39.151	34.739	4.412
	II	82.370	42.310	3.435	38.875	34.472	4.403
	I	82.400	42.207	3.803	38.404	34.050	4.354

korrigierte Tabelle

In Tafel 9.2b wurden die Formatierungsfehler aus Tafel 9.2a behoben. Zudem wurden die Überschriften zentriert. Ob man die Überschriften halbfett setzt wie hier ist Geschmackssache und muss von Fall zu Fall entschieden werden. Die blaue Hilfslinie links zeigt, dass die Tabelle nun bündig mit dem Spaltenspiegel abschließt.

Tafel 9.2b: Optisch verbesserte Tabelle

Jahr, Quartal		Einwohner	Erwerbs-personen	Erwerbs-lose	Erwerbs-tätige	Arbeit-nehmer	Selbst-ständige
2007	II	82.263	–	–	39.573	35.111	4.462
	I	82.292	42.270	3.120	39.150	34.742	4.408
2006	IV	82.340	42.582	2.988	39.594	35.186	4.408
	III	82.353	42.654	3.503	39.151	34.739	4.412
	II	82.370	42.310	3.435	38.875	34.472	4.403
	I	82.400	42.207	3.803	38.404	34.050	4.354

Es lohnt sich generell, zu überlegen, ob einzelne Tabellenlinien nicht entbehrlich sind. Bei genügend Mindestabstand zwischen den einzelnen Zahlenwerten bzw Inhalten der Tabellenzeilen kann man oft auf Trennlinien verzichten, wie Tafel 9.2c zeigt:

weniger ist oft mehr

Tafel 9.2c: Tabelle mit reduzierten Trennlinien

Jahr, Quartal		Einwohner	Erwerbs-personen	Erwerbs-lose	Erwerbs-tätige	Arbeit-nehmer	Selbst-ständige
2007	II	82.263	–	–	39.573	35.111	4.462
	I	82.292	42.270	3.120	39.150	34.742	4.408
2006	IV	82.340	42.582	2.988	39.594	35.186	4.408
	III	82.353	42.654	3.503	39.151	34.739	4.412
	II	82.370	42.310	3.435	38.875	34.472	4.403
	I	82.400	42.207	3.803	38.404	34.050	4.354

Um die Tabelle optisch leichter zu machen, wurde hier auch auf eine Außenbegrenzung verzichtet. Die Übersichtlichkeit und die Zuordnung der Tabelleninhalte gehen dabei nicht verloren.

(14) Formelsatz und Sonderzeichen. Man entnehme Sonderzeichen möglichst ausschließlich der Hauptschrift, die für das Manuskript benutzt wird und wähle hierfür in Abstimmung mit dem Verlag möglichst eine OpenType- oder andere Unicode-basierte Schrift. Besonders leistungsfähig ist hier das bereits besprochene TeX, das nicht nur außergewöhnlich viele Sonderzeichen

Sonderzeichen, Formeln in TeX

bietet, sondern vor allem wegen seines ausgezeichneten Formelsatzes in den naturwissenschaftlichen Fakultäten von Hochschulen und Fachhochschulen sehr beliebt ist. Es vermag Formeln nach einem Satzdurchlauf am Bildschirm darzustellen und ihn auf beliebigen Druckern im Grafikmodus auszugeben. Tafel 9.2d illustriert die Leistungsfähigkeit von TeX beim Formelsatz:

Tafel 9.2d: Beispiel für Formelsatz mit TeX

$$d(x, y) = \sqrt{\sum_{i=1}^{n} (x_i - y_i)^2}$$

ABBILDUNG 1. Die durch die pythagoreische Identität bestimmte Entfernung zwischen zwei Punkten $x = (x_1, \ldots, x_n)$ und $y = (y_1, \ldots, y_n)$

Über die Größe der Wurzel und sonstige Abstände braucht man sich bei TeX keine Gedanken zu machen; der integrierte Formeleditor berechnet alle Proportionen automatisch und justiert auch die Abbildungsunterschrift automatisch. Der erforderliche Quelltext bleibt dabei recht konzis und transparent:

Quelltext für TeX-Formel

```
\begin{figure}[ht]
\Huge{\begin{displaymath} d (x, y) = \sqrt{\sum^{n}_{i = 1} (x_{i}
- y_{i})^{2}}
\end{displaymath}}
\caption{Die durch die pythagoreische Identit\"at bestimmte Ent-
fernung zwischen zwei Punkten $x = (x_{1}, \ldots, x_{n})$ und $y
= (y_{1}, \ldots, y_{n})$}
\end{figure}
```

TeX kann sowohl ganze Manuskripte im PDF- oder Postscript-Format (Dateisuffix '.pdf' bzw '.ps') ausgeben als auch Formeln im sogenannten *Encapsulated Postscript Format* (Dateisuffix '.eps') exportieren, sodass sie auch in Satzdateien anderen Formats eingebettet werden können. Alle großen Textverarbeitungen beherrschen heute ebenfalls Formelsatz mithilfe eines eigenen Formel-editors. Hier profitiert man zwar von einer schnelleren Vorschau auf das Ergebnis ('WYSIWYG'); die Formel selbst ist aber keineswegs einfacher zu erstellen und das Ergebnis reicht oftmals nicht an die Qualität von TeX heran.

Mathematiker und Naturwissenschaftler seien ferner hingewiesen auf die DIN-Blätter 1304 "Allgemeine Formelzeichen" und 1338 "Formelschreibweise und Formelsatz" mit Beiblättern sowie auf die entsprechenden Passagen in *Duden Satz- und Korrektur-anweisungen*. Das dortige Kap. 6 enthält Sonderzeichen aus 21 Sachgebieten mit einer Dezimalnummerierung, auf die man sich bei Satzanweisungen beziehen kann. Leider sind die aufgeführten fremdsprachigen Buchstaben sowie die diakritischen und phonetischen Zeichen nicht in derselben Nummerierung integriert, wie es im Interesse einer eindeutigen Verständigung zwischen Autor und Setzer wünschenswert wäre.

(15) Titelbild und Einbandgestaltung. In der Regel wird der Einband vom Verlag gestaltet und der Autor kann hierauf allenfalls dann Einfluss nehmen, wenn seine Publikation nicht in einer Reihe erscheint, für die bereits ein weitgehend einheitlicher Einband festgelegt wurde. Ist man als Autor für das Titelbild selbst verantwortlich, so kann es empfehlenswert sein, hierfür die Dienste eines Grafikers in Anspruch zu nehmen, der ein professionelles Layout im PDF- oder Postscript-Format erzeugen kann. Auf der Rückseite des Einbands informiert oft ein sogenannter Kladdentext den Leser über den wesentlichen Zweck des Buches. Da diesem Text eine hohe Werbewirksamkeit zukommt, sollte man hierauf besondere Aufmerksamkeit verwenden. Er muss schnell rezipierbar sein und sollte daher eine Länge von 200 Wörtern nicht überschreiten.

Titelbild, Einband, Kladdentext

1

2

3

4

5

6

7

8

9

A I

A II

A III

9.3 Die Schriftklassifikation nach DIN 16518

DIN 16518 zu Schriftklassifikation

DIN 16518 (nachzulesen im DIN-Taschenbuch 153; für eine kritische Beurteilung und ergänzende Schriftbeispiele siehe Karow, 1992:343ff) teilt Druckschriften in elf Klassen ein, von denen die Klassen I bis VII die sogenannten Antiqua-Schriften enthalten.

Serifenschriften

Die Klassen I bis IV sind allesamt Serifenschriften. Jede Klasse umfasst mehrere Schriften, von denen jeweils eine Auswahl in Klammern angegeben ist. Die meisten europäischen Schriften verfügen neben der Standard-Rekte über zusätzliche kursive und halbfette Schnitte, deren Attribute auch kombinierbar sind. Die nachfolgende Auswahl beruht auf den Ausführungen Karows (ib.) und geht teilweise über DIN 16518 hinaus; insbesondere wurde die

Times New Roman

heute vielleicht bedeutendste Schrift, die Times New Roman, als Vertreter der Barock-Antiqua-Schriften aufgenommen. Schriften mit gleicher oder ähnlicher Bezeichnung können sich in Form und Zeichendickte nicht unerheblich voneinander unterscheiden. Der Autor wissenschaftlicher Manuskripte muss beachten, dass ein Ausdruck mit einer Times in 12 Punkt am Computer zu Hause in der Regel beim späteren Lichtsatz zu einem anderen Seiten- und Zeilenumbruch führen wird, wenn nicht ein- und dieselbe Schrift desselben Herstellers verwendet wird, was zB dann möglich ist, wenn man auf einem Postscript-Laserdrucker ausgibt und der spätere Lichtsatz auf einem Postscript-Belichter erfolgt. – Die nachfolgend jeweils kursiv hervorgehobenen Schriften werden im Beispieltext 'Teamgeist' sowie in Tafel 9.3 illustriert.

I Venezianische Renaissance-Antiqua (*Centaur*, Schneidler-Mediäval, Trajanus, Venezian): Bei guter Lesbarkeit zeichnet sich diese Schriftfamilie durch geringen Kontrast zwischen den fetteren senkrechten und den feineren waagrechten Balken aus; der Querbalken des kleinen *e* ist schräggestellt. Die Achse der Rundungen ist leicht nach links geneigt.

Teamgeist

II Französische Renaissance-Antiqua (*Garamond,* Palatino, Trump-Mediäval): Diese Gruppe ist Klasse I relativ ähnlich, doch ist der Kontrast zwischen feinen und fetten Linien stärker; das *e* hat einen waagrechten Innenbalken und die Oberlängen der Minuskeln (Kleinbuchstaben) überragen die Versalien (Großbuchstaben).

Team-geist

III Barock-Antiqua (*Times Roman,* Baskerville, Fournier, Imprimatur): Hier ist der Fett-Fein-Kontrast noch stärker als in Gruppe II. Die Achse der Rundungen ist fast senkrecht, die Oberlängen der Minuskeln erreichen genau die Höhe der Versalien. Durch die feinen Serifen und die ausgewogenen Proportionen ergibt sich ein sehr harmonisches Gesamtbild mit exzellenter Lesbarkeit. Wegen der großen Beliebtheit der Times ist diese Schriftfamilie eine der wichtigsten für wissenschaftliche Publikationen.

Team-geist

IV Klassizistische Antiqua (*Bodoni,* Didot, Corvinus, Walbaum): Unverspielte, aber durch ihre Schlichtheit in der Strichführung und des gegenüber Gruppe III noch extremeren Fett-Fein-Kontrasts sehr edel wirkende, gut lesbare Schrift mit haarfeinen Serifenstrichen an kräftigen Senkrechtbalken. Für den Buchdruck ebenfalls sehr geeignet.

Team-geist

V Serifenbetonte Linear-Antiqua (*Clarendon,* Memphis, Volta, Shadow, Pro-Arte, Egyptienne, Zeitungs-Antiqua): Relativ heterogene Gruppe mit Schriften verschiedener Gattungen, die einen geringen Strichstärkenkontrast ebenso gemeinsam haben wie Serifen, die die Stärke der Balken erreichen oder gar übertreffen. Der geringe Strichstärkenkontrast macht diese Gruppe (mit Ausnahme der Clarendon) für wissenschaftliche Manuskripte nicht ganz so geeignet wie die Times oder die Bodoni. Die im Vergleich zur Times fast halbfett wirkende Clarendon ist für wissenschaftliche Texte vor allem in der als *Clarendon Light* bekannten Variante zu empfehlen.

Team-geist

Team-geist

VI Serifenlose Linear-Antiqua (*Helvetica,* Futura, Univers, Optima, Gill Sans): Diese auch als grotesk bezeichnete Schriftfamilie (ein zu Beginn des 19. Jhs durchaus wörtlich gemeintes Attribut) zeichnet sich vor allem durch fehlende Serifen und weitgehend konstante Strichstärken aus. Da Serifen dem Auge eine deutliche optische Stütze sind, seien serifenlose Schriften für längere wissenschaftliche Manuskripte nicht empfohlen, auch wenn das klare, nüchterne Schriftbild zunächst eine gute Lesbarkeit vermuten lässt.

Antiqua-Varianten, Schreibschriften u.a.

VII Antiqua-Varianten (Eckmann, Camellia, Codex, Columna, Largo, Profil); **VIII Schreibschriften** (Lithographia, Slogan, Englische Schreibschrift, Van Dijk); **IX Handschriftliche Antiqua** (Time Script, Shamrock, American Uncial); **X Gebrochene Schriften** (Gotisch, Schwabacher, Fraktur); **XI Fremde Schriften** (Bilderschriften, außereuropäische Alphabetschriften): alle diese Schriftgruppen sind für das wissenschaftliche Werk nicht (mehr) geeignet; sie sind entweder besonders modisch und effektvoll (VII-IX) oder wirken antiquiert (Fraktur).

Tafel 9.3: Schriftbeispiele (klassifiziert nach DIN 16518)

Winzergenossenschaft *Venezian (Gruppe I)*	Winzergenossenschaft *Garamond (Gruppe II)*
Winzergenossenschaft *Times Roman Prop. (Gruppe III)*	Winzergenossenschaft *Bauer Bodoni (Gruppe IV)*
Winzergenossenschaft *Clarendon (Gruppe V)*	Winzergenossenschaft Helvetica (Gruppe VI)

9.4 Korrekturen der Druckfahnen

Insbesondere dann, wenn man bei der Erfassung der Druckvorlage auf WYSIWYG verzichten muss, weil man den Text mit verlagseigenen Steuerzeichen als reinen ANSI- oder ASCII-Text erfasst, sind Formatierungsfehler und Inkonsequenzen relativ wahrscheinlich und können trotz sorgfältiger Korrektur der eingesandten Datei erst im Stadium der Druckfahnen vollständig ausgeräumt werden. Für die Korrekturen gibt es nun, je nach Absprache mit dem Verlag, zwei grundsätzliche Möglichkeiten: (1) Der Autor korrigiert selbst in der ursprünglich eingesandten Datei. Dies kommt nur in Betracht, wenn der Text einschließlich aller erforderlichen Auszeichnungen erfasst wurde. Die korrigierte Datei wird dann Grundlage eines erneuten Satzlaufes. (2) Die Setzerei führt die Korrekturen aus. Dies ist – besonders bei technisch weniger versierten Autoren – der sicherere Weg. Der Autor muss in diesem Fall nichts über die einzusetzenden Kodierungen wissen und kann rein inhaltlich korrigieren, wozu im Folgenden Hilfestellung gegeben werden soll.

Duden Satz- und Korrekturanweisungen, DIN 16511

Sofern nichts Abweichendes vereinbart wurde, sollten nur die im *Duden Satz- und Korrekturanweisungen* vorgeschriebenen Korrekturzeichen benutzt werden, die mit DIN 16511 übereinstimmen. Im anglo-amerikanischen Bereich gelten teilweise abweichende Korrekturzeichen. Siehe hierzu zB die Liste im *American heritage dictionary of the English language*, die auch online zugänglich ist (www.bartleby.com/61/charts/A4proof.html). Die wichtigsten Korrekturanweisungen für das Deutsche werden in Tafel 9.4 illustriert. Internationale Einheitlichkeit ist nicht erreicht, obwohl einige bei uns nicht übliche Zeichen Beachtung verdienten. Die wichtigsten ausländischen Korrekturzeichen sind dort ebenfalls enthalten.

anglo-amerikanische Korrekturzeichen

Die deutschen Korrekturzeichen nach *Duden* und DIN sind keineswegs in allem ideal. Einerseits schleppen sie Setzfehler mit, die nur bei Bleisatz von Hand entstehen konnten ('Fliegenkopf' = Abdruck der Fußfläche des versehentlich mit dem Buchstaben nach unten eingesetzten Bleikörpers), andererseits fehlt es an praktischen Hilfen etwa bei erforderlichen Einschüben und Umstellungen. Einige zusätzliche Gepflogenheiten, sowie einige in der ehemaligen DDR übliche Zeichen sind ausgesprochen nützlich. Auch würde es die Korrekturen übersichtlicher machen, wenn man grundsätzlich die Korrekturzeichen und die Anweisungen für den Setzer

Problematik der Duden-Korrekturzeichen

– das Metasprachliche – in Rot, das tatsächlich zu Setzende in Schwarz oder Blau markierte.

Umgang mit Korrekturfahnen

Man korrigiere mit einem blauen Kugelschreiber, vor allem bei spärlichen Korrekturen jedoch lieber in rot, damit nichts übersehen wird. (Manche Verleger ziehen grundsätzlich rot vor.) Von Vorteil sind Korrekturfahnen in zweifacher Ausfertigung, weil man die eine von mehreren Lesern mit Bleistift korrigieren lassen und danach die 'Reinschrift' auf der zweiten eintragen kann. Zum Schluss müssen jedoch beide Exemplare übereinstimmen. *Ein* Exemplar hält man zum Vergleich mit den nächsten Abzügen zurück, das andere geht mit dem Manuskript an Verlag oder Druckerei zurück.

Vom Manuskript abweichende Änderungen des Textes bei der Fahnen- oder Umbruchkorrektur können von den Druckereien gesondert berechnet werden und die vom Verleger in der Regel schon erstellte Vorkalkulation belasten. Verlagsverträge enthalten deshalb eine Rückversicherungsklausel, die den Autor verpflichtet, die Kosten für solche Autorenkorrekturen selbst zu tragen, wenn sie ein bestimmtes Maß überschreiten.

Tafel 9.4: Korrekturzeichen nach Duden

Vorkommende Fehler	Korrigierter Satz	Korrekturzeichen
Buchstaben aus anderer Schrift	Jedes in die Seite ein-	$\mid \underline{d}$ $L\underline{\underline{e}}$ $t\underline{\underline{e}}$
Falsches Wort und falscher Buchstabe	~~geschriebene~~ Korr|ktur-	$\vdash$ zeichnete Le
Unrichtige Folge der Wörter und verstellte Buchstaben	3 1 2 und zu wiederholen der	$1\ 2\ 3$ $\sqcap\ ie$
Fehlendes Wort (Leiche)	rechts neben|wiederhol-	$L\ das$
Überflüssiges Schriftzeichen oder Wort (Hochzeit)	te Korrektur|zeichen zu	$\mid \curvearrowright$ $\sqcap \curvearrowright$
Fehlender Buchstabe und fehlende Interpunktion	zu schreben| sofern die-	Lei $\ulcorner n,$
In gerade Linie bringen	Größere Einschaltungen	═══
Fehlender Zwischenraum	oder Streichungen|bitten	Z
Zu weiter Zwischenraum, zu enger Zwischenraum	wir |möglichst zu|ver	$\curvearrowright$ Y
Ein Wort durch andere Schrift auszeichnen	meiden, besonders in-	____ halbfett
Kursiv	nerhalb großer Absätze	____ kursiv
Nicht sperren	und v o r a l l e m bei um-	____ nicht sperren
Absatz	brochenem Satz. Wün- schen Sie eine andere	$\rfloor$
Zeile ausrücken und größere Auslassung	⊢Schrift für|bestimmte	L s. Hs. S. 7
Zeile einrücken	|Wörter, Zeichen oder	$\lrcorner$
Kein Absatz (anhängen)	Absätze,⌐ so unterstreichen Sie	$\smile$
Zeilenabstand (Durchschuß) fehlt	bitte diese und ver- merken auf dem Rand	C
Zeilenabstand (Durchschuß) fällt weg	die gewünschte Schrift- art (fett, kursiv usw.)	$\supset$
Ungültige Korrektur	oder Schrift~~grad~~	⊢⊣ charakter

Anhang I : Musterseiten

Musterseite 1: Titelblatt für eine Seminararbeit

Die Zeilenanordnung für das Titelblatt basiert auf den in Abschnitt 3.3 gegebenen Empfehlungen. Arbeitet man mit einer Textverarbeitung, so stellt man am besten den oberen
Rand auf 2,54 cm = 1 Zoll und den Zeilenabstand (Zeilenvorschub) auf 12 Punkt (6 Zeilen/
Zoll) ein. Die erste Zeile des Satzspiegels ist dann (bezogen auf den eingestellten Zeilenabstand) Zeile 7. Alle weiteren Zeilen werden nun durch Zeilenabstände nach oben eingegeben (in Klammern jeweils die absolute Zeilenposition relativ zum Blattrand): Haupttitel 5
(12), Untertitel 0,5 (13,5), "Referat für …" 10,5 (25), "im [Semester]" 0,5 (26,5), "vorgelegt
von" 4,5 (32), Verfassername 3 (36), Ort und Jahr 18 (55).

Musterseite 2: Titelblatt für eine Facharbeit

Bis zum Verfassernamen einschließlich stimmen alle Zeilenpositionen mit Musterseite 1
überein. Die weiteren Zeilen haben folgende Abstände nach oben bzw absolute Positionen:
Gymnasium 12 (49), Abgabetermin 0,5 (50,5), Note/Punkte 0,5 (52), Kursleiter(in) 2 (55),
Unterschriftslinie 2 (58), "(Unterschrift)" 0,5 (59,5). Wichtig ist vor allem eine durchgän-
gige Zentrierung aller Zeilen; man werde also nicht etwa nach zentriertem Titel unmotiviert links- oder rechtsbündig.

Musterseite 3: Titelblatt für eine Habilitationsschrift

Alle Abstände stimmen mit Musterseite 1 überein. Als Schrift kam die OpenType-Schrift
Palatino Linotype zum Einsatz, die die Unterschneidung beherrscht, wie man an den
Kerning-Paaren 'Ve' und 'Te' im Verfassernamen *Veronika Teschner* erkennen kann. Man
strebe bei den paarweise untereinanderstehenden Textzeilen die Form der hängenden Pyramide an. Hat man zwei nahezu gleich lange Textzeilen, so kann man den sich hieraus
ergebenen optisch unerwünschten Blocksatzeffekt dadurch umgehen, dass man die obere
Zeile ganz leicht gesperrt setzt, was optisch kaum auffällt.

Musterseite 4: Inhaltsverzeichnis

Das hier gezeigte Inhaltsverzeichnis illustriert die immer beliebtere dezimale Gliederung,
gepaart mit einer konsequent linksbündigen Anordnung. Der Überschriftstext sollte so

weit nach rechts tabuliert werden, dass die längste vorkommende Zählung davor Platz hat (für Überschriften im fortlaufenden Text gelten andere Empfehlungen). Wenn Hauptüberschriften wie hier durch größeren Schriftgrad ausgezeichnet werden, so achte man darauf, alle Seitenangaben mit dem jeweils kleineren Schriftgrad zu versehen.

Musterseite 5: Referatsseite

Musterseite 5 zeigt, wie eine erste Textseite aus einem Referat, das zur Benotung eingereicht wird, aussehen könnte. Bei solchen Arbeiten werden die Blätter jeweils nur einseitig bedruckt, dh eine Spiegelung der Seiten kommt hier nicht in Betracht. Auf Blocksatz, der bei nicht publizierten Arbeiten ohnehin nicht die Norm sein sollte, wurde hier bewusst verzichtet; der Leser profitiert entsprechend von gleichmäßigen Wortabständen. Um Anmerkungen des Korrektors auch im Text zu ermöglichen, wurde für den Haupttext Zeilenabstand 1,5 und eine Schriftgröße von 12 Punkt gewählt. Zitate wurden um zwei Punkt kleiner gesetzt und um den doppelten Erstzeileneinzug symmetrisch eingerückt. Die Randeinstellungen für die Referatsseite betragen gemäß Abschnitt 8.9 links 2 cm, rechts 4 cm, oben 1,5 cm und unten 3 cm. Die Seitenzahlen wurden nicht zum Satzspiegel gerechnet und stehen zentriert 2 cm vom unteren Blattrand. Bei den Fußnoten wurde, wie in diesem Buch empfohlen, nur die erste Zeile eingerückt.

Musterseiten 6 und 7: Gespiegeltes Seitenlayout auf DIN-A4-Blatt

Das in den Musterseiten 6 und 7 illustrierte gespiegelte Seitenlayout ist primär für den Buchdruck vorgesehen und eignet sich weniger für Seminar- oder andere zu korrigierende Arbeiten. Die verwendeten Randeinstellungen folgen den in Tafel 9.1d gegebenen Empfehlungen für eine Zwölfteilung und bieten einen Satzspiegel, der dem Außenmaß des zugrundegelegten DIN-A4-Formats (1:$\sqrt{2}$) entspricht. Diese Empfehlungen sehen folgende Ränder vor: innen 1,75 cm, außen 3,5 cm, oben 2,47 cm und unten 4,95 cm (ohne Berücksichtigung eines Bundstegs). Arbeitet man wie hier mit einer Kopfzeile mit lebendem Kolumnentitel, die zum Satzspiegel zu rechnen ist, so muss man in Textverarbeitungen wie Microsoft Word, die die Kopfzeile nicht zum Satzspiegel rechnen, einen entsprechend größeren Rand einstellen. Im vorliegenden Fall wurden in Word als oberer Rand 4,0 cm und als Abstand der Kopfzeile vom oberen Seitenrand 2,5 cm (gerundet) eingestellt. Der Schriftgrad des Haupttextes beträgt 13 Punkt; Zitate wurden 11, Fußnoten 10 Punkt groß gesetzt. Bei kleinerem Schriftgrad des Haupttextes sollte der Satzspiegel entsprechend schmäler gewählt werden. Die Zitate wurden aufgrund des breiten Satzspiegels und des verwendeten Petitsatzes symmetrisch eingerückt sowie durch eine halbe führende und abschließende Leerzeile vom Haupttext abgesetzt. Man achte auf die gefällige Kursivschrift sowie auf die öffnenden und schließenden Anführungszeichen, die zu einem professionellen Layout gehören. Benötigt man eine Auszeichnung innerhalb einer Auszeichnung, so kursiviere man innerhalb einfacher Anführungszeichen oder nutze die Rekteschrift innerhalb des Kursivsatzes.

Musterseiten 8 und 9: Gespiegeltes Seitenlayout auf einem Papierformat im Breiten-/Höhenverhältnis des Goldenen Schnitts

Die Musterseiten 8 und 9 unterscheiden sich von den Musterseiten 6 und 7 dadurch, dass sie nicht mit Microsoft Word erstellt, sondern mit TeX gesetzt wurden. Außerdem wurde statt des A4-Formats das optisch wesentlich gefälligere, von *Cambridge University Press* verwendete Papierformat mit den Außenmaßen von 15 × 22,7 cm benutzt, das bei Abrechnung eines Bundstegs von 1 cm (der bei der verwendeten Bindung und dem Umfang der Bände von oft über 400 Seiten realistisch ist) eine nutzbare Seitenfläche von 14 × 22,7 cm ergibt, die den Musterseiten zugrunde gelegt wurde. Dieses Verhältnis von Seitenhöhe und -breite entspricht dem Goldenen Schnitt (rund 1:1,62). Der den lebenden Kolumnentitel einschließende Satzspiegel wurde auf der Basis einer 12er-Division der Seite festgelegt (siehe Abschnitt 9.1d), folgt somit dem Papierformat proportional (entspricht also ebenfalls dem Goldenen Schnitt) und hat im Original eine Breite von 10,5 cm und eine Höhe von 17,0 cm. Die Randeinstellungen betragen innen 1,2 cm (zuzüglich Bundsteg), oben 1,9 cm, außen 2,3 cm und unten 3,8 cm. Als Schrift wurde die Computer Modern (i.e. Computer Modern Roman, die Standardschrift in TeX) verwendet, wobei der Haupttext in einer Größe von 12 Punkt gesetzt wurde. Für diese Schrift standen echte Kapitälchen zur Verfügung; TeX nutzt zudem automatisch Ligaturen wie zB zwischen 'f' und 'i', illustriert zB durch das Wort 'definierenden' in Zeile 2 auf Musterseite 8. Man beachte auch die von TeX automatisch durchgeführte Unterschneidung wie zB die zwischen 'V' und 'o' in 'Vollkommenheit' (Zeile 6 der Musterseite 9). Zu den besonderen Vorzügen von TeX gehört auch der registerhaltige Satz, dh die Textzeilen der Vorderseite eines Blattes werden auch nach Unterbrechung des Haupttextes durch Überschriften und Petitsatz so positioniert, dass sie exakt über denen der Rückseite liegen.

Musterseite 10: Beispiel für die erste Seite einer Bibliografie

Die Bibliografie illustriert die moderne Form mit der Jahreszahl nach dem Autor bzw Herausgeber. Die Originalschriftgröße betrug (vor der Verkleinerung) 12 Punkt bei einem festen Zeilenabstand von 13,8 Punkt (Postscript), was etwa dem Standardzeilenabstand ('einfach') in Word entspricht und unregelmäßigen Zeilenabstand bei Hochstellungen oder Sonderzeichen aus anderen Schriften verhindert. Die hängenden Absätze sind durch 6 Punkt Durchschuss voneinander getrennt. Die Zeichensetzung folgt den in Kapitel 6 gegebenen Empfehlungen und trennt Seitenangaben stets durch Kommata ab, wobei bei Zeitschriftenaufsätzen auch ein Doppelpunkt ohne Leerschritt zwischen Band und Jahreszahl stehen kann. Weitere Titel desselben Autors wurden durch zehn Trennstriche (nicht Gedankenstriche!) eingeleitet. Die Verlagsangabe ist heute wichtiger als der Erscheinungsort und sollte deshalb nicht mehr fehlen, auch wenn einige *Style Sheets* immer noch auf sie verzichten wollen. Erstauflagen in eckigen Klammern sollten der Jahreszahl der benutzten Auflage unmittelbar folgen; bei mehreren Angaben (wie beim dritten Titel) kann man sie jedoch auch ans Ende stellen. Ausgeschriebene Vornamen ermöglichen eine schnellere Auffindung der gesuchten Titel in Katalogen. Bibliothekare schätzen die größere Explizitheit zudem bei Fernleihen.

Musterseite 1: Titelblatt für eine Seminararbeit

ALGABAL
DEKADENZ UND ÄSTHETIK

Referat für das Modul "Stefan George"
im WS 2007/2008

vorgelegt von

Heinrich Mahler

Kiel, 2008

1

Musterseite 2: Titelblatt für eine Facharbeit

2

3

FRANKREICH IM SPIEGEL DER DEUTSCHEN PRESSE
EINE STUDIE DER FAZ IM JAHR 2006

4

5

Facharbeit im Leistungskurs Deutsch
Abiturjahrgang 2007/2008

6

vorgelegt von

7

Constanze Wechselburger

8

9

Otto-Hahn-Gymnasium Marktredwitz
Abgabetermin 1. Februar 2008
Note _____ Punktzahl _____

Kursleiterin Laura Laurson

_____
(Unterschrift)

A I

A II

A III

Musterseite 3: Titelblatt für eine Habilitationsschrift

MODIFIKATION IM DEUTSCHEN NOMINALVERBAND:
EINE KORPUSLINGUISTISCHE STUDIE

Habilitationsschrift eingereicht an der Philosophischen Fakultät II
der Christian-Albrechts-Universität Kiel

von

Veronika Teschner

Kiel, 2007

Musterseite 4: Inhaltsverzeichnis

Inhaltsverzeichnis

AI

A II

A III

Musterseite 5: Referatsseite

1 Introduction

John Algeo writes in his "Introduction" to *Fifty years "Among the new words:" A dictionary of neologisms, 1941-1991:*

> "A community is known by the language it keeps, and its words chronicle the times. Every aspect of the life of a people is reflected in the words they use to talk about themselves and the world around them. As their world changes – through invention, discovery, revolution, evolution, or personal transformation – so does their language." (Algeo, 1991:1)

The internet is probably unrivalled in its peculiar impact upon society and in the way it has brought about its own jargon which we may tentatively refer to as 'Web English'. It has also split mankind into *onliners* (who, when young, are called *screenagers*) and *offliners* or *internots* (Stephen Hunt, 15/01/98) people who have chosen to ignore the net.[1] The latter are sometimes also referred to as *technoplegics*,[2] people who are paralyzed by the internet. Internet-related coinings are also prominent on word rank lists. In 1997, the word of the year selected by the American Dialect Society was *millennium bug*, the inability of many computer programs to handle the magic date. In 2000, the champion was *Y2K*. The word *dot* in URL addresses such as ⟨www.yahoo.com⟩ became the most useful word in 1996 and a productive element in further coinings. *Web* and *cyber-* were words of the years 1995 and 1994 respectively.

My most important sources of lexical material include Paul McFedries' *Tech Word Spy*, a list of technical and jargon words, many of which pertain to Web English, as well as the *Jargon File* or JF (an online lexicon of hacker terms, their history, and their use) and the *Free online dictionary of computing* (henceforth FOLDOC).

2 Hacker innovations in word-formation

Hackers are certainly the major driving force behind many neologisms found on the net. Many terms arise as highly group-specific hacker jargon but then often spread out into the internet community as a whole, or, as Eric Raymond would put it, jargon is turned into techspeak (JF). The JF portrays hackers as people who do a fair amount of reading and

---

[1] A more technical (Greek) term is *technoplegics* (Tech Word Spy), referring to people paralyzed by the internet. The world of the internet is generally termed *cyberspace* which forms an opposition with *meatspace* denoting the physical world where, as the JF puts it, one can spend *face time* (time spent in personal contact with somebody) with the carbon community. A special issue of *Time Magazine* ("Welcome to cyberspace", 08.05.1995, 7) distinguished between *haves* and *have-nots* (people having or not having access to the internet).

[2] According to the *Webster's collegiate dictionary* (WCD), *-plegia* 'paralysis' (eg in *diplegia, diplegic*) is a New Latin combining form, derived from Greek *-plegia < plessein* 'strike'. The WCD defines *diplegia* as 'paralysis of the corresponding parts on both sides of the body'. Other formations include *paraplegic, the plegic arm/limb, multiplegic, quadriplegic, cycloplegic drugs/refraction, cardioplegic solutions*, and *hemiplegic* (WCD: 'paralysis of one side of the body', *hemi-* 'half').

Musterseiten 6 und 7: Gespiegeltes Seitenlayout auf DIN-A4-Blatt

3 Die Aspekttheorie

Die Aspekttheorie ist Weinrichs Tempustheorie diametral entgegengesetzt. Sie war zunächst durch Analysen der griechischen und lateinischen Sprache bekannt geworden und ist durch W. Pollak heute eine der einflussreichsten Theorien für das französische Tempussystem.

3.1 Aspekt und Aktionsart

In der Aspekttheorie wird der Unterschied zwischen IMP und PC gemeinhin mit der Perspektive erklärt, die ein Sprecher gegenüber einer Handlung einnimmt. Diese Perspektive heißt 'Aspekt' (lat. *aspicere* 'anschauen', 'anblicken'). Wird ein Vorgang aus der Sichtweise des Sprechers in seiner Gesamtheit betrachtet, steht das PC, ein perfektives Tempus (zB *Hier, Olivier s'est trouvé face à face avec son ennemi*). Wird die Handlung dagegen in ihrem Verlauf gesehen, d.h. zu einem beliebigen Punkt zwischen Anfang und Ende der Handlung, steht das IMP, ein imperfektives Tempus (zB *Il craignait d'entendre encore parler des rumeurs d'autrefois*). Anfang und Ende können in beiden Fällen bekannt, ja sogar explizit genannt sein. Wichtig ist jeweils nur, ob der Sprecher die Gesamtheit der Handlung oder deren Verlauf ausdrücken möchte.

Gänzlich frei ist der Sprecher in der Wahl der Sichtweise, wie von Aspektgegnern oft fälschlich angenommen, allerdings nicht. Er ist vielmehr an die außersprachliche Wirklichkeit gebunden, im Rahmen derer er dann freilich einigen Spielraum besitzt. H. Stobitzer sagt hierzu:

> "Der Aspekt als subjektive Kategorie ist vom Sprecher frei zu wählen [...] Von entscheidender Bedeutung ist dabei jeweils die Gesamtsituation, der Kontext im weitesten Sinne [...] die extralinguistische Realität zwingt [den Sprecher] zur Verwendung entweder des IMP oder des PC" (1968:239f).

Der Spielraum bei der Aspektwahl kann verschieden groß sein:

(1)   Quand je suis entré (A), il écoutait la radio. (B_1)
(2)   Quand je suis entré (A), il a commencé à rire. (B_2)
(3)   J'ai déménagé. / Je déménageais l'année dernière.

Bei (1) und (2) sind die außersprachlichen Gegebenheiten jeweils genau festgelegt: Handlung (B_1 – IMP) ist bei Eintritt von Handlung (A) bereits im Gange, während (B_2 – PC) erst nach Beendigung von (A) einsetzt (siehe Kap. 3.2). Diesem Sachverhalt muss der Sprecher durch die entsprechende Tempuswahl Rechnung tragen. Dagegen ist er in (3) relativ frei und kann ein und denselben Sachverhalt auf zweierlei Weisen schildern; will er den Umzug als globales Ereignis darstellen, wählt er den perfektiven Aspekt (PC), will er ihn aber im Verlauf darstellen, wählt er den imperfektiven Aspekt (IMP). Die Aspekt-

"Sprachliche Aspekte gibt es überhaupt nicht, und wir haben die Aspekttheorie ohne Reste aus der Sprachtheorie zu vertreiben. Zu dieser Konsequenz wollen wir uns tatsächlich unverzüglich entschließen" (S. 155). Pollak wirft ihm daraufhin zunächst einmal vor, er habe die Aspekttheorie gar nicht verstanden (1968:451). Dies gehe aus der falschen Interpretation der folgenden Textpassage aus Camus, *Les Justes* deutlich hervor:

> "Il avait rendez-vous dans la steppe avec Dieu lui-même, et il se hâtait lorsqu'il rencontra un paysan dont la voiture était embourbée. Alors saint Dimitri l'aida. La boue était épaisse, la fondrière profonde. Il fallut batailler pendant une heure. Et quand ce fut fini, saint Dimitri courut au rendez-vous. Mais Dieu n'était plus là." (zitiert nach Weinrich, 1964:158)

Weinrichs hatte Pollaks Analyse hierzu ins Lächerliche gezogen: "Eine Stunde lang müht sich Dimitri mit dem Wagen ab: dennoch steht der Satz im PS. Das erste Mal steht: *il se hâtait* (IMP), das zweite Mal *il courut* (PS). Lief er einmal 'im Dauerlauf', das andere Mal 'wie der Blitz'? Das ist nicht gemeint." (1964:158)[1] Das sei, kontert Pollak, tatsächlich nicht gemeint, da in der Aspektlehre die Dauer für IMP und PS irrelevant sei; auch ein punktuelles Geschehen könne in seinem Verlauf gesehen werden. Darauf Weinrich: "Das Spiel der Widerlegung ist zu leicht, als daß es Vergnügen bereiten könnte" (ib.:154), worauf Pollak erwidert: "Hier geht es aber nicht um irgend jemandes Vergnügen, sondern um das Bemühen vieler ernstzunehmender Forscher um eine möglichst sachgerechte Sprachdiagnose" (1968:451).[2] Weinrichs Verabsolutierung der eigenen Theorie führe zu einem "unverkennbaren *veni-vidi-vici*-Pathos, das leider zu einer völlig unbegründeten Ironisierung jener Mitforscher führt, die bei ihrer Interpretation einen anderen Standpunkt einnehmen" (ib.:477).

Die auf die Tempustheorie bezogene Kritik Pollaks richtet sich besonders gegen Weinrichs Verbannung der Zeit aus der Kategorie Tempus (ib.:380ff, 406, 411, 418, 421, 468) und gegen die Reduktion der Tempusbeschreibung auf einige wenige Leitbegriffe (Sprechsituation, Sprechhaltung, Reliefgebung), wodurch man der "Vielfalt und Komplexität der Sprachwirklichkeit und des dichterischen Kunstwerks" nicht gerecht werden könne (ib.:475ff). Pollak bemängelt ferner, dass Weinrich nicht den "kognitiven Informationsgehalten" der Sprachwirklichkeit Rechnung trage, was "das Trugbild einer fast uneingeschränkten Manipulierbarkeit der Tempora je nach Sprechhaltung (gespannt/entspannt)" erzeuge (ib.:423). Er führt als Beispiel für obligate Tempussetzung die englischen Sätze *the weather was incomparable; the weather has been incomparable* an, die jeweils unterschiedlichen realen Gegebenheiten entsprächen, die nicht im Ermessen des Sprechers lägen. Der Rezensent wirft Weinrich außerdem vor, er übe auf die Leser

---

[1] Weinrichs Ton in *Tempus* (1971) klingt wesentlich gemäßigter: "Wir vermerken hier zunächst methodisch, daß es bei diesen Überlegungen nicht mehr um 'Aspekt', 'Aktionsart' oder dergleichen geht. Diese Begriffe – was immer sie bei den einzelnen Autoren bedeuten mögen – beziehen sich auf Sätze. Hier wird statt dessen gefragt, was die Tempora in Texten leisten" (S. 93). Bei dieser Kritik läßt er es bewenden.

[2] Mit den Worten "il me semble qu'il [Weinrich] a adopté un point de vue trop rigide" kommt M. Pfister (1974:402) Pollak zu Hilfe.

Musterseiten 8 und 9: Gespiegeltes Seitenlayout auf einem Papierformat im Breiten-/Höhenverhältnis des Goldenen Schnitts

16 *3 Paradigmen als Standards*

versalien teilen Urbilder und die von ihnen abgeleiteten Beurteilungsstandards eine gemeinsame Menge von definierenden Axiomen, die den Charakteristika der durch sie beschreibbaren und einer 'niedrigeren' ontologischen Ebene zugeordneten Einzeldinge diametral entgegenstehen.

3.2 Kripkenstein und das Urmeter in Paris

Während Platon die zentralen Annahmen der Urbildhaftigkeit und Kriterialität assoziiert, trennen moderne Vertreter des Paradigmenbegriffes (zB Lichtenberg, Wittgenstein und Kuhn) die definierenden Eigenschaften idealer Muster von den Merkmalen evaluativer Standards. Zwar teilt Wittgensteins Behauptung der Begriffskonstitutivität Platons frühe Annahme eines 'possessiven' Paradigmenmodells. Indes steht seine Behauptung einer paradigmatischen Praxiskonstitutivität im scharfen Widerspruch zum platonischen Urbildhaftigkeitsaxiom.

Sowohl Wittgenstein als auch Platon zufolge legt der Vergleich mit dem Paradigma der F-heit[1] fest, ob ein gegebener Gegenstand zum Umfang des Prädikates 'F' gehört oder nicht. Ebenso wie Sokrates die Frömmigkeit als Bezugspunkt für die Beurteilung der Frömmigkeit individueller Handlungen beschreibt (Platon, 1998: 6e), so identifiziert auch Wittgenstein das Ur-Sepia als Muster oder Urbild für die korrekte Farberkennung (Wittgenstein, 1953: §50). Platon und Wittgenstein teilen die Annahme einer, Paradigmen auszeichnenden, 'Erfahrungsvorgestelltheit':

---

[1]Im Folgenden sei F eine beliebige Eigenschaft wie *tapfer sein, fromm sein, rot sein, einen Meter lang sein, schell laufen können, eine Glatze haben,* usw.

3.2 Kripkenstein und das Urmeter in Paris 17

Analog zu Platons notorischer Behauptung der wahrnehmungsunabhängigen Existenz idealer Urbilder betont Wittgenstein (1984: vi, 22) die Erfahrungsunabhängigkeit begriffskonstitutiver Standards (Rentsch, 1989: 78). Während jedoch das platonische Urbildhaftigkeitsaxiom die Unveränderlichkeit, Unvergänglichkeit und Vollkommenheit der Paradigmen impliziert, verficht Wittgenstein ihre inhärente Willkürlichkeit, Intersubjektivität und Kontingenz.

Die kriteriale Funktion eines Paradigmas koinzidiert, dem 'späten' Wittgenstein zufolge, nicht mit ihrer Objektivität und ewigem Bestand (Wittgenstein, 1953: §57). Zwar identifiziert auch Wittgenstein Paradigmen als evaluative Bezugspunkte und Standards. Indes konstituieren diese das Ergebnis einer willkürlichen, gemeinschaftlich übernommenen Setzung und sind mithin kontingent *a priori* (Kripke, 1972: 54–57). Erst die Festlegung 1m = DIE LÄNGE DES PLATINLINEALS IN DER ACADÉMIE DES SCIENCES AM 26. MÄRZ 1791 macht eine bestimmte Maßeinheit zum metrischen Standard. Wittgensteins Rätsel über die Länge des Urmeters entspringt seiner "eigenartige[n] Rolle im [Sprach-]Spiel des Messens mit dem Metermaß" (Wittgenstein, 1953: §50) und dem durch diese bedingten Zusammenfall von Apriorität und Kontingenz. Erstere erklärend schreibt Wittgenstein (1953: §50):

> Dieses Muster [das Urmeter] ist ein Instrument der Sprache, mit der wir [Längenaussagen] machen. Es ist in diesem Spiel nichts Dargestelltes, sondern Mittel der Darstellung. – Und eben das gilt von einem Element im Sprachspiel, wenn wir, es benennend, das Wort "R" aussprechen: wir haben damit diesem Ding eine Rolle in unserem Sprachspiel ge-

Musterseite 10: Beispiel für die erste Seite einer Bibliografie

Literaturverzeichnis

Aarts, Flor & Jan Aarts. 1988 [= korr. Nachdruck von 1982]. *English syntactic structures: Functions and categories in sentence analysis.* Oxford: Pergamon Press [vergriffen].

Algeo, J. 1975. "The acronym and its congeners." In A. Makkai und V. Becker Makkai (Hgg.) *The first Lacus forum 1974.* Columbia, South Carolina: Hornbeam, 217-34.

Baugh, Albert C. & Thomas Cable. ⁵2002 [¹1935]. *A history of the English language.* London: Routledge.

Baugh, Albert C. ²1967. "The middle English period." In [ders.] (Hg.) *A literary history of England.* London: Routledge & Kegan Paul.

Benson, Larry D. (Hg.). ³1987. *The Riverside Chaucer.* Boston u.a.: Houghton Mifflin.

Bolinger, Dwight & Donald A. Sears. ³1981. [²1975 ohne Donald A. Sears]. *Aspects of language.* New York: Harcourt, Brace & Jovanovich.

Brunner, Karl. ²1960-62. *Die englische Sprache: Ihre geschichtliche Entwicklung.* 2 Bände. Tübingen: Niemeyer [auch Paperback-Ausgabe von 1968 mit Nachträgen und Berichtigungen].

[Fries, Udo]. 2002. *Text types and corpora: Studies in honour of Udo Fries.* Festschrift hg. von Andreas Fischer. Tübingen: Narr.

Lipka, Leonhard. 1981. "Zur Lexikalisierung im Deutschen und Englischen." In [ders.]; Hartmut Günther (Hgg.) *Wortbildung.* Darmstadt: Wiss. Buchgesellschaft, 119-132.

----------. ³2002. *English lexicology: Lexical structure, word semantics & word-formation.* Tübingen: Narr. [frühere Auflagen u.d.T. *An outline of English lexicology*].

Meyer, Matthias L.G. 2002. "Revisiting the phonemes of BrE and AmE." *Anglia* 120, 244-265.

Mitchell, Bruce & Fred C. Robinson. ⁶2001. *A guide to old English.* Oxford: Blackwell.

Mossé, Fernand. 1973. *Mittelenglische Kurzgrammatik.* (aus dem Französischen übersetzt von Herbert Pilch u. Ursula Siebert). München: Hueber (Hueber Hochschulreihe, 11).

[OED] J.A. Simpson; E.S.C. Weiner (Hgg.). ²1989 [¹1884-1928]. *The Oxford English dictionary.* 20 Bde. Oxford: OUP [ergänzt durch *The Oxford English dictionary additions series*, 3 Bde, 1993-1997. Inklusive *Addendum series* auch auf CD-ROM: *The Oxford English dictionary on CD-ROM.* Version 3.0, 2002.]

Quinion, Michael. 20.09.2003. [Rez.] "Four new editions of British dictionaries from Chambers, Collins, Oxford and Penguin." ⟨www.worldwidewords.org/reviews/refou1.htm⟩ (19.04.2004).

Trudgill, Peter. ⁴2000. *Sociolinguistics: An introduction to language and society.* London: Penguin (Penguin language and linguistics).

Upton, Clive. 2001. *Oxford dictionary of pronunciation for current English.* Oxford: OUP.

Winchester, Simon. 2003. *The meaning of everything: The story of the Oxford English dictionary.* Oxford: OUP.

1

2

3

4

5

6

7

8

9

A I

A II

A III

Anhang II:
Die häufigsten Schreib- und Stilfehler

von E. Standop

Im Folgenden werden einige der am häufigsten zu beobachtenden Schreib- und Stilfehler zusammengestellt. Ihre Vermeidung schützt nicht vor Fehlern anderer Art, die hier nicht aufgeführt sind, und garantiert noch keinen brillanten Stil, doch vermag vielleicht auch eine begrenzte Auswahlliste dazu beizutragen, wenigstens den einen oder anderen Stolperdraht, den man bisher unbeabsichtigt für den Leser ausgelegt hatte, zu erkennen und daraufhin zu beseitigen.

1 Orthografisches

1.1 Die neue Rechtschreibung

Selten sind so viele Torheiten zum Besten gegeben worden wie von Gegnern der neuen Rechtschreibung. 'Die Sprache' kann keineswegs zuschanden kommen, wie immer wieder zu hören ist; denn sie ist kaum betroffen; nur hier und da wirkt sich die Schreibung auch einmal auf die Aussprache aus. Die Orthografie ist nicht *Teil* der Sprache, sondern eine Kulturtechnik zur Fixierung *von* Sprache (wie es auch Tonträger sind) und richtet sich nach Konventionen, die man in der modernen Welt nicht sich selbst überlassen kann, sondern nach Vernunft und Praktikabilität steuern muss.

Mit dem 1.8.2007 bekamen die amtlichen Regeln der Rechtschreibreform bundesweit Gültigkeit. Sie sind über die Seite <http://www.ids-mannheim.de/reform/> in Form zweier PDF-Dateien für jedermann kostenlos zugänglich. Die neuen Regelungen sind gegenüber denen der ersten Reform aus dem Jahr 2004 insgesamt konservativer und nähern sich vor allem im Bereich der Groß- und Kleinschreibung sowie der Getrennt- und Zusammenschreibung wieder stärker der alten Orthografie an. Das Regelwerk, nicht jedoch das Wörterverzeichnis, ist auch im *Duden*-Rechtschreibeband, 24. Auflage (2006; im Folgenden *DR*), abgedruckt. Als Textausgabe ist das gesamte Regelwerk auch 2006 im Gunter Narr Verlag Tübingen erschienen. Es wird im Folgenden als *DtR* abgekürzt.

Die *DR*-Redaktion hatte die glückliche Idee, die amtlich empfohlenen Schreibweisen in roter Farbe zu drucken und die *DR*-Empfehlungen gelb zu unterlegen. Daraus ergeben sich die folgenden vier Möglichkeiten:

Tafel AII-1.1: Kennzeichnung von Schreibvarianten im DR

optische Auszeichnung	steht für	Beispiel
einfach schwarz	alte und neue Schreibung	*auseinandersetzen*
schwarz + gelb unterlegt	von *DR* empfohlene alte Schreibung	empfohlen: *kraftsparend, alleinerziehend* (neu auch *Kraft sparend, allein erziehend*; DtR §36(2.1))
einfach rot	neue Schreibung ohne zweite Möglichkeit	*Tipp, Fass*
rot + gelb unterlegt	neue und auch von *DR* empfohlene Schreibung	*leicht verständlich* (gestattet auch *leichtverständlich*; DtR §36(2.2))

DR empfiehlt keinesfalls stets die neuen Schreibungen, sondern bevorzugt sehr oft die alten, wenn die Regeln es zulassen. Dem kann man sich als Autor in den weitaus meisten Fällen anschließen. Dass die amtlichen Regeln nach wie vor in vielen Fällen zwei Schreibungen nebeneinander dulden, ohne eine Rangfolge anzugeben, ist eine der größten Fehlleistungen der Reformer.

Dass auch *DR* 24 nicht immer eine glückliche Hand hat, zeigt zB der Eintrag *chic* (empfohlene Schreibung) mit Anmerkung in einem blau unterlegten 'Infokasten': "In der Grundform sind die Schreibweisen *chic* und *schick* korrekt. […] In den gebeugten Formen wird jedoch nur die eingedeutschte Schreibung gebraucht: *Sie trägt ein schickes Abendkleid*." Wozu, so fragt man sich, wird dann nicht auch die Form *schick* als erste empfohlen?

Dass das neue Regelwerk auch nach seiner Überarbeitung nicht jedermanns Geschmack ist und immer noch ein paar unglückliche Empfehlungen enthält, wird man hinnehmen müssen. So sind etwa einige Getrenntschreibungen in *DtR* §34 problematisch. Nur in seltenen Fällen wird man jedoch eine andere Form als die amtlich empfohlene befürworten wollen; in Fällen einer Freistellung durch *DtR* folge man der *DR*-Empfehlung, zB *preziös, zuschanden, Panther* (schwarz-gelb, also empfohlen), daneben *pretiös, zu Schanden, Panter* (rot = neue Schreibung, nicht empfohlen).

Der nachfolgende Überblick lenkt das Augenmerk auf die besonders ins Auge fallenden Neuerungen und will somit nicht vollständig sein. Einige Einzelheiten werden danach in speziellen Abschnitten behandelt.

ABKÜRZUNGEN: *Hf* = Hauptform (von den Reformern empfohlen); *Nf* = Nebenform; *eF* = bei Wahlfreiheit eine in diesem Anhang empfohlene Form. Der Pfeil '←' steht für 'Ersetzt früheres *X*.' *DtR* = *Deutsche Rechtschreibung [...]: Amtliche Regelung* (2007); * = neue Schreibung; + = nicht *DtR*-gemäß, aber zu empfehlen. Angaben mit §-Zeichen beziehen sich auf *DtR*.

1.1.1 Vokale und Konsonanten

Die Reform tendiert bei der Schreibung von Vokalen und Konsonanten zu möglichst einfachen Laut-Zeichen-Entsprechungen, also *-grafie* statt *-graphie*, sowie zur Umsetzung des 'Stamm-' oder 'Ableitungsprinzips'.

(1) (a) *dass** (*daß*), *Fass, wusste, Fairness, Business* (*-neß*), *Kompromiss*. (b) *Maß, Floß, weiß*. Nach kurzem Vokal steht *ss*, nach langem *ß*, in beiden Fällen *SS*. (c) Ausnahmen: *das, bis, Reis* (zu *Reisig*), *Haus* (zu *Häuser*). Beachte bei Großbuchstaben: *Floß* und *floss* beides = FLOSS.

(2) *nummerieren** (wegen *Nummer*), *platzieren* (wegen *Platz*), *Plattitüde* (wegen *platt*; Nf *Platitüde*), *Portmonee* (Hf DR: *Portemonnaie*) (phonetische Schreibung von Fremdwörtern), aber *Paket, Zigarette; Facette* bleibt Hf neben *Fassette** (Nf hier = eF).

(3) *Exposee*, Varietee*, Kommunikee** (Haupt- und zugleich empfohlene Formen) neben *Exposé, Varieté, Kommuniqué* (Nebenformen). Angleichung an deutsche Orthografie (orthografische Eindeutschung).

(4) *potenziell*, substanziell*, preziös** (Haupt- und zugleich empfohlene Formen) ← *potentiell* usw = Nebenformen) wegen *Potenz, Substanz* usw; zugleich bessere Korrelation mit der Lautung, aber wie bisher *intentional, fiktional* usw.

(5) *Ladys*, Partys** (< *Ladies, Parties*); *Katarr, Panter, Jogurt, Spagetti, Likör* (jetzt weitergehende Angleichung an deutsche Schreibung). Hybride Schreibungen wie bisher in *Affäre, Plädoyer, Kompagnon* usw (aber *Nuance, Saison*).

(6) *-foto-, -graf-, -fon-, Fantasie* (← *photo-* usw), also viermal *f* statt *ph*; *-phon-* gilt jedoch als Hf (also weiterhin *Phonetik, Phonem, Phonologie* usw!). Es bleibt ferner bei *Philosophie, Physik, Pharmazie* usw – Siehe 1.10 unten.

(7) *Schifffahrt, Flusssand, Zierrat, Rauheit* (wegen *rau** ← *rauh;* dies wegen *grau, blau*, usw) *Zähheit* (hier empfohlene Formen: *Schiff-Fahrt, Fluss-Sand* usw, die gemäß §45(4) als Nebenformen gestattet sind).

(8) Von den jetzt gleichberechtigten Formen *selbständig* und *selbstständig* verdient die erstere den Vorzug, weil sie der Aussprache entspricht.

1.1.2 Getrennt- oder Zusammenschreibung? (Tendenz: unterschiedlich)

(1) (a) *zustande (kommen), zutage (fördern) zuschulden (kommen), zugrunde (gehen), zumute (sein)* gleichberechtigt neben *zu Stande*, zu Tage** usw (§39E3(1)); (b) *aufgrund, anstelle, aufseiten, mithilfe, anhand* (*von* oder mit Genitiv) gleichberechtigt neben *auf Grund* usw (zusammengesetzte Präpositionen: §39E3(3)). (c) Die Formen *anhand, anstatt, inmitten, infolge, zufolge, zuliebe* sind gemäß §39(3) die einzig gestatteten, unterscheiden sich aber ihrer Struktur nach z.T. nicht von den unter (b) aufgeführten.

EMPFEHLUNG: In allen Fällen – mit *DR* – Zusammenschreibung, weil nicht mehr wörtlich zu verstehen. – BEACHTE: *zu viel, zu wenig* (stets getrennt).

(2) (a) *darlegen, dazusetzen, entgegenhalten , hervorheben,* usw wie bisher (lange Partikelliste in §34(1)); ebenso (b) *irreführen, stattfinden, teilhaben* (Verbindungen mit verblasstem Nomen); sowie *großschreiben, kleinschreiben* (aber 'man hat es sehr *groß geschrieben*'), *festsetzen, festhalten* (zB *schriftlich, mit beiden Händen*). Die alte Regel in §34(2.2), wonach die Adjektive nicht "erweiterbar oder steigerbar" sein durften, wurde ersetzt durch das Folgende: "Es wird zusammengeschrieben, wenn der adjektivische Bestandteil zusammen mit dem verbalen Bestandteil eine neue idiomatisierte Gesamtbedeutung bildet". Dagegen: (c) (nach §34(2.1)) *glatthobeln* oder *glatt hobeln** (so *DR*). *DR* hat nur *festhalten, fernliegen, abhandenkommen, zuteilwerden, zumute sein* (bei *sein* stets getrennt) (aber *auswendig lernen, überhand nehmen, übrig bleiben* (aber *übrighaben* im übertragenen Sinne), *gefangen nehmen, zutage treten*) und bevorzugt *bekannt machen, fertig stellen/bringen; verloren gehen.* Nach §34(2.3) gilt für Adjektiv + Verbum Getrenntschreibung, wenn die Adjektive komplex oder erweitert sind (*bewusstlos schlagen, sich sehr nahe kommen*). Adjektive auf *-ig, -isch, -lich* sowie Partizipien bleiben stets getrennt. Beachte auch die Partizipialformen wie *zugrunde/nahe liegend* (*DR:* rot-gelb), besser *naheliegend+* (Nf). (d) Infinitiv + Verbum: *kennenlernen, kennengelernt* (schwarzgelb), aber *liegen bleiben/lassen* (rot-gelb), *sitzen bleiben* (in jeder Bedeutung, rot-gelb). (e) Nomen + Verbum bleiben getrennt: *Rad fahren*, Acht geben** (< *radfahren, achtgeben,* jetzt wie *Auto fahren, Klavier spielen, Bescheid wissen*).

(3) *sodass* und *so dass* sind gleichberechtigte Formen.

EMPFEHLUNG: Zusammenschreibung (mit *DR*) wie jetzt auch in *irgendetwas, irgendjemand* (← *irgend etwas, irgend jemand*).

(4) *Ein achtel Liter, eine viertel Note/Pause/Stunde/Million* (§56(6.1)), *ein Achtel der Fälle* (§56E5). Die alte Schreibung wurde mit Recht wiederhergestellt.

Unglücklich sind die Zusammenschreibungen *Sonntagmittag, Dienstagabend* (unter §37(1) in der Revision gestrichen oder vergessen), weil diese Fälle wegen ihres Akzents linguistisch keine Komposita sein können (es sind Adverbfügungen). Besser wäre *Dienstag Mittag+/Abend+* wie (nach §55(6)) reformgemäßes *heute Mittag**, heute *Abend.** Vgl. *heute/gestern/Dienstag früh, Dienstag um fünf* sowie *dienstagabends**).

1.1.3 Der Bindestrich (Tendenz: sparsam).

(1) Das neue Denglisch schafft Probleme, zB im Falle der englischen Komposita im Deutschen: (a) *Play-back, Knock-out, Know-how, Make-up, Stand-by* usw (mit Bindestrich gemäß §43). (b) *Sexappeal** (*DR* – inkonsequent: *Sex-Appeal*), *Cashflow, Airbag, Ghostwriter, Bypassoperation:* Ist das Grundwort ein Nomen, so gilt Zusammenschreibung (§37(1)). Obwohl *Desktoppublishing* gestattet ist, ist gemäß §45(2) und *DR* die Schreibung mit Bindestrich zu empfehlen, also *Desktop-Publishing, Second-hand-shop, Open-Air-Festival, No-Future-Generation, Non-Food-Abteilung, No-Name-Produkt* (Unübersichtlichkeit bei Zusammenschreibung), wenn nicht gar gemäß 1.3 (unten) eher kursives *second-hand shop+, open-air festival/concert+, shaggy-dog story+* (usw) angebracht erscheint.

ANMERKUNG 1: Beim Typ (a) haben im *DtR*-Wörterverzeichnis die Schreibungen *Come-back, Countdown, Play-back* und *Knock-out* unter Berufung auf §37(2) die Nebenformen *Comeback, Countdown* usw (*ähnlich Black*-out unter Berufung auf §37(1)), in anderen Fällen gilt nur die Bindestrichform: – EMPFEHLUNG: Im Interesse der Einheitlichkeit sollte man die Zusammenschreibungen ignorieren.

ANMERKUNG 2: Obwohl *Sexappeal* und *Cashflow* nur in dieser Form im Wörterverzeichnis erscheinen (nach §37(1)), taucht *Sexappeal* in §55(3) auch in der Form *Sex-Appeal* auf, was im Interesse der Einheitlichkeit am besten ignoriert wird.

(2) Andere Fälle: *Goethe-Ausgabe+* (*DR:* Nf); bisher nur *Goetheausgabe* (*DR:* Hf; nach §51 Nf). Beachte die Groß-/Kleinschreibung in Fügungen wie *das Entweder-oder, die Philosophie des Als-ob, die Soll-Stärke, Vitamin-A-haltig,* 'der *dass*-Satz' sowie die Großschreibung von Nomina in Bindestrich-Fügungen wie *das Go-go-Girl,* das *Desktop-Publishing* gegenüber *das Make-up* und *die Conditio sine qua non* (§55(3)). – BEACHTE: *St. Gallen,* aber *st.-gallisch* sowie *kant-laplacesche Theorie* (Hf), aber *Kant-Laplace'sche Theorie* (Nf). Siehe Pkt 20.

(3) Ähnlich dem unter Punkt 12 Gesagten ist der Bindestrich zu verwerfen in *ein 100stel-Millimeter**, *die 80er-Jahre** (so auch *DR; 80er Jahre+* ist als Nf gestattet), hingegen die in gleichem Kontext empfohlene Schreibung für den Typ *10er-Mannschaft* zu befürworten, weil dies in der Tat ein Kompositum ist (§42).

(4) *Nichtöffentlich* und *nicht öffentlich* (eF in *DR*) sind gleichberechtigt; auf die naheliegende Form *nicht-öffentlich*+ sind die Reformer nicht gekommen.

ANMERKUNG: Obwohl sich generelle Regeln kaum formulieren lassen, ist der Bindestrich häufiger einsetzbar als von den Reformern vorgesehen. – Siehe zu *5-kg-Paket* 1.4 und zu *Bonn-Bad Godesberg* 1.10 unten. Beachte *Re-Integration, re-integrieren* (wie bisher).

1.1.4 Groß- oder Kleinschreibung? (Tendenz: Großschreibung)

(1) *Es ist das Beste* (< *das beste* = 'am besten'), *im Allgemeinen, Wesentlichen, Einzelnen, Entferntesten; im Folgenden* (früher klein, falls = 'in dem hier in meinem Text Folgenden'); *auf dem Laufenden, auf Deutsch; aufs Herzlichste*/herzlichste+, Einfachste*/einfachste+* (auch als Nf klein, weil man 'Wie?' fragen kann – §58). Beachte *des Weiteren, von Weitem, bis auf Weiteres, ohne Weiteres* (*DR* empfiehlt in allen Fällen Großschreibung).

(2) *Der Erste(re), Letzte(re), Zweite; er spricht Deutsch, lernt sprechen/Sprechen.* Die in §57E2 gemachte Unterscheidung zwischen 'lernt wie?' (*sprechen*) bzw. 'lernt was?' (*Sprechen*) ist abwegig. Die Kleinschreibung verdient wegen der Analogie zu *schreiben können, kennen lernen* (§34(4)) den Vorzug. Es bleibt ferner bei *schlafen gehen, legen; einkaufen fahren* (aber *pleitegehen;* – siehe Pkt. 19). Man beachte noch '*Umlernen+/umlernen* ist schwieriger als *Dazulernen+/dazulernen*' (§57E3; die Großschreibung – auf die Frage ''Was ist schwieriger? – ist zu empfehlen).

(3) Klein zu schreiben: *leidtun/nottun, kopfstehen,teilhaben, pleitegehen,* aber groß *Rad/Auto fahren, Pleite machen,* (§34(3), aber *pleite sein* wie stets bei *sein,* auch *es ist mir leid um sie, ich bin es leid.* – BEACHTE *in/mit Bezug auf* (< *in/mit bezug auf*), ferner: *Die Ampel steht auf Rot, aus Schwarz Weiß machen,* aber *Ich habe es schwarz auf weiß, schwarz malen+* (Nf *schwarzmalen*).

(4) *Die goetheschen Werke, die platonische Philosophie/Liebe, der gordische Knoten* (= 'Knoten des Gordias' oder 'der [bekannte] gordische Knoten'; kein Unterschied mehr). Dagegen *die Goethe'schen Werke* ("wenn die Grundform eines Personennamens durch einen Apostroph verdeutlicht wird" – §62; ähnlich §97). Die deskriptivistischen Formulierungen deuten offenbar darauf hin, dass nach wie vor die Verwendung des Apostrophs in diesen Fällen nicht als Norm gelten soll. Dennoch ist die Unterscheidung zwischen *Platonische Werke* und *platonische Liebe* praktisch. Auch *DR* unterscheidet trotz der klaren Regel in *DtR* §62 weiterhin zwischen *Gordischem* und *gordischem Knoten.* – Näheres unter 1.5 unten.

(5) *Der Ferne Osten, die Gelbe Karte* (aber *der gelbe Sack*), die *Schwarze Witwe, der Deutsche Bundestag, der Zweite Weltkrieg, das Institut für Deutsche Sprache.* In Namen und namenähnlichen Begriffen wird – wie bisher – das Adjektiv großgeschrieben (*DtR* §§60; 64). In nur leicht idiomatisierten Begriffen aus Adjektiv und Nomen wird das Adjektiv kleingeschrieben (§63), zB *das neue Jahr, das schwarze Brett* (Nf *das Schwarze Brett*+). Über eine Abgrenzung lässt sich streiten. Die Großschreibung kann eine Lesehilfe sein.

(6) *Die Folge war absehbar: die neuen Regeln blieben kontrovers.* Zur scheinbaren Neuerung der Groß-/Kleinschreibung nach Doppelpunkt siehe §1.2.6 unten.

(7) Nach §65 wird höfliches *Sie, Ihnen, Ihre* groß-, aber nach §66 *du, dein, ihr, euch, eure* kleingeschrieben – eine nicht gerade glückliche Unterscheidung. Man folge der Kann-Lösung nach §66E, wonach in Briefen auch *Du*+ usw , also großgeschrieben werden kann (in Zitaten und Romanen somit klein).

(8) *Dies Irae, Alter Ego* (*Dies irae, Alter ego*), aber *Numerus clausus.* Die Großschreibung erstreckt sich in festen Fügungen auch auf Nomina fremder Sprachen. Siehe unten §1.2.3.

1.1.5 Worttrennungen am Zeilenende (Tendenz: Trennung nach Sprechsilben)

(1) *Au-ge, ei-lig,* aber nicht *a-ber, E-sel.* Diphthonge können zu Wortbeginn abgetrennt werden, aber Einzelvokale weder zu Beginn noch am Ende von Wörtern, also auch nicht *Klei-e, Sto-a, Mili-eu.*

(2) Wichtig: *Kas-ten** und *ros-ten** werden getrennt wie schon bisher *Has-pel* und *Hit-ze; Lo-cke* und *ba-cken* werden jetzt getrennt wie bisher *ma-chen* und *ko-chen.* Für Großbuchstaben gilt die Trennung BEIS-SEN, GRÜS-SE (für *bei-ßen, Grü-ße*) wie *has-sen, bes-ser,* weil so nur eine Regel erforderlich ist – eine nicht sehr glückliche Regelung angesichts *lo-cken* und *ba-cken.*

(3) *Zyk-lus* oder *Zy-klus, Pub-li-kum* oder *Pu-bli-kum?* Die Regel lautet: "Wörter, die sprachhistorisch oder von der Herkunftssprache her gesehen Zusammensetzungen oder Präfigierungen sind, aber nicht mehr als solche empfunden oder erkannt werden, kann man entweder nach § 108 oder nach § 109 bis § 112 trennen, dh nach Sprechsilben oder nach Wortbestandteilen trennen." (*DtR* §113). Diese Alternative führt prompt zu Chaos: *DR* trennt nach Sprechsilben, gibt aber – mit rotem Strich – die etymologische Trennung an, zB *Pu-b/li-kum, Hy-d/rant, Zy-k/lus,* aber umgekehrt *in-te/r-es-sant, Pä/d-a-go-gik, Chry/s-an-the-me, He-li-ko-p/ter.* (In den Beispielen wurde der rote Trennstrich des DR durch '/', der schwarze durch '–' wiedergegeben.)

EMPHEHLUNG: Man trenne auf jeden Fall nach Sprechsilben, wenn die Wortzusammensetzung nicht offenkundig ist, also auch *Pu-bli-kum, Hy-drant, Heli-kopter* und *Zy-klus.*

(4) Die Trennungen *hi-nauf, he-ran, da-rum, wo-rum* sind gemäß §112 gestattet, also Nebenformen.

EMPHEHLUNG: Man benutze die alten Formen, also *hin-auf+, her-an+* usw.

1.2 Weitere orthografische Stolperstellen

Im Folgenden werden Fälle herausgegriffen, die für wissenschaftliche Texte besonders bedeutsam sind. Die Besonderheiten der fachwissenschaftlichen Nomenklaturen (Anatomie, Chemie, Pharmazie, Medizin usw) können hier nicht im Einzelnen vorgeführt werden. Man ziehe entsprechende Wörterbücher zu Rate. Erwähnt sei auch, dass *DR* sowie *Duden Satz- und Korrekturanweisungen* (im Folgenden *Duden* Band 9) Transkriptionstabellen für die wichtigsten nicht-lateinischen Alphabete enthalten, nach denen man sich etwa bei der Wiedergabe russischer und anderer Buchtitel richten sollte.

1.2.1 *Acne* oder *Akne*?

Naturwissenschaftler tun sich oft schwer, die lateinische Schreibung in den eingedeutschten Fremdwörtern aufzugeben. Es heißt richtig *Acne vulgaris, Appendicitis acuta* (lateinische Termini technici in lateinischer Schreibung), aber *die Akne, die akute Appendizitis* (eingedeutschte Fremdwörter in 'phonetischer Schreibung'). Der Einfluss des Englischen führt zu Fehlschreibungen wie *Esophagus* statt *Ösophagus* (lat. *oesophagus*), *opaque* statt *opak*, lat. *opacus*. Vorsicht auch bei dem Präfix lat. *prae-*, dt. *prä-*, engl. *pre-* (lat. *praecordialis*, dt. *präkordial*, engl. *precordial*). Über das Orthografische hinaus unterscheide man zwischen normalem *anomal* (!) und der hybriden und weniger guten Bildung *anormal;* unmoralisch ist im Übrigen jemand, der Böses tut, amoralisch jemand, der jenseits von Gut und Böse steht!

1.2.2 *Code* oder *Kode, Circumflex* oder *Zircumflex*?

In *Comics* und *Catgut* ist die *C*-Schreibung wegen nicht vollständiger Eindeutschung (Reste fremder Aussprache) gerechtfertigt, in *Kurrikulum, Kortex, kontra-, Zirkumflex, inklusive* nicht (trotz der fremden Endungen voll eingedeutschte Fremdwörter). Die

Grenzen sind fließend. *DR* verweist mithilfe von 'vgl.' (gemeint ist 'siehe') auf die zu bevorzugende Form, zB '*Code* vgl. *Kode*.' *Compiler, Computer* und *Emoticon* sind im *DR* jedoch einzige Formen. Bei deutschen Endungen liegt stets Eindeutschung vor; also *kurrikular* schon wegen der Endung -*ar*. Als eingedeutscht gelten sogar Pluralformen wie *Antibiotika, Fäzes, Matrizes* (im Dativ unverändert, also *mit Antibiotika* usw). Unglücklich sind Eindeutschungen wie *gedopt, gefakt, gepierct, gestylt, recycelt*.

EMPFEHLUNG: Man ersetze sie am besten durch 'ge-*dope*-t', 'ge-*fake*-t' usw , obwohl solche Schreibungen ganz ungewöhnlich sind und dem *DR* die Fremdwort-Kursivierung unbekannt ist. Die *th*-Schreibungen in dt. *Author, authorisieren* (richtig *Autor* < lat *auctor*), die sich im Internet breitmachen, entstammen dem Englischen und sind schlicht falsch (vgl auch Abschnitt 5.7 dieses Anhangs).

1.2.3 *Numerus clausus*

Weder *DR* noch *DtR* kennen die Kursivierung fremder Wörter, sondern deutschen Nominalfügungen halbwegs durch Großschreibung des ersten Wortes ein, zB *der Numerus clausus, das Non liquet, die Conditio sine qua non, ein Salto mortale, Grand ouvert* ({*DtR*}, §55(3)) oder schreiben – bei besonderen Begriffen gemäß *DtR*§60(1–6) (Eigennamen) – zB *Grand Old Lady, Grande Nation, Belle Epoque, Grand Prix*, aber – nach *DtR* §37(1) – *Commonsense*, auch *Common Sense*. Anderes lässt man dagegen völlig ohne Auszeichnung, zB *inclusive, in concreto* (lat.), *in concert, all right* (engl.), *par excellence* (frz.).

EMPFEHLUNG: Rein fremdsprachliche Ausdrücke schreibe man unter Beibehaltung der fremden kursiv (handschriftlich unterstrichen), zB *sine ira et studio, cum grano salis, à la bonne heure, silent meeting, shaggy-dog story, off limits* (*DR* kennt nur eingedeutschtes *online, offline*). Dies ermöglicht eine Unterscheidung zwischen '*on stand-by* arbeiten' und 'das eingebaute Stand-by' . Besser als 'Ad-hoc-Bildung' (*DtR* §55(1)) ist '*Ad-hoc*-Bildung.' Man beachte besonders die Großschreibung fremder Nomina gemäß *DtR* §55(3) in dem Typ *Soft Drink, Desktop-Publishing, Consecutio Temporum*.

1.2.4 *5-kg-Packung*

Das Fortlassen von Bindestrichen grassiert allenthalben; sie sind auch bei Verwendung von Ziffern und Abkürzungen notwendig, also: *Numerus-clausus-Diskussion, Mehr-Par-*

teien-System, Mund-zu-Mund-Beatmung, Ad-hoc-Regel, pH-Wert, SOS-Signal, 20-Benutzer-Lizenz, 5-kg-Packung.

EMPFEHLUNG: Angebracht ist ein Bindestrich der leichteren Lesbarkeit halber – entgegen *DtR* und *DR* – auch in *nicht-selbständig, nicht-antragsberechtigt, Nicht-Zustandekommen* und ähnlichen Langwörtern. Beachte gemäß *DtR* §§ 40–41 *5-prozentig, 8-mal, 2-zeilig, 3-silbig, n-te Potenz* (Bindestrich nach Ziffern), aber *ein 32stel, 5%-Klausel, 5%ig, 3fach* (kein Bindestrich vor Suffixen und Kürzeln wie %).

1.2.5 *Shakespeare's* oder *Shakespeares Werke, Gordischer* oder *gordischer Knoten*?

Das deutsche Genitiv-*s* wird ohne Apostroph angeschlossen, es heißt also *Shakespeares Werke*. Dagegen sieht *DtR* bei Ableitungen von Eigennamen auf -*(i)sch* zwei Möglichkeiten vor: Bei lockerer Verbindung von Adjektiv und Nomen sind gemäß §62 (vgl. auch §49) Schreibungen wie *das shakespearesche Werk, der schillersche Stil, die homerischen Epen, die jonessche Phonetik* als Norm anzusehen – "außer wenn die Grundform eines Personennamens durch einen Apostroph verdeutlicht wird" (§62). Auch unter 'Apostroph' wird rein deskriptiv formuliert: "Vom Apostroph als Auslassungszeichen zu unterscheiden ist der gelegentliche Gebrauch dieses Zeichens zur Verdeutlichung der Grundform eines Personennamens vor der Genitivendung [also zB *Goethe's Faust*] oder vor dem Adjektivsuffix -*sch*" (§97). Mit dieser Ausnahmeregel wird die Großschreibung des Namens an den Apostroph gekoppelt, der damit bei Verbindung von Adjektiv und großgeschriebenem Namen zur Pflicht wird: die *Darwin'sche = Darwins Evolutionstheorie*, aber *von schillerschem Pathos*.

Den *gordischen Knoten* möchte man am liebsten nach §60 durchschlagen (klein), doch *Duden* lässt mit Recht die Großschreibung zu, wenn nicht die übertragene Bedeutung, sondern der Knoten seines Erfinders Gordias gemeint ist (Regel K16(2) stellt den Gebrauch frei). Anderswo jedoch empfiehlt *DR* stets die Kleinschreibung und macht keinen Unterschied zwischen den *platonischen Dialogen* und *platonischer Liebe* oder zwischen *schillerschen Balladen* (= von Schiller) und *schillerschem Pathos* (= dem von Schiller ähnlich). Tatsächlich ist die *DtR*-Formulierung in §62, wonach die Großschreibung an den Apostroph gekoppelt ist, inkonsequent, weil der Apostroph bei dem Suffix -*isch* wie in *gordisch* gar nicht stehen kann.

EMPFEHLUNG: Man unterscheide in allen Fällen sowohl zwischen *Schiller'schen Balladen* und *schillerschem Pathos* als auch zwischen dem *Gordischen Knoten* des Königs Gordias und einem beliebigen *gordischen Knoten*. Man beachte jedoch – dritte

Möglichkeit – die alte und neue Schreibung bei Eigennamen, zB *Halleyscher Komet*+ gemäß §60(3.1) ("auch *Halley'scher*"; diese Alternative von *DR* übersehen). Auch das *Ohmsche Gesetz* dürfte Eigenname im Sinne von §60 sein, obwohl *DR* nur *ohmsche* neben *Ohm'sche* vorschreibt, aber unter K91 pauschal behauptet, die frühere Groß- und Kleinschreibung von Adjektiven gelte nicht mehr; und in den Beispielen nur noch *ohmsche* aufführt.

1.2.6 Nach Doppelpunkt groß oder klein?

Die *DtR*-Regel zur Groß-/Kleinschreibung nach Doppelpunkt in §54(1)(groß, wenn ein Ganzsatz folge) ist in Verbindung mit §81(3) (klein, falls durch Gedankenstrich ersetzbar) missverständlich. *Duden* bezieht sich in Regel K35 auf §81(3) (Kleinschreibung bei Zusammenfassungen oder Schlussfolgerungen), schreibt aber in den Beispielen fälschlicherweise groß (vgl. *DR*-Regel K93 zu Ganzsätzen).

EMPFEHLUNG: Man schreibe bei Schlussfolgerungen, ob Ganzsatz oder nicht, nach §81(3) klein, sonst groß, womit im Wesentlichen (früher *im wesentlichen*) alles beim Alten (früher *beim alten*) bleibt.

1.2.7 Im Folgenden oder im folgenden?

Man schrieb früher *Im folgenden erläutere ich ...*, aber (seltener vorkommend) *Im Folgenden* (d.h. im nachfolgenden Teil seines/ihres Werkes) erläutert Autor(in) Müller ..., allerdings auch *Zum Folgenden (= Nachfolgenden) vergleiche man ...* Nach der Reform schreibt man die übertragen gebrauchten Präpositionalfügungen alle groß, also *im Folgenden, im Wesentlichen, im Allgemeinen, im Besonderen* (aber *insbesondere*), *im Großen und Ganzen, auf dem Laufenden, in/mit Bezug auf, außer Acht (lassen)*. Leider begünstigt die Regel den Trend zur Großschreibung.

1.2.8 *Infrage* oder *in Frage kommen*?

Adverbiale Fügungen aus Präposition + Nomen schwanken zwischen 'nicht verblasst' (*in Betracht ziehen*) und 'verblasst' (*abhanden kommen*). Als verblasst gelten die Formen *abhanden-, anheim-, beiseite-, überhand-, vonstatten-, zugute-, zupass-, zuteil-, zunichte-, vorlieb-* (*DtR*, §34(1.3)). Nicht verblasst sind *zu Hilfe, zu Schaden kommen* und *zu Fuß gehen* (so auch §39E2(2.1)). Verblasst sind in der Regel auch die Bestandteile komplexer Präpositionen, zB *anstelle von, mithilfe von; vonseiten, zugunsten, aufgrund* sowie einiger frei verwendbarer Adverbialfügungen, zB *beizeiten, beileibe, zuzeiten,* sowie aller Bildungen mit *-einander (aneinander, miteinander* usw). *DtR* §39E3(1) überlässt es dem Schreibenden, ob er *infrage* oder *in Frage, aufgrund* oder *auf Grund* usw schreiben möchte. In §55(4) finden wir explizit "*auf Seiten* (auch *aufseiten)*" und *auf Grund* (auch *aufgrund), Duden* hingegen dreht die Folge um und empfiehlt *aufseiten, aufgrund* und *infrage* an erster Stelle.

EMPFEHLUNG: Man bevorzuge für alle Fälle die Zusammenschreibung, also zB 'sich etwas *zuschulden* kommen lassen, *infrage* kommen,' sowie in Fügungen mit *außerstand(e), imstande, instand, zugrunde, zuleide, zumute, zurande, zutage, zuwege.* Auch im Falle der Konjunktion *sodass* bevorzuge man mit *DR* die zusammengeschriebene Form. Man beachte, dass generell die Zusammenschreibung bei Verben nur für Infinitiv, Partizipien und bei Endstellung des Verbums im Nebensatz gilt, insbesondere somit nicht bei emphatischer Anfangsstellung der Partikel, zB *Hinzu kommt, dass; heraus kommt dabei wenig.*

1.2.9 *kurz treten* oder *kurztreten*?

(1) Die Reformer sind zurückgerudert (*pace,* Herr Sick; Sick1 polemisiert gegen das Modeverb *zurückrudern* S. 128ff), und es bleibt nunmehr bei altem *kurztreten* und *kürzertreten:* "Es wird zusammengeschrieben, wenn der adjektivische Bestandteil zusammen mit dem verbalen Bestandteil eine neue idiomatisierte Gesamtbedeutung bildet" (*DtR* §34(2.2); man beachte die salvatorische Klausel §34(E3), wonach in Zweifelfällen auch getrennt geschrieben werden kann. Der Akzent liegt hierbei stets auf dem adjektivischen Bestandteil: *jemanden freisprechen,* aber *frei sprechen* (ohne Konzept). Eine Ausnahme gilt für "morphologisch komplexe oder erweiterte Adjektive," zB *bewusstlos schlagen* gegenüber *breitschlagen, sich ganz nahe kommen* gegenüber *sich nahekommen* (§34(2.3)). Die Regel ist sinnvoll, obwohl *DR* sie ignoriert und *sehr nahegekommen* vorschreibt, was vielleicht ein Versehen ist. Man beachte, dass *DR* zwar *sich kurzfassen,* aber *kurz gefasst* empfiehlt – im Gegensatz zu *großgeschrieben, fertiggestellt, freigegeben.* Am besten wäre es wohl, auch hier – ähnlich wie im Falle *leichtverständlich* nach *DtR* §36E4 – die Akzentplatzierung entscheiden zu lassen. Ähnlich ist es bei Adjektiven, die ein Resultat ausdrücken. Hier entscheidet sich *DR* für *kurz schneiden* und unterscheidet *(Getränke) kalt stellen* und *(jemanden) kaltstellen.*

(2) *Freudestrahlend, Erfolg versprechend, nichtssagend.* Die *DtR*-Regel für die Kombination aus Nomen + Adjektiv oder Partizip (§36(1.1 und 2.1) besagt, dass bei Ersatzmöglichkeit durch eine Wortgruppe Zusammenschreibung erfolgt, sonst nicht: *freude-*

strahlend = '*vor Freude strahlend,*' aber *Erfolg versprechend.* Im Falle von *nichtssagend* und *nichtsahnend* sollte der Akzent den Auschlag geben, in der Regel also zusammengeschrieben werden.

1.2.10 Fortschrittliche Orthografie

Vieles bleibt auch nach der Reform reformbedürftig. Der wissenschaftliche Autor kann gewisse Reformtendenzen durchaus fördern. So schreibt man statt des etymologischen *ph* in Wörtern griechischer Herkunft bereits *f* in *Foto, Grafik* und *Telefon,* aber nur selten in *Graphologie* (*DR* empfiehlt *Fantasie, Paragraf* und *Grafolgie,* aber *Graph, Graphem, Phase, Phonem* und *Phonetik*) und noch gar nicht in *Philosophie, Phrase* und *Physik.* Mann sollte auf jeden Fall die fonetischen Schreibungen in *Bibliografie* und *Orthografie* übernehmen (wie in diesem Buch) oder gar auf *Fonem* und *Grafem* ausdehnen, also auf Schreibungen, die inzwischen wenigstens gestattet sind. Auch *bayrisch* und *Züricher* statt *bayerisch* bzw. *Zürcher* sollte sich – außer in Eigennamen – durchsetzen. Mutig ignorieren sollte man auch die Schreibung *Bonn-Bad Godesberg* nach Dudenregel K 146 und ähnliche Koppelungen. Wer mit *DR* und *DtR Heinrich-Heine-Straße* schreibt, wird auch *Bonn-Bad-Godesberg* nicht auffällig finden (auch *Bonn / Bad Godesberg* ist besser als *Bonn-Bad*). Von Auflage zu Auflage wird im Duden auch die unsinnige und dem angelsächsischen Brauch widersprechende Regel wiederholt, ein Brief müsse mit kleinem Anfangsbuchstaben begonnen werden, wenn nach der Anrede ein Komma stehe (Regel K132, auch unter K 83 und 'Textverarbeitung', Anrede). Hier geht natürlich Großschreibung zu Absatzbeginn vor.

Weniger Mut erfordert die Fortlassung des Punktes bei als solchen erkenntlichen Abkürzungen, zB *bzw, dh, dto, usw, vgl, zB, Fig, Str* (*Straße, Strophe*), *Jh* (*Jahrhundert*), *Vf* (*Verfasser*). Besonders bei Schreibung des ersten und letzten Buchstabens wird man gern auf den Punkt verzichten, zB *Bd* (*Band*), *Dr, Tfl* (*Tafel*), *Ztg* (*Zeitung*). Oxford University Press war der erste Verlag, der den Punkt bei Autorennamen fortließ und in Buchtiteln etwa *E M Forster* druckte, obwohl sich im Englischen sogar *U.S.A.* statt *USA* nach wie vor hält.

2 Zeichensetzung

2.1 Reformierte Zeichensetzung

Im Folgenden werden die wichtigsten Neuerungen nach dem Stand von 2007 aufgeführt. Im Anschluss daran werden Fälle diskutiert, die auch unabhängig von der Reform von Bedeutung sind.

(1) (a) *Er versprach(,) sich um die Sache zu kümmern.* (b) *Er versprach zu kommen* (wie bisher). Auch die erweiterte Infinitivgruppe wie in Satz (a) *kann* jetzt ohne Komma stehen (*DtR* §§72(2), 75).

EMPFEHLUNG: Kommasetzung generell wie bisher. Man beachte jedoch das notwendige Komma bei kataphorischem *es* und ähnlichen Vorausdeutungen, zB *Er liebte es, lange zu schlafen; er hat nicht damit gerechnet, doch noch zu gewinnen* (§75(3)).

(2) *Wie oben dargestellt(,) handelt es sich um ein komplexes Problem.* Auch die nicht-finiten Partizipialgruppen *können* jetzt ohne Komma stehen (§78(3)).

EMPFEHLUNG: Kommasetzung wie bisher.

(3) *§ 14 Abs. 5 Satz 2* (*DtR*-Schreibung nach – §77(3) mit festem Spatium zwischen § und Ziffern; keine Kommata). Außerhalb des Juristischen schreiben die Regeln Kommata vor.

EMPFEHLUNG: Zusammenschreibung von Zeichen oder Abkürzung und Ziffern, dazwischen festes Spatium, Abkürzungen ohne Punkt, zB *§14 Abs 5 Satz 2*, weil kompakter.

(4) Man ignoriere die Möglichkeit, Parenthesen statt in Klammern oder Gedankenstrichen in Kommata (*DtR* und *DR* nur *Kommas*) einzuschließen.

(5) Komma vor *und*? Die alte Regel lautete: (a) Ja, wenn es sich um zwei Hauptsätze handelt, die kein Satzglied gemeinsam haben (*Die Abhandlung war intererssant, und sie zitierte daraus ausgiebig*); (b) nein, wenn es sich um gleichgeordnete Nebensätze handelt, in denen auch dann kein Komma vor *und* steht, wenn ein Subjektspronomen oder ein zweites Subjekt folgt (*Sie hofften, dass ihnen ihr Vorhaben gelingen würde und dass niemand Einwände vorzubringen hätte*). Nunmehr gilt als Hauptvariante in (a) die kommalose Form, während im Falle (b) weiterhin kein Komma steht) (*DtR* §73 bzw.72; die Behandlung des Falles (a) in §72 *und* 73 ist verwirrend).

EMPFEHLUNG: Man setze zur Verdeutlichung in Hauptsatzfolgen bei jeweils neu ausgedrücktem Subjekt weiterhin ein Komma. Vor adversative Konjunktionen wird wie bisher ein Komma gesetzt, zB *Die Aufgabe ist schwer, aber sie ist nicht unlösbar*.

2.2 Der Autor, H. Müller, sagt ...?

Sicher können hier Kommata stehen, aber es besteht ein Unterschied zwischen *Der Autor, H. Müller, sagt* (weite Apposition) und *Der Autor H. Müller sagt* (enge Apposition). Der Arzt, der schreibt 'Ich denke hier besonders an meinen Patienten, Herrn Müller' hat nur einen einzigen Patienten! Selbst wenn *Herr* oder ein Titel dem Namen vorhergeht, müssen nicht, wie oft angenommen wird, Kommata stehen, zB *Direktor Prof. Hans Müller führte aus* (gesprochen – ohne Pause – wie *Präsident Müller*; *DtR* §77E2). *Der Präsident, Prof. Müller, führte aus* wird anders gesprochen und ist syntaktisch anders zu verstehen. Man vergleiche hierzu *DtR* §77E1 und E2 sowie §78(4), wo zwar die Beispiele korrekt sind, diese Unterscheidung aber leider nicht adäquat dargestellt ist.

2.3 Komma oder Gedankenstrich?

Die durch *DR*-Regel K120 und durch *DtR* §77(1) gestatteten und als normal angesehenen Kommata für Einschübe ('Parenthesen') sind nicht zu rechtfertigen. Wofür gibt es Gedankenstriche und Klammern? Man schreibe also z.B *Der Autor – er ist Spezialist – betont;* nicht *Der Autor, er ist Spezialist, betont;* auch nicht *Es ist davon auszugehen, dass, bei einer normalen Verteilung, die Daten ...* (besser: *... dass – bei einer normalen Verteilung – die Daten ...* oder *dass die Daten bei einer normalen Verteilung ...*). Entferntere Parenthesen stehen nicht in Gedankenstrichen, sondern in Klammern, zB *Der Autor (geb. 1930) sagt.*

2.4 Komma nach d.h.?

Nein! Folgt auf *das heißt* ein ganzer Satz, so ist auszuschreiben, zB *Das heißt, es gibt Fälle,* nicht *D.h., es gibt Fälle.* Dagegen schreibt man *Dies sind Ausnahmen, d.h. solche Fälle, die ...* Folglich muss sehr wohl zuweilen nach *das heißt* ein Komma stehen, nur dass dann nicht die Abkürzung verwendet werden sollte. Übrigens ist auch *zB* auszuschreiben, wenn es nachgestellt ist, zB *Neuere Untersuchungen zeigen zum Beispiel; weitere Daten wurden zum Beispiel nicht vorgelegt.*

2.5 Der, [?] vor wenigen Jahren noch unbekannte Autor

Dies vor wenigen Jahren an dieser Stelle noch unbekannte Komma ist völlig unmöglich, wird jedoch von sprachlich naiven Journalisten eifrig verbreitet und beeinflusst bereits die Intonation abgelesener Texte. Falsch ist auch *Nicht sämtliche, [!] in die Beschreibung einbezogene Daten; eine, wenn auch noch so schwierige Nachprüfung;* dagegen kann *andere, in die Untersuchung nicht einbezogene Daten* richtig sein, weil der Satz ohne Komma einen anderen Sinn bekäme.

2.6 Besonders, wenn?

Es kann Fälle geben, die ein Komma in *besonders wenn, speziell wenn, vor allem weil, insbesondere nachdem* und ähnlichen Verbindungen rechtfertigen, in der Regel ist es jedoch unangebracht. Erst recht steht es nicht in *denn/sondern/nämlich weil, zumal da, selbst wenn*. In dem Satz *Denn, da sie nicht identisch sind, müssen sie streng auseinander gehalten werden* ist entweder das erste Komma zu streichen oder folgendermaßen umzuordnen: *Denn sie müssen, da sie nicht identisch sind, streng auseinander gehalten werden*.

2.7 Komma statt Punkt?

Manche Autoren trennen gern gleichrangige Hauptsätze vom Vorhergehenden durch Kommata, zB

'Das Postulat kritischer Reflexionen bezieht sich auf die Frage nach den Bedingungen der Möglichkeit von sprachwissenschaftlicher Erkenntnis, es könnte geeignet sein, den Schein zu zerstören, als ob das zur Verfügung stehende Methodeninventar der besonderen Natur des Gegenstandes von vornherein gerecht würde.'

Will man nach dem Wort *Erkenntnis* keinen Punkt setzen, so muss wenigstens ein Semikolon stehen. Im übrigen kommt die Passage wissenschaftlichem Jargon sehr nahe (§5.5).

2.8 Anführungszeichen für Metaphern?

Vor allem manche Journalisten meinen, es sei interessant, wenn nicht gar korrekt, abgegriffene Metaphern in Anführungszeichen zu setzen, zB *Das Bier 'kostete' ihn den Führerschein; Der Richter sollte nicht auf die Folgen einer rechtlich erforderlichen Entscheidung 'schielen'*. Solche Anführungen sind unangebracht. Wenn jemand schreibt, Er 'baute' seinen Doktor, so impliziert die Wahl des metaphorischen Ausdrucks möglicherweise eine falsche Stilebene (§5.4), was sich nicht durch Setzen von Anführungszeichen aus der Welt schaffen lässt. Und wer sagt, er diskutiere 'heiße' politische Themen, der diskutiert nicht-heiße!

2.9 Technisches

(1) DER SCHRÄGSTRICH. Es war eine absolute Torheit, in gängigen Schriften aus welchen Gründen auch immer den Schrägstrich (die 'Virgel': /) nicht mehr als Ganzlänge, sondern nur noch als Oberlänge darzustellen, weil damit seine Unterscheidung von *i* und *l* prekär, wenn nicht sogar aufgehoben wird (*voll/leer*). Leider ist auch die Grundschrift dieses Buches von dieser Neuerung betroffen. Man beachte im Übrigen, dass der Schrägstrich ohne Spatium nur zwischen Wörtern stehen kann, nicht zwischen längeren Ausdrücken. Folglich sollte es *DtR* §39E3(2) nicht *sodass/so dass*, sondern *sodass / so dass* heißen.

(2) BINDE- UND GEDANKENSTRICH. Man unterscheide auf jeden Fall zwischen (kurzem) Binde- oder Trennungsstrich und (mittel-langem) Gedankenstrich (dem '*n*-Strich' von der Breite eines *n*). Für 'bis' (und *minus*) steht der *n*-Strich, nicht der (kürzere) Bindestrich, also *Kap. 1–10,* nicht *Kap. 1-10.*

(3) KURSIV + SATZZEICHEN. Es ist im Druck weithin üblich, nach Kursiven, falls sinngemäß erforderlich, ein gerades Satzzeichen zu setzen. Dies ist im Prinzip korrekt, nur für den Doppelpunkt ziehe man eine Ausnahme in Erwägung, zB *kursiv:*, nicht *kursiv:*.

(4) KLAMMERN BEI KURSIVSATZ. Klammern, die Kursivsatz enthalten, sind in sonst normalem Text – entgegen *DR* – nicht mitzukursivieren. Dass weder *DR* noch *DtR* die Kursivierung in wissenschaftlichem Schrifttum kennen, ist als gravierendes Manko zu verbuchen.

3 Wortgebrauch und Flexion

3.1 Falsche Freunde

Von falschen Wortübersetzungen aus fremden Sprachen wimmelt es in synchronisierten Filmen und übersetzten Texten. Hier einige Kostproben aus dem Bereich Englisch/ Deutsch: 'Erbsen mit Minze' (*mince* = 'Hackfleisch'); 'Sie fangen an, mir Namen zu geben' (*to call names* = 'beleidigen'); 'er kaufte sich eine Mühle zur Fertigung von Textilien' (*woollen mill* = 'Wollfabrik'); 'sie kaufte sich eine Halle, um dort zu wohnen' (*hall* = 'Landsitz'). Aber auch in wissenschaftlichen Texten sind falsche Freunde nicht selten, zB 'Akte' für engl. *act* (= 'Gesetz'), 'Transport' für *transport* (oft = 'Mitfahrgelegenheit'), 'Billion' für amerikanisch *billion* (= 'Milliarde'). Auch ist ein PC nicht ein Personalcomputer, sondern ein persönlicher Computer. Ein paar weitere Fälle kann man Sick2 entnehmen:

drug ist nicht immer = 'Droge', *silicon* = 'Silizium', *Silikon* = 'silicone', *sensitive* = 'sensibel' (S. 89–93). Unvermeidlich scheinen auch Klischeeübersetzungen zu sein. Der Chef ist nicht mehr in seinem Zimmer, sondern in seinem *Büro* (< *office*), man *buchstabiert* die Wörter (< *to spell*), anstatt sie so oder so zu schreiben und sendet eine Botschaft (< *message*) statt einer 'Nachricht'.

3.2 'Referenz erweisen' und Ähnliches

(1) In wissenschaftlichen Schriften sollte der Gebrauch von Fremdwörtern nicht Glückssache sein. Dennoch kommen Missgriffe und Verwechslungen viel häufiger vor als man meint (im Englischen heißen sie sehr treffend Malapropismen < frz. *mal-à-propos*). Nachdem es auch seelische Arten von Verletzungen gibt, gerät zB *Trauma* immer mehr in Gefahr, mit dt. *Traum* assoziiert zu werden, sodass schließlich eine Schauspielerin sagt, die Bühne sei schon immer ihr Trauma gewesen. Aber auch ein Soziologe schreibt: "Das Trauma, die Angst der Jugendlichen, muss ernst genommen und analysiert werden." In einer wissenschaftlichen Arbeit fand ich den Satz "Wir können somit *hypostasieren*, dass … " Gemeint war natürlich kein Fall von Hypostase, sondern – als Nachbildung des englischen Wortes – *hypothetisieren*. Leicht verwechselt werden auch *Referenz/Reverenz, intensional/intentional, Manie/Manier, Euphuismus/Euphemismus, des-/dis-* (*desorientiert*, nicht *dis-*), *inter-/intra-, hyper-/hypo-, homo-/homöo-*. Die zufällige Ähnlichkeit oder gar Identität von Wörtern und Präfixen stellt eine sprachliche Fehlentwicklung dar, die man als unglücklich oder gar als pathologisch ansehen kann, mit der man jedoch leben muss. – Warum auch ein Wort wie *Kompendium* meist ganz falsch gebraucht wird, weiß ich nicht zu sagen. Es ist die Kurzfassung, der Abriss eines Werkes oder Themas, nicht etwa ein dickleibiger Band! Auch der Gebrauch von *frugal* ('karg') im Sinne von 'üppig' (*ein frugales Mahl*) ist merkwürdig, von Patzern wie *das Null-plus ultra* (> *Nonplusultra*) ganz zu schweigen.

(2) Es gibt nicht nur verwechselbare Fremdwörter, sondern auch deutsche Wörter, die uns fremd geworden sind und dann zu Verwechselungen führen. 'Wir müssen uns jede Einmischung *verbieten*,' sagt ein Parlamentsmitglied (> *verbitten*); 'Man *verwehrte* sich dagegen' (> *verwahrte*); 'Diese Frage kam nicht aufs *Trapez*' (> *Tapet*); 'Dies hat enorme Erfolge *gezeichnet*' (> *gezeitigt*); 'diese *leidliche* Angelegenheit' (> *leidige*). Schließlich heißt es 'Sie *brauchen* Hilfe' (= 'haben nötig'), aber 'sie sollten ihren Verstand *gebrauchen*' (= ' benutzen'), und man *verweist* auf eine Anmerkung, aber *weist hin* auf Bedeutsames.

ANMERKUNG: Angemerkt sei das Kuriosum, dass es auch den rein phonetischen Malapropismus gibt: "Das Gericht erkannte auf *Felóni-e*" (ausgesprochen wie *Mazedonien*), sagt ein Schauspieler, und der Regisseur wusste es wohl auch nicht besser. Auch vom *Tenór* eines Schriftstücks (statt *Ténor*) hat man schon sprechen hören.

3.3 'Je länger, je lieber' oder 'kurz und knapp'?

(1) Wer zum Imponieren neigt, liebt auch das lange Wort oder die lange Wendung. Sein Motto scheint zu sein 'Je komplizierter und dunkler, desto besser (weil umso eindrucksvoller)!' Dies ist etwas, was man nicht genug bekämpfen kann. Daher schwören die Stilhandbücher und einige meiner Konkurrenzautoren kurzerhand auf die Regel 'Man drücke sich kurz und bündig aus'. So finde ich bei einem solchen Autor zB eine Liste, in der die jeweils kürzere (und zu bevorzugende) Ausdrucksweise der verpönten längeren gegenübergestellt wird – etwa so:

Ausnahmefall → Ausnahme   Gedankengang → Gedanke
Datenmaterial → Daten   Verkehrsaufkommen → Verkehr
Fragestellung → Frage   Verwendungszweck → Verwendung
Erfolgserlebnis → Erfolg   Zielvorstellung → Ziel

Dies ist ganz abwegig. Es *gibt* zwar Arbeiten, in denen jede Frage zu einer Fragestellung, jedes Problem zu einer Problemstellung oder Problematisierung führt, doch sind deswegen die längeren Begriffe nicht *generell* überflüssig. Es *muss* heißen: 'Hier ist schon allein die Fragestellung falsch', dh die *Art* der Frage, aber es kann demgegenüber nur heißen: 'Diese *Frage* ist schwer zu beantworten'. Ein Gedankengang ist eine Folge von Gedanken, dh eine Überlegung, und nicht automatisch *nur* ein Gedanke, und ein Erfolgserlebnis ist ja wohl per se nicht das Gleiche wie ein Erfolg. – Fazit: Es gilt, sich adäquat auszudrücken, nicht, populären Lehrsätzen zu folgen.

(2) Man beachte noch, dass auch *schwer* und *schwierig*, *nötig* und *notwendig* nicht einfach austauschbar sind. Die Relativitätstheorie ist schwierig (oder schwer), aber schwer (nicht: schwierig) zu verstehen; sie ist absolut notwendig (oder nötig) für das Verstehen unserer Welt, aber Einstein hatte es nicht nötig (nicht: notwendig), nach einer Weltformel zu suchen.

(3) Nicht die Wortlänge, sondern die vermeintlich größere Gewichtigkeit des Wortes führt zu dem absurden Ersatz von *haben* durch *besitzen*: man hat (aber besitzt nicht) eine große Ausstrahlung oder eine Möglichkeit, einen Zugang zu etwas usw. Der Astronom

sollte nicht sagen 'Unsere Galaxis *besitzt* (statt *hat*) zwei Begleiter', und Bastian Sick nicht, dass der Samstag gegenüber dem Sonnabend gewisse Vorzüge *besitze* (Sick2:101). Dem Verhältnis *besitzen/haben* entspricht das Verhältnis *darstellen/sein* und *sich befinden / sein*, zB 'Dies *stellt* einen großen Fortschritt *dar*' vs 'Dies *ist* ein großer Fortschritt'. 'Vielmehr *befindet* er sich seit Jahrhunderten auf dem Rückzug,' schreibt Sick über den Dativ (1:216, statt *ist*). – Siehe hierzu auch den folgenden Punkt.

3.4 'Streckformen' tabu?

Als Nominalstil bezeichnet man die Bevorzugung einer Nomen-Verb-Verbindung (*Duden* Bd. 9 unter 'Nominalstil': Funktionsverbgefüge, 'Streckformen') anstelle des Verbums, aus dem das Nomen abgeleitet ist, zB *zum Ausdruck bringen* statt des einfacheren *ausdrücken*. Stilfibeln stellen Listen wie die folgende auf mit der Einschärfung, möglichst die einfache Verbform zu benutzen (ich füge einige Fälle hinzu, für die es kein einfaches Pendant gibt):

in Auftrag geben = beauftragen
zum Ausdruck, in Erfahrung bringen = ausdrücken, erfahren
Einfluss, einen Verlauf nehmen = beeinflussen, verlaufen
etwas in Empfang nehmen = empfangen
zur Verteilung/Anwendung kommen/bringen = verteilt, angewendet werden
in Betracht kommen/ziehen = betrachtet werden (?), infrage kommen = ?
die Frage stellen, unter Beweis stellen = fragen, beweisen,
          aber infrage, in Aussicht stellen = ?
zur Verfügung, zur Diskussion stehen/stellen = verfügbar machen, diskutieren
Eingang, Anwendung finden = eingehen, angewendet werden
seinen/ihren Niederschlag finden = sich niederschlagen
in Erwägung, in Betracht ziehen = erwägen, betrachten,
          aber zu Rate ziehen = ?
sich einer Behandlung unterziehen = behandelt werden

Ähnlich wie bereits in II.3.3 betont, haben auch hier die von *Duden* pejorativ als 'Streckformen' bezeichneten Gefüge ihre eigene Funktion gegenüber den einfachen Verben, dh sie sind mit ihnen keineswegs synonym; man vergleiche die Sätze 'Er bringt in diesem Buch zum Ausdruck, dass ...' und 'Er drückt dies sehr merkwürdig aus', in denen die Verbkomplexe *nicht* austauschbar sind. Manche Entsprechungen haben sogar völlig disparate Bedeutungen, zB 'Er nahm ein neues Buch in Angriff' – 'Er griff ein neues Buch an'; 'Sie zog diese Möglichkeit nicht in Betracht' – 'Sie betrachtete diese Möglichkeit nicht'. Auch die Syntax kann unterschiedlich sein (*jemanden beauftragen,* aber *etwas in Auftrag geben*). In manchen Fällen ist gar keine einfache Verbform verfügbar (*in Aussicht, zur Verfügung stellen*). Nur wenige Fälle scheinen tatsächlich nichts anderes als 'Streckformen' zu sein, zB das gestelzte *in Wegfall kommen*.

3.5 *Aber/doch/jedoch* und *trotzdem*

Die drei satzverknüpfenden Adverbien sind nicht austauschbar. Man vergleiche:

| Diese Maß-nahmen gleichen Defizite aus | ; *aber* es können doch
; *doch* dabei können
; es können dabei *jedoch* … | Probleme entstehen |
| | ; *allerdings*
; *freilich*
; *doch* (es)
; *aber* es | können dabei … |

Meiden sollte man das Eintreten von *jedoch* für *allerdings* bzw für (dialektales) *freilich,* dh *jedoch* wird typischerweise dem flektierten Verbum nachgestellt. *Trotzdem* leitet Hauptsätze, nicht Nebensätze ein. Nach wie vor gilt sein Gebrauch als Konjunktion – anstelle von *obwohl, obgleich* – als falsch, etwa in dem Satz *Er verließ das Haus, trotzdem es regnete.*

3.6 *Auch/ebenfalls*

Zwischen den beiden Wörtern gibt es einen feinen Unterschied. Beim Sprechen können wir zB sagen 'Dies wurde *auch* bei dieser Gelegenheit besprochen', was schriftlich unter allen Umständen durch Kursivsatz des *auch* zum Ausdruck kommen muss. Als Alternativen bieten sich an (a) unbetontes *auch* vor dem betonten Satzteil ('Auch dies wurde …') oder (b) Ersatz des hier betonten *auch* durch stets betontes *ebenfalls* ('Dies wurde ebenfalls …'). Hier ein Beispiel aus einem wissenschaftlichen Text: 'Die Umschreibung dieser Form durch rivalisierende Konstruktionen war auch bereits bekannt'. Remedur: (a) 'Auch die Umschreibung …', (b) '… war ebenfalls …', (c) '… war *auch* bereits …'. Gelegentlich gibt es den umgekehrten Fehler, dass für unbetontes *auch* ein unbetont gemeintes *ebenfalls* gesetzt wird, zB 'Dies gilt, solange ihm keine empirische Untersuchung vorangeht, die ebenfalls andere Faktoren berücksichtigt'. Gemeint ist hier, 'die auch *andere* Faktoren berücksichtigt'. – Vgl. unten §4.5 'Falscher Akzent'.

3.7 Neue Pluralbildungen

Es gibt zählbare und nicht-zählbare Nomina: *das Boot, die Boote,* aber nicht *der Zucker, die Zucker.* Heute gibt es eine starke Tendenz, auch nicht-zählbare Nomina im Plural zu gebrauchen, wofür offenbar insbesondere in Fachsprachen ein hoher Bedarf besteht, zB *Anhänge, Betone, Blute, Drücke, Musiken, Politiken, Syntaxen, Verbräuche, Verdächte, Verkehre, Zerfälle, Zuwächse, Zukünfte.* Sie klingen allesamt falsch und wären leicht durch korrekte Umschreibungen ersetzbar: *Anhangsteile, Arten von Beton (Blut, Musik, Verkehr), politische Richtungen, Zuwachsraten, Zukunftsentwürfe* usw.

3.8 *Die Mitteilung Schulz'?*

Man meide den nachgestellten Genitiv, wenn das Genitiv-*s* nicht hörbar ist (also *Schulz' Mitteilung* oder *die Mitteilung von Schulz*).

3.9 Abschnittweises Vorgehen?

Die Endung *-weise* bildet Adverbien, keine Adjektive. So sehr auch das fehlende Adjektiv als Lücke empfunden wird, das Adverb auf *-weise* darf dafür nicht herhalten; also nicht *gebietsweise Unterscheidungen, kapitelweise Berichte, wochenweise Sammlungen* usw, sondern *Unterscheidungen nach Gebieten, nach Kapiteln* (oder *kapitelweise*) *vorgehende Berichte, wöchentliche Sammlungen* usw. Gerade möglich und weitgehend üblich geworden ist *eine teilweise Erneuerung* oder *ein schrittweises Vorgehen,* weil hier *nomina actionis* vorliegen.

3.10 *Jemand/niemand anderer?*

Nein! Es heißt *jemand/niemand/wer anders,* obwohl *Duden* Band 9 flektierte Formen wie *niemand anderer/anderen* nicht als falsch kennzeichnet, was mutig hätte geschehen sollen. Die Alternative ist *ein(e)/kein(e) andere(r).* Es heißt ferner *nach Überprüfung vieler/mancher ähnlicher Schriften,* aber *keine ähnlichen Schriften* sowie *von hohem literarischem Wert.*

3.11 'Fundiertere und relevantere Argumente'?

Man braucht bei der Bildung von Komparativen und Superlativen nicht pedantisch zu sein, aber nicht alle Adjektive sind 'graduierbar'. Zurückhaltung ist geboten bei Partizipien wie *fundiert, beliebt, gefährdet, passioniert, bestechend, belastend* ebenso wie bei den etymologischen Partizipien wie *relevant, markant, imposant, potent, solvent,* aber auch bei zahlreichen anderen Adjektiven wie *grammatisch, öffentlich, extrem* usw, die ebenso wenig graduierbar sind wie *voll, leer* oder *schwanger.* Statt *fundierter* oder *relevanter* sage man *besser fundiert* bzw *von größerer Relevanz;* absolut zu meiden sind die populären Superlative in 'mein *einzigster* Wunsch' und 'in *keinster* Weise.'

3.12 Flexion

Es heißt *Ich habe ihm gewinkt,* nicht *gewunken,* ähnlich *in Sicherheit gewiegt,* nicht *gewogen.* Die korrekte Form *gewinkt* ist allerdings nur noch selten zu hören, und der Hinweis auf sie an dieser Stelle wird sie kaum retten können. Das Verbum *senden* ist stark (also *sandte, gesandt*), nur im Bereich der Sendetechnik schwach (also *sendete, gesendet*), *wenden* im wörtlichen Sinne ist schwach (*wendete das Auto, das Blatt hat sich gewendet*), ansonsten stark (*er wandte sich an den Sprecher*), transitives *hängen* schwach (*hängte das Bild auf*), intransitives stark (*es hing an der Wand, hat … gehangen*). Stark flektiert wird auch der Genitiv in *dieses Monats, dieses Typs, jenes Jahres* (nicht *diesen, jenen*), und nur nicht-literarische Laien deklinieren den Autor schwach und schreiben *des Autoren* statt *des Autors.* Schließlich verwechsele man nicht *Wörter* im wörtlichen Sinne und die *Worte* (= Äußerungen) eines Autors.

4 Syntaktisches

4.1 *Um … zu*

Das Subjekt der infiniten Finalsätze muss mit dem des Hauptsatzes identisch sein: *Er schreibt, um Geld zu verdienen* (das heißt, er will Geld verdienen). Falsch, aber üblich ist *um/ohne … zu* beim Passiv: *Dies wurde mitgeteilt, ohne nähere Angaben zu machen; Um die vielen Gäste unterbringen zu können, wurden für sie Zelte errichtet; die Straße wurde repariert, um sicherzustellen …* (nicht die Straße stellt sicher!). Ähnlich falsch klingt *Außerdem seien kurz einige weitere Befunde behandelt, um dann zum Schluss einen Vergleich durchführen zu können; Jeder Vokal erhält ein besonderes Merkmal, um seine Qualität anzuzeigen.* Richtig: *… errichtete man Zelte; man reparierte …; behandele ich …, um zu …* oder *seien … behandelt, damit ein Vergleich möglich wird; ein Merkmal, das anzeigen soll.*

4.2 Angst vor dem Konjunktiv?

(1) Die sog. indirekte Rede erfordert in der Regel den Konjunktiv, der damit vor allem in Berichten über Arbeiten anderer Autoren obligatorisch ist. Drei Fehler sind besonders häufig:

(a) Generelle Angst vor dem Konjunktiv, zB *Sie drohten damit, die Demonstrationen wieder aufzunehmen, falls die Pressefreiheit nicht wieder hergestellt wird* (= *werde*); *Man behauptet, dass diese Dichter nur schwärmerische Romantiker waren* (richtig: *gewesen seien*); *X vertritt die Auffassung, dass diese Unterscheidung nicht haltbar ist ...* (= *sei*). Ferner heißt es: 'Man vermutete, es *seien* Untersuchungen durchgeführt worden' (auf keinen Fall *wären*).

(b) Zurückgleiten in den Indikativ, sobald Nebensätze innerhalb der indirekten Rede folgen, zB *Er schreibt, hier müsse eine Beratung erfolgen, bei der Schule und Universität kooperieren* (richtig: *kooperierten* oder *zu kooperieren hätten*).

(c) Ersatz durch die *würde*-Konstruktion, zB *Er sagte, es sei ein Irrtum zu meinen, dass er dies in seinem neuen Buch behaupten würde* (richtig: *behaupte*); *Es sei eine Tatsache, dass sich sehr viele um eine Konzession bemühen würden* (statt richtig *bemühten*). *Würde* ist dagegen richtig, wenn es heißt, *Er sagte, er würde dies* (jetzt oder später) *nie behaupten* (selbst wenn es naheläge); *ich würde sagen* (wenn man mich – jetzt oder später – fragte).

– Seit dieser Passus in die achte Auflage eingebracht wurde, hat sich die geschilderte Tendenz in allen drei Punkten verstärkt. Besonders Fälle wie *Sie bezweifelte, dass diese Gelder ausreichen werden* sind weiterhin auf dem Vormarsch, aber grammatisch unmöglich.

(2) In Konditionalsatzkonstruktionen muss im Nebensatz der Konjunktiv stehen, zB *Wenn sie käme, würde ich mich freuen* (nicht ... *kommen würde*). Im Hauptsatz steht in der Regel *würde*; ... *freute ich mich* ist wegen Identität von *freute* mit dem Indikativ unangebracht, während ... *ginge ich mit ihr ins Kino* neben ... *würde ich mit ihr ins Kino gehen* möglich ist. Der willfährigen Diskussion in *Duden* Band 9, nach der *würde* vielfach erlaubt ist (unter 'Konjunktiv' und 'Konditionalsatz 4'), folge man besser nicht.

4.3 Klammerbildung und Ellipse

In den folgenden Fällen wird syntaktisch aus *a + x ... a + y* die einfachere Struktur *a + (x ... y)*: aus *bedeutende Männer und bedeutende Frauen* wird *bedeutende (Männer und Frauen)*. Man spricht hier von Ellipse, in sprachlich schiefen Fällen von Syllepse, oder Zeugma. Die folgenden Fälle sind unterscheidbar:

(1) Die Singular-Plural-Falle, zB 'Die eingehenden Gefühlsanalysen sind fortgefallen, die Übereinstimmung mit dem Kodex der höfischen Liebe geschwunden' (richtig: … *ist geschwunden*). Auch der umgekehrte Fehler ist häufig: '… ist geschwunden, die Gefühlsanalysen fortgefallen' (richtig: … *sind fortgefallen*). Oder: 'Die Zielhandlung selbst – und nicht allein die Teilhandlungen – muss immer wieder in den Vordergrund gestellt werden'; 'Konstellationen dieser Art sind nicht möglich und daher auch die Auffassung des Autors unhaltbar;' 'Ebenso sei der Tathergang und die Namen der Verletzten nicht bekannt', 'Nachlassender Regen und Schneefälle begünstigten den Aufstieg'. Im letzten Fall passt das attributive Partizip nur zu *Regen*, nicht aber zu *Schneefälle*.

(2) Andere Klammerfallen, zB 'Zu diesem Titel ist ein Faltblatt erschienen bzw. liegt dem Buch bei.' Dies ist gänzlich falsch (einschließlich des *bzw.*); gemeint ist 'Dieser Titel ist mit einem Faltblatt erschienen, das dem Buch beiliegt'. Oder: 'Es ist verboten, dort mit Fahrzeugen zu fahren oder abzustellen', schreibt eine Provinzzeitung, aber auch ein Historiker bemerkt: 'Das vereinigte Deutschland hatte zu entscheiden, ob bzw. welchem Bündnissystem es angehören wollte' ('ob Bündnissystem es angehören wollte' geht nicht). Hier führt der Wunsch nach Kürze zum stilistischen Unfall.

4.4 Bzw. = oder?

Das abgekürzte *beziehungsweise* hat sich weit über den korrekten Gebrauch hinaus im Sinne von 'oder vielmehr', seltener auch im Sinne von 'oder', ausgedehnt. Richtig ist 'Die beiden genannten Werke erschienen 1789 bzw. 1801' (das heißt, das erstgenannte erschien 1789, das andere 1801). Üblich geworden ist inzwischen jedoch auch 'Die Partei wurde verboten bzw. aufgelöst'; 'der Inhalt bzw. das Anliegen des Buches'; 'Lieferung erfolgt im November bzw. Dezember' (= 'oder vielleicht auch erst …'). Dieser Gebrauch wird höchstens noch von sehr sorgfältigen Stilisten gemieden. *Duden:* Band 9 findet die Konjunktion ohnehin unschön, doch das ist Geschmackssache.

4.5 Falscher Akzent

Immer wieder begegnen einem Sätze, deren Intonation erst nach zweimaligem Lesen klar wird. Es fehlt dann die (etwa durch Kursivierung zu verdeutlichende) Auszeichnung des besonders betonten Wortes, das die Sinnspitze des Satzes bildet. Will man Auszeichnungen dieser Art vermeiden, so muss man seinen Stil so einrichten, dass Irrtümer oder Unklarheiten nicht entstehen können. Sobald Zweifel möglich sind, ist das betonte Wort auszuzeichnen, zB 'Wichtig ist, dass wir nur *ein* Betonungszentrum haben' (oder – ohne

Auszeichnung – 'nur ein einziges'). – Die folgenden Beispiele sind lehrreich: (1) 'Sprachliche Fakten sollten mehr in Betracht gezogen werden.' Wird hier das *mehr* nicht zum Mindesten durch (betontes) *stärker* ersetzt, provoziert der Akzent auf *Betracht* die Frage: Was sollte man sonst mit den Fakten tun? Besser noch ist 'In größerem Umfange (als hier geschehen) müssen sprachliche Fakten in Betracht gezogen werden.' (2) 'Sie schlugen vor, nur noch mehrmaliges Schwarzfahren zu bestrafen.' Dies provoziert einen Akzent auf Schwarzfahren, sodass unbedingt *mehrmaliges* kursiviert werden muss. Man habe keine Angst vor Kursivierungen aus Akzentgründen! (3) 'Unmittelbar vor Beginn einer Aufführung können Requisiten also erst aufgebaut werden'. Der Autor möchte *Beginn* betont wissen; korrekt wäre 'Erst unmittelbar vor Beginn … können also Requisiten …' Hier liegt somit auch eine falsche Wortstellung vor, weil der Leser ohne entsprechende Signale den Akzent stets gegen Satzende vermutet.

4.6 Ab dem 1. Januar?

Nachdem *ab* die gespaltene Präposition *von … an* längst in Fügungen wie *ab Januar*, *ab Herbst 1999* verdrängt hat, taucht es nunmehr auch mit flektiertem Artikel oder Pronomen auf (*ab diesem Zeitpunkt, ab dem 1. Januar, ab dem Autobahnkreuz, ab unserem Werk*), was vom wissenschaftlichen Schrifttum nachgeahmt wird (*ab dem zweiten Durchgang, ab der 5%-Grenze, ab diesem Punkt*). Dieser Gebrauch, obwohl wahrscheinlich nicht aufzuhalten, muss vorerst noch als falsch gelten.

ANMERKUNG: Bei Datumsangaben hat sich '*am Montag, dem 1. Mai*' eingebürgert. *Duden* Bd. 9 *s.v.* 'Datum' lässt auch *am Montag, den 1. Mai* zu, wenn *1. Mai* nicht als Apposition, sondern als 'Aufzählungsglied' gedacht ist, zB 'Dies findet am Montag, den 1. Mai statt' (kein Komma nach *Mai!*). Besser, man denkt den 1. Mai als Apposition und setzt das zweite Komma (das 'Aufzählungsglied' ist eine abstruse *DR*-Erfindung).

4.7 *Seitens ihren Nachfolgern?*

Dies wird niemand schreiben, so meint man. Sobald jedoch im Satz eine gewisse Entfernung von einem zunächst richtig gebrauchten Kasus erreicht ist, kann dieser in Vergessenheit geraten, zB 'Diesem doppelten Ziel entspricht die Aufteilung in zwei Teile, einen theoretischen Teil, der sich mit einem Bericht über … befasst, und einem praktischen Teil … ' (statt richtig *einen praktischen Teil*). Ursache für den falschen Kasus dürfte vorhergehendes *mit einem Bericht* sein). Unschön in diesem Satz ist auch *die Aufteilung in … Teile.* Unentschuldbar ist die Kasusverschiebung in *seitens des Betriebes und dem*

Vorstand; besser als *seitens* ist im Übrigen *vonseiten,* wenn nicht einfaches *von* genügt. Die Präpositionen auf *-s* wie *seitens, angesichts, namens* stehen bekanntlich – Sick sei gedankt – mit dem Genitiv; auch *wegen* verlangt den Genitiv; doch wird *wegen meiner* durch *meinetwegen* ersetzt.

4.8 *Zwar* ohne *aber*?

Auf *zwar* muss *aber* oder *jedoch* folgen, sonst hängt es in der Luft. Das Wort, das für *zwar* eintritt, wenn es allein bleiben soll, ist *allerdings* (dialektal auch *freilich*). Und bitte das *aber* noch im selben Satz anbringen, damit der Leser nicht zu lange wartet, was allerdings immer noch besser ist, als ihn vergeblich warten zu lassen!

4.9 *Gefolgt von* und das Passiv

Das Verbum *folgen* verlangt den Dativ ('Ich folge *ihm*'). Folglich ist 'Verein A *gefolgt von* Verein B,' obwohl sehr geläufig und praktisch, grammatisch falsch. Mit noch größerer Entschiedenheit zu verwerfen ist jedoch das regelrechte Passiv in 'Verein A *wird gefolgt von* Verein B.' Auch ein unpersönliches Passiv lässt *folgen* nicht zu: 'Es kann dem nicht gefolgt werden' ist ungrammatisch. Dagegen ist dieses Passiv in einigen Fällen möglich geworden, in denen es zur Vermeidung des auktorialen *ich* oder anstelle von *man* benutzt wird, zB 'Es kann nunmehr einigen Ansätzen anderer Art nachgegangen werden'; 'Es kann davon ausgegangen werden'; 'Dem kann beigepflichtet werden' (statt besser 'Es ist nunmehr möglich, … nachzugehen'; 'Man kann davon ausgehen'; 'Man kann dem beipflichten').

4.10 Verbsyntax

'Deshalb lasst uns an einen Tisch setzen', sagt ein Bundesminister in einem Interview, und in einer wissenschaftlichen Arbeit heißt es 'Im Grundsatz zuzustimmen ist auch, dass die Landschaften des Künstlers mit ähnlichen Darstellungen in der Literatur zu sehen sind' (korrekt: 'zuzustimmen ist auch der Erkenntnis, dass'; *dass* leitet einen sog. Appositivsatz ein). Sehr häufig ist eine Fehlkonstruktion beim Verbum *assoziieren,* zB 'Bei dem Wort *Ehre* assoziiert die Bevölkerung eine Eliteklasse' (statt korrekt 'mit dem Wort *Ehre*'); 'Die Kürzung SALT lässt kaum positive Bedeutungen assoziieren' (statt '… lässt aufkommen' oder 'wird kaum mit positiven Bedeutungen assoziiert'). Ein Theologe schreibt, '… weil diese Rede (von Gott) ein ausschließlich männliches Wesen assoziiert,' und bei Herrn Sick hatte mal jemand *die Assoziation, dass* (Sick 1:13), was in der Tat hingehen kann.

PARTIZIPIEN: Da das Partizip das gleiche Subjekt haben sollte wie das finite Verb des Satzes, kann man, streng genommen, nicht sagen 'Beiliegend sende ich Ihnen … 'oder 'Unterstützend werden die wesentlichen historischen und literarischen Entwicklungen vom Mittelalter bis zur Gegenwart dargestellt'. (Remedur: 'Mit der Anlage sende ich Ihnen …' bzw 'Zur Unterstützung des Vorzutragenden werden …'). Obwohl solche Partizipien inzwischen nicht mehr als falsch empfunden werden, sollte man sie meiden. Zum Passiv bei *um … zu* siehe oben §4.1.

4.11 Artikel von Titeln

'In *Die Räuber*' oder 'In den *Räubern*'? Zwar ist es korrekt zu schreiben 'Schiller sagt in *Die Räuber*', doch es klingt merkwürdig pedantisch. Regel: Wo immer es nicht auf Exaktheit des Titels ankommt, schreibe man natürlich und beziehe den Artikel eines Titels in die Syntax des Satzes ein, zB 'in den *Räubern*', 'in der *Zeit*' (aber 'des *Spiegel*,' nicht *Spiegels*). Ja, man sagt sogar 'im *Faust*', obwohl es im Titel gar keinen Artikel gibt, weil dies natürlicher klingt als korrektes 'in *Faust*'. Im Übrigen kann man sich immer durch Einfügung der Gattungsbezeichnungen ('in dem Stück *Die Räuber*') aus der Affäre ziehen.

5 Stilistisches

5.1 *z.B. (zB) … u.a./usw. (usw)?*

Nach einer durch *zB* eingeführten Aufzählung, so heißt es, kann logischerweise nicht mehr *u.a.* oder *usw* folgen, weil Beispiele eben nur Beispiele sind und stets eine Auswahl aus einer Gesamtheit darstellen. Die Regel ist jedoch pedantisch, weil ja auch gemeint sein kann, es gebe weitere *Beispiele*, die man nicht aufzählen wolle. – In manchen Fällen ist *zB* auszuschreiben (siehe §2.4 oben), und in deutschem Text schreibt man *usw*, nicht *etc*.

5.2 'Bekanntlich'?

Vielleicht hat der sog. Angeber nicht nur mehr vom Leben, sondern auch mehr von der Wissenschaft, und niemand ist frei von der Versuchung, zum Ausdruck zu bringen, dass er dies oder jenes (selbstverständlich) wisse, weil es 'bekanntlich' so sei. Der Leser, der es *nicht* weiß, ist gebührend zerknirscht: eine feine Art von Repression durch den Autor mit

Hilfe von 'bekanntlich'! Allerdings gibt es schlimmere Arten stilistischen Angebertums: siehe §5.5 unten.

5.3 Missverständliches *selbst*

Da *selbst* auch 'sogar' bedeuten kann, kommt es gelegentlich zu einer ambigen Wortstellung, zB 'Was mein Buch angeht, so hätte ich selbst bei einem späteren Erscheinungstermin nichts unternommen' (*ich selbst* oder *selbst bei einem späteren Erscheinungstermin*?). Besserung: *ich persönlich* bzw *sogar*.

5.4 Falsche Stilebene

Ebenso wenig wie allzu hochtrabende stilistische Experimente sind umgekehrt ausgesprochen saloppe Stilformen angebracht. Auch hier sind die Grenzfälle gefährlicher als die weniger häufigen Extreme. Niemand wird wahrscheinlich schreiben, 'Das haute nicht hin', aber schon ein 'Das kam nicht an' kann in einem ungeeigneten Kontext merkwürdig klingen. Die folgenden Fälle sind mir begegnet: *Hierbei spielte die erste Geige ein gewisser X*; *er war eine Kanone auf seinem Gebiet*; *unter aller Kanone*; *sein Besitz war flöten gegangen, draufgegangen*; *er war abgehauen*; *er war danach so geladen* (= 'erzürnt'); *in dieser miesen Situation*; ferner die Wörter *Mumpitz, Knackpunkt, Flop, Kniff* (für *Kunstgriff*), *schmeißen, kaputt*. Auch die sog. Tmesis ist deutlich umgangssprachlich oder dialektal, zB 'Wo diese Form herkommt, ist nicht bekannt' (statt richtig *woher ...*); 'wo dies hinführt' (statt *wohin ...*). Letztlich ist es natürlich eine Geschmacksfrage, wie weit man in Richtung auf saloppe Ausdrucksweisen gehen möchte und wo die Grenze zu einer eher peinlichen Burschikosität zu ziehen ist.

5.5 Stilistisches Imponiergehabe und Jargon

In den Geisteswissenschaften stößt man – eher als in den Naturwissenschaften – oft auf einen erschreckenden Jargon. Zwar ist die Stilebene richtig, aber es wird übertrieben. Es scheint mir eine Aufgabe zukünftiger Universitätserziehung zu sein, die wissenschaftliche Einfachheit (die manchmal gleichbedeutend mit Ehrlichkeit sein kann) wieder zu Ehren zu bringen. Wer schreibgewandt ist, wird leicht Opfer des Nach-mir-die-Sintflut-Syndroms: er/sie häuft gelehrt und modisch klingende Fremdwörter, baut komplexe Sätze und kleidet auch noch einfache Inhalte in bombastische Aussagen – alles in dem Bewusstsein, dass der Leser schuld sei, wenn er Verständnisschwierigkeiten habe. Stilistisches Imponiergehabe zeigt zB der folgende Satz, der inhaltlich das Gegenteil dessen fordert, was er stilistisch demonstriert: 'Ein sprachwissenschaftstheoretisches Postulat ist das der Adäquatheit metasprachlicher Feststellungen zu den empirisch beobachteten Phänomenen, das heißt: linguistische Extrapolationen sollen den tatsächlichen Verhältnissen gerecht werden'; soll heißen: 'Man beschreibe die sprachlichen Befunde adäquat!' Ein Semiotik-Kongress hatte sich u.a. vorgenommen: 'Grundlagentheoretische Reflexion handlungspragmatischer und kommunikationssoziologischer Bedingungen multimedialer Kommunikation mit dem Ziel der Entwicklung integrativer Ansätze einer Theorie sozialer Interaktion'. Die Kongressteilnehmer waren aufgerufen, 'verschiedene Initiativen nicht nur zu unterstützen, sondern mit ihren Beiträgen zu *materialisieren*'. Ob die Projektstrategien *implementiert* werden konnten, ist mir nicht bekannt.

Einzugestehen ist, dass sich das stilistische Imponiergehabe häufiger bei Journalisten als bei Wissenschaftlern findet. In einer Filmrezension in der *Zeit* vom 17.12.2003 ist zB die Rede von monothelitischen Superlativen in der globalen Blockbuster-Landschaft der *Ringe,* von hermeneutischen Exzessen der Filmtrilogie, von allerlei 'Binnenepen' und bushistischen Erlösungsfantasien, um nur einige der terminiologischen Exzesse zu nennen. Aber auch ein Theologe spricht von der Dominanz eines Verlags über die deutsche Diskurslandschaft, und ein Linguist zitiert zustimmend aus der Beschreibung eines Studiengangs "Ethik der Textkulturen":

"[Er ...] soll die ethische Orientierungsleistung jener Kulturwissenschaften reflektieren [...], die in besonderem Maße mit der Auslegung und Vermittlung von Texten befasst sind, [... und zwar] jeweils unter einer kulturgeschichtlichen Perspektivierung. Fokussiert wird dabei auf eine Voraussetzung ethischen Denkens und Handelns, die aufgrund ihrer vermeintlichen Selbstverständlichkeit sich der Wahrnehmung bevorzugt entzieht, nämlich die sprachliche Verfassung des Wertens." (Eckige Klammern im Original.)

Dass dieser Text in erster Linie imponieren will, ist offenkundig, und was unter einer "sprachlichen Verfassung des Wertens" zu verstehen ist, weiß wohl nur sein Autor. Auch die Beispiele 3 und 4 in II.5.8 unten ließen sich hier anführen. Stlistisches Angebertum und Abstraktitis sind weit verbreitet und als Habitus nur schwer bekämpfbar.

5.6 Zitate

Die Warnung vor ungeschickten Verschmelzungen aus Hauptteil, Abschnitt 4.8 sei wiederholt. 'Esperanto scheidet für ihn aus, da "everybody will not learn a language" ' zitiert jemand einen englischen Autor. Besonders misslich sind auch Pronominalverrenkungen der folgenden Art: 'Er sagte, dass er seine "innere Kraft aus meiner ländlichen Umgebung" schöpfe' oder 'Das konnte er "aus meiner viermonatigen Erfahrung an der Universität Dresden" nicht gelten lassen.' (Richtig: Das Ganze in indirekter Rede belassen und *nicht* zitieren, also etwa 'Das könne er, wie er sagte, aus seiner viermonatigen Erfahrung … nicht gelten lassen.') Es ist unnötig und störend, innerhalb der indirekten Rede noch einen kleinen Happen wörtlich zitieren zu wollen.   Anfänger neigen manchmal dazu, ein Zitat einzuführen, indem sie dieses selbst Zitat nennen, zB 'Man kann dies auch als Kritik verstehen, wie aus folgendem Zitat von Müller hervorgeht: …' (richtig: 'wie aus der folgenden *Bemerkung* von Müller hervorgeht').

5.7 Anglizismen

Denglisch grassiert allenthalben. Zu den am häufigsten anzutreffenden Anglizismen gehören die folgenden: *in anderen Worten* (statt *mit anderen Worten*), *in 1994*, *in Englisch* (statt *auf Englisch,* früher *auf englisch*), *einmal mehr* (statt *wieder einmal*), *Für weitere Einzelheiten siehe* (statt *Weitere Einzelheiten siehe in …, bei …*) sowie die Parenthese in 'Beide Länder verzichten auf den Besitz von, und die Verfügungsgewalt über, atomare Waffen' (mit falschem Kasus in Bezug auf *von*). *Meinen* im Sinne von 'bedeuten' ist zwar nicht ganz neu, aber besonders in neuerer Zeit von engl. *to mean* aus populär geworden, wenn man sich pathetisch ausdrücken möchte, zB 'Parusie meint Anwesenheit und Gegenwart des Idealen im Realen' (statt 'unter Parusie versteht man,' 'Parusie bedeutet').

Einflüsse auf die Wissenschaftssprache sind zahlreich, zB *Term* statt *Terminus, insistieren auf* (für *bestehen auf*), *mit Rekurs auf, Konsistenz* (für *Folgerichtigkeit*), *Reliabilität, Deletion* (für *Streichung, Löschung*), *exhaustieren, Referent* (für *Bedeutung,* etwa eines Wortes) – um nur einige wenige zu nennen. Es ist gänzlich unnötig, statt von einer Untersuchung von einem *Check-up* oder statt von einem Schrittmacher stets von einem *Pacemaker* zu sprechen. Bildungen wie *alludieren* (für 'anspielen auf') und *intuieren* (für 'intuitiv denken an') sind Anzeichen stilistischen Imponiergehabes, was erst recht von folgendem Satz gilt: 'Diese Politik buchstabierte [!] gezielte Wirtschaftsförderung.'

5.8 Logik und Verständlichkeit

Eine logisch einwandfreie Ausdrucksweise ist kaum lehrbar. Auch ist die Grenze zwischen falschem Wortgebrauch, falscher Syntax und (nur) falscher Logik oft schwer zu ziehen. Wir betrachten die folgenden Beispiele:

(1) 'Die Vorstellung, die Hochschule möge Stütz- und Nachholkurse anbieten, ist aus Kapazitätsgründen nicht möglich' (*Dt. Univ.-Ztg.* 19:604). Zu beanstanden ist: (a) Eine Vorstellung ist kein Wunsch; *möge* ist daher falsch, *könne* wäre denkbar. (b) Wir können zwar von einer unmöglichen (d.h. abwegigen, unsinnigen) Vorstellung sprechen, aber der Verfasser benutzt *nicht möglich* wörtlich. Er meint, es sei *der Universität* nicht möglich, solche Kurse anzubieten, und hält zugleich wohl auch die Vorstellung mancher Leute, sie könne dies doch, für 'unmöglich' (d.h. abwegig).

(2) *Duden:*Band 9 schreibt, zwischen *besonders wenn* stehe im Allgemeinen kein Komma (s.v. *besonders*). Gemeint ist: 'zwischen *besonders* und *wenn*' oder 'innerhalb der Fügung *besonders wenn*'. Die Regel ist richtig (siehe §2.5 oben), ihre Formulierung jedoch missraten.

(3) Im folgenden Beispiel haben wir eine eklatante Kongruenzverletzung, zusätzlich aber stolpert man über das zweimalige *als*, was bei dem Imponierstil die Sinnerfassung merklich erschwert:

"In dem Maße, in dem die schulischen Curricula und Fächer in den Zugriff einer gesellschaftspolitisch orientierten Didaktik als Wissenschaft von der psychologisch und soziologisch abgesicherten Selektion und Vermittlung als jeweils relevant und 'gesellschaftsethisch' erkannter Inhalte gerät, unterliegt jedes Fach allgemeiner permanenter Innovation."

(4) Im folgenden Beispiel ist die Verknüpfung von Haupt- und Nebensatz unlogisch und das reflexive Verbum *sich fixieren an* ungebräuchlich:

"Entscheidendes Problem für die Kooperation von Linguistik und Literaturwissenschaft ist das, wo vorgeblich ihre Gemeinsamkeit liegt: im Text. Die Literaturwissenschaft fixiert sich z.T. an der Individualität von Texten."

Es gibt zahlreiche weitere logische Fehler, die hier nicht systematisiert werden können, zB 'eine rückblickende Darstellung auf die Kämpfe der 60er Jahre' (statt 'eine auf die Kämpfe zurückblickende Darstellung'); 'aus beruflichen Gründen seines Vaters verbrachte er zwei Jahre in Berlin' (statt 'verbrachte sein Vater – und somit auch er – zwei Jahre'). Sehr häufig ist ein falscher Bezug bei Komposita mit Genitiv, zB 'das Beschreibungsinstrumentarium des Bevölkerungswachstums' (statt 'das Instrumentarium zur Beschreibung ...'). Auch falsche *ob*-Sätze sind häufig, zB 'Ob der Autor dies tatsächlich gemeint hat, ist unwahrscheinlich' (lies: *... ist fraglich* oder *Dass der Autor ...*).

5.9 In Zitaten sprechen?

Ein Sprechen in Zitaten, dh der Ersatz der eigenen Formulierung durch Worte anderer, kann, wenn nur gelegentlich und sparsam angewendet, recht elegant wirken. Kritisch wird es, wenn Schmuckzitate zu einer Manier werden:

Schließlich bedeutet die aus der Angst vor dogmatischer Verengung resultierende Ablehnung "fester Gattungsdefinitionen,"[1] "rigoristischer Bestimmungsversuche"[2] oder "starrer Normisierung"[3] letztlich den Verzicht auf die Konstitution einer allgemein verbindlichen Terminologie und verschärft damit eine der "traditionellen Schwächen der Literaturwissenschaft: ihre Begriffs- und Kommunikationslosigkeit."[4] [Die Ziffern weisen auf die Fundorte der Zitate hin.]

Hier werden einem einzigen Satz nicht weniger als vier Zitate von vier verschiedenen Autoren einverleibt. Dies ist schlechter Stil und verkennt den Sinn des Zitierens, wie zu Beginn von Kapitel 3 dargestellt.

5.10 'Wir' oder 'Ich'?

Häufig wird gefragt, wie man in einer wissenschaftlichen Arbeit von sich selbst sprechen sollte. Der *pluralis modestatis* der ersten Person, auch als 'kommunikativer' oder 'auktorialer Plural' bezeichnet (*wir, uns, unser*), gehört zu den zahlreichen Konstruktionen, durch die das auktoriale *ich* sprachlich vermieden werden kann. Zu solchen rivalisierenden Konstruktionen gehört das Passiv ('Es wird darauf hingewiesen …'), der Konjunktiv ('Es sei noch erwähnt …') sowie die Konstruktion in der dritten Person: 'Der Verfasser ist der Meinung …'. Die dritte Person wirkt gestelzt und kann hier und da sogar missverstanden werden, zB in Rezensionen. Der auktoriale Plural, der noch keineswegs ausgestorben ist, wirkt heute antiquiert. Wer ihn benutzt, wirkt ebenso affektiert wie Malvolio in gelben Strümpfen (in Shakespeares *Was ihr wollt*). Dass diese Plüsch-Reminiszenz dennoch unausrottbar zu sein scheint, beweisen zahlreiche Arbeiten einschließlich einiger Übersetzungen. Mir ist eine Projektbeschreibung im *wir*-Stil begegnet, bei der zurückgefragt werden musste, ob es sich um ein Kollektivunternehmen handele.

Von diesem 'exklusiven' auktorialen *wir* zu unterscheiden ist das 'inklusive' auktoriale *wir,* das den Leser in das Gemeinschaftsunternehmen der Gedankenführung einzubinden sucht und das ohne weiteres gestattet ist. Man kann durchaus sagen 'Wie wir im letzten Abschnitt gesehen haben' (dh der Leser und ich) oder 'Wir kommen jetzt zur nächsten Frage', ja sogar – als Grenzfall – 'Wir stellen dies folgendermaßen dar', aber nicht 'Wir machten den folgenden Versuch' oder 'unseres Wissens', wenn der Autor sich selber meint.

5.11 Modernismen

Innovation und Nachahmung sind die Motoren des Sprachwandels. Irgendjemandem fällt als Übersetzung von engl. *in this field* nichts besseres ein als 'auf diesem Felde' (statt 'auf diesem Gebiet'). Dies gilt jedoch bald als modisch und schick. Als in den 60er Jahren *hin-*

terfragen Mode wurde, war meine Haltung zunächst abwehrend, aber es lässt sich nicht bestreiten, dass es ein nützliches Verbum ist. Für das in §5.5 genannte *implementieren* kann Ähnliches gelten. Dennoch ist Vorsicht geboten. Oft sind mit stilistischen Moden zugleich gruppensprachliche Etikettierungen und Bekenntnisse verbunden, sodass der naive Gebrauch bestimmter Neologismen peinlich wirken kann. Es zeugt *nicht* von gutem Geschmack, wenn man Journalisten und Politiker nachahmt und etwa das Verbum *verkommen* (*zu*) für alle möglichen läppischen Situationen benutzt, zB 'Die Regierung ist zu einem Reparaturbetrieb verkommen' statt '... ist nur noch' oder allenfalls 'ist heruntergekommen zu'. Politiker finden auch Schlimmes nicht einfach unverständlich oder unbegreiflich, sondern 'nicht nachvollziehbar,' wenn sie ihren Satz nicht mit 'Es kann nicht sein, dass' beginnen.

5.12 Elegante Variation?

Es ist richtig, unnötiges Wortgeklingel zu vermeiden ('*Häuf*ig stößt man auf eine An*häuf*ung von ...'), aber die als absichtlich erkennbare Variation ist stilistisch ebenfalls unangebracht ('Der Roman *erschien* 1952, die Gedichte *kamen* ein Jahr später *heraus*, und die Tagebücher *wurden* 1963 *veröffentlicht*'). Sie kann sogar irreführend sein, wenn sie Fachbegriffe betrifft, deren Wiederholung man nicht zu scheuen braucht.

5.13 Hinkende Metaphern

Hier drei Beispiele: (1) 'Thematisch hat der Band zwei Schwerpunkte: der eine knüpft an die Jahrestagung von 1993 an, der zweite gilt der Literatur'. Ein anknüpfender Schwerpunkt? Schwerpunkte liegen irgendwo oder betreffen etwas! – (2) 'Damit fallen die Weichen in Richtung auf Methode 2'. Würfel und Entscheidungen fallen, Weichen werden gestellt oder 'stehen auf (Fahrt)'! – (3) 'Man drängte die Kommission, einen Beschluss zu fällen.' Man fällt ein Urteil, aber fasst einen Beschluss!

5.14 Falsche Fährte

Man richte seinen Stil so ein, dass der Leser nicht einen anderen Fortgang des Textes vermuten muss, als tatsächlich eintritt, zB 'Das Wörterbuch will allen Sprechern gerecht werden und führt deswegen so viele Aussprachemöglichkeiten auf, wozu viel Platz erforderlich ist' (statt 'und führt daher sehr [!] viele ...;' man erwartet sonst: *deswegen, weil*). Oder: 'Aus dieser geschilderten Auffassung heraus erwächst logischerweise die der Prager Schule vollkommen entgegengesetzte Untersuchungsmethode, insofern als ich auch bei schriftlichen Texten eine Intonation postuliere.' Man merkt zu spät, dass die entgegengesetzte Methode die des Sprechenden ist, was durch ein mutiges '*meine ... Untersuchungsmethode*' vermieden worden wäre.

5.15 Sexismus, Angstformen und Ähnliches

Sprachliche Sexismen sind oft nicht leicht zu vermeiden (sie werden in Anhang II *nicht* systematisch vermieden). Kann man nicht auf den Plural ausweichen, bleibt nichts, als *er/sie* bzw *sein/ihr* oder – etwas kürzer – auch *jede/r* zu setzen. Absurd wirken jedoch die aus Angst vor Sexismus vor allem bei um Stimmen bangenden Politikern geläufig gewordenen Binome vom Typ 'Bürgerinnen und Bürger,' 'Wählerinnen und Wähler' usw, weil, sprachlich gesehen, *Bürgerin* die sog. 'markierte' Form ist, die nur dann benutzt wird, wenn es auf das Geschlecht ankommt, während *Bürger* als nicht-markierte Form für beide Geschlechter steht (besonders der Plural *die Bürger,* der sich in nichts von einem neutralen Plural wie *die Studierenden* unterscheidet). Sicher ist der männliche Artikel in '*der* Bürger' misslich, aber nicht misslicher als '*das* Kind,' '*der* Hund', '*die* Katze', '*die* Taube' und viele ähnliche Fälle. *Der Mensch* ist ohne weibliche, *die Geisel* ohne männliche Form. Unnötig, wenn nicht unsinnig, ist es daher auch, die Form *Bürgerinnen* als die nicht-markierte und damit generelle Form zu verwenden oder die männlichen und weiblichen Formen abwechselnd zu gebrauchen. Misslich sind ohnehin Pluralformen wie *Amtsinhaberinnen, Bedenkenträgerinnen, Verbrecherinnen, Jüngerinnen, Botinnen, Diebinnen, Poetinnen* (es gibt seit 1999 einen *Gottespoetinnenpreis*) und viele andere. Auf den ersten Blick praktisch scheinen eher neue Schreibungen wie *BürgerIn, BürgerInnen* zu sein, doch die Schreibung hat kein Ausprachependant, und die Sache funktioniert schlecht bei *Kolleg[e]In,* und auch der umlautenden *HündIn* muss man diese Schreibung wohl versagen. Nur sprachsoziologisch unbedarfte Witzboldinnen und Witzbolde werden auch *man/frau* schreiben; denn in diesem Falle tut schon die Orthografie den Charakter des Wortes als den eines Pronomens kund, das bedeutungsmäßig nichts mit dem Nomen *Mann* zu tun hat.

ANMERKUNGEN: (1) Es ist interessant zu sehen, dass zuweilen dieselben Pedanten, die uns die umständlichen Binome bescheren, unbekümmert und gedankenlos von *Bananenrepubliken* sprechen und mit einem derartigen Dysphemismus eine Staatsform und einen Wirtschaftszweig zugleich diffamieren – von der 'sprichwörtlichen alten Oma ' oder von 'Lieschen Müller ' gar nicht zu sprechen. (2) *Duden* Band 9 hat einen Artikel "Political Correctness" über die Bezeichnung soziologischer Gruppen, zB *Sinti* und *Roma* statt *Zigeuner,* sowie einen weiteren Artikel "Gleichstellung von Frauen und Männern", der Möglichkeiten zur Vermeidung von Sexismen aufführt, aber, wie zu erwarten, nichts von unmarkierten Formen weiß.

5.16 Bastian Sick und gutes Deutsch

Bücher über korrekten Sprachgebrauch sind dünn gesät. Sind die populären Bücher von Sebastian Sick für den wissenschaftlichen Autor zu empfehlen? In der Tat deckt Sick einiges ab, was auch in diesem Anhang zur Sprache gekommen ist (zB *gewinkt* statt falschem *gewunken* oder was er die Wähler/innen-Seuche nennt). Leider sind die Sick-Bücher jedoch zugleich voller Schwächen und Missgriffe. Da ist zunächst der penetrant witzig sein wollende Tenor, der es zulässt, dass ganze Seiten mit Histörchen und Beiläufigem vertan werden. So braucht er für falsches *größer wie* statt *größer als* volle drei Seiten (Sick1:201–203), für die Unterscheidung zwischen *das* und *dass* annähernd fünf. Lang und breit lässt er sich darüber aus, ob die Frau eines Bundespräsidenten oder eines Regierungschefs eine First Lady sei (1:152), was mit Grammatik oder Stilistik nichts zu tun hat. Daneben gibt es auch regelrecht Falsches. So dekretiert Sick, die Bezeichnung *Studierende* sei ein grammatischer Missgriff, weil *der/die Studierende* im Augenblick auch wirklich dabei sein müsse zu studieren (171). Selbst wenn dies stimmte (es stimmt nicht), hätte es mit Grammatik nichts zu tun, sondern allenfalls mit Semantik. Eine Verwechslung von Sprache und Schrift liegt vor in dem folgenden Satz: "Redewendungen sind das Salz in der Buchstaben-suppe, in der wir alle Tag für Tag herumrühren" (39). Die Metaphorik ist ganz abwegig und daher auch nicht witzig: wir sprechen keine Buchstaben, sondern Laute. Von dem Ausdruck, dass Geld in die Kassen *gespült* werde, heißt es, diese Form der Geldwäsche sei stilistisch ein Verbrechen (130), was barer Unsinn ist, auch wenn der Ausdruck vielleicht gelegentlich unpassend verwendet wird. Unsinnig ist auch der folgende Satz als Reaktion auf die Schlagzeile "Busunglück mit 13 Schwerverletzten": "Nun sind diese armen Menschen schon schwer verletzt, und dann rast auch noch ein Bus in sie hinein" (138). Die Schlagzeile spricht keineswegs von einem Bus mit Verletzten, sondern von einem Unglück mit Verletzten! An Ausdrücken wie *Spargel satt* oder *Erotik pur* ist nichts auszusetzen; sie gehören zu den Nomina mit adverbialen Ergänzungen wie der *Mann im Mond, Ideen von gestern, Geld genug* und verletzen keine Grammatikregel (24). Kritik an dem Ausdruck 'Wir bitten um Ihr Verständnis' ist abwegig. Der Anglizismus *Sinn machen*, ("alles andere als gutes Deutsch" – 47), mag überflüssig sein, verletzt jedoch keine Regel. Sick weiß, dass man sagen kann *Ich fahre mit der Bahn* (statt *mit dem Zug*), aber obwohl es, wie er selber suggeriert, haarspalterisch sein möge, versteht er *Bahn* nur wörtlich als 'Fahrbahn' (68f). Was soll das? In Folge 2 hören wir, das Wort *Imperfekt* stamme aus dem Französischen, und dort werde zwischen *passé simple* und *imparfait* unterschieden. Natürlich stammen *Perfekt* und *Imperfekt* aus dem Lateinischen, und das Französische unterscheidet allenfalls zwischen *passé simple* un *passé composé* (2:29). In der Tat gibt es nahezu auf jeder Seite der

Sick-Bücher Beanstandenswertes. Wer sich trotzdem die Mühe macht, aus dem Wust von Anekdoten und Witzigkeiten die gelegentlich vorhandenen Rosinen herauszupicken, kann auch aus diesen Büchern etwas lernen.

6 Ahnungslose Plagiatoren

Wer einen fremden Text wörtlich oder inhaltlich übernimmt und ihn als seinen eigenen ausgibt, betrügt den Leser und macht sich des Plagiats schuldig. Man sollte vermuten, dass so etwas nur ganz selten vorkäme und somit kaum einer Diskussion bedürfte. Erstaunlicherweise sind jedoch zahlreiche Seminararbeiten, die man zu lesen bekommt, voller Plagiate, manche von ihnen sogar ein einziges Plagiat, ohne dass ihren Verfassern dies klar geworden wäre. Oft führen verhältnismäßig harmlos wirkende Indizien zur Entdeckung böser Plagiate. In einer Semesterarbeit fiel mir auf, dass im Zusammenhang mit der englischen Orthografie plötzlich von Klassenprivilegien die Rede war, die angeblich durch orthografischen Konservativismus gefestigt würden. Es war nicht schwer, als Quelle hierfür eine Ostberliner Schrift aus den sechziger Jahren auszumachen. In einem anderen Fall wurde ich von einem Kollegen mit einem kurzen Satz unter Benutzung von Anführungszeichen zitiert, wofür auch brav die Quelle angegeben wurde. Tatsächlich aber war auch ein großer Teil des nachfolgenden Texts einschließlich eines längeren Zitats von mir entlehnt worden, was aber nun gerade wegen des voraufgehenden *wörtlichen* Zitats dem Leser als eigener Text des betreffenden Autors verkauft wurde.

Dass die Plagiate in studentischen Arbeiten oft unbeabsichtigt sind, geht schon daraus hervor, dass die kopierten Quellen manchmal schon deswegen leicht zu ermitteln sind, weil sie in der Bibliografie oder in Anmerkungen offen genannt werden, sodass sich nun die Frage stellt, ob eine Nennung des Werkes, sei es im Text oder in einer Anmerkung, denn nicht genüge. Die Antwort ist ein klares Nein, und dies wird offenbar von vielen nur mühsam oder gar nicht verstanden. Die studentischen Plagiate sind in erster Linie ein *stilistisches* Problem.

Die Frage, ob jemand das Werk, das er exzerpiert hat, in der Bibliografie oder sogar in verstreuten Anmerkungen erwähnt (etwa bei Gelegenheit wörtlicher Zitate) spielt für die Plagiatfrage überhaupt keine Rolle. Das ganze Problem spitzt sich auf die Frage zu: Sind die stilistischen Signale exakt und ausreichend genug, damit der Leser an jeder Stelle *des Textes* entscheiden kann, ob der Verfasser selbst zu ihm spricht oder ob er nur irgendetwas aus zweiter Hand mitteilt. So kann man zB im Text oder in einer Anmerkung sagen, 'Die folgenden Ausführungen nach …', und der Leser wird auch faktische Darstellungen im Indikativ richtig verstehen. Doch Vorsicht! Der Leser rechnet nicht damit, dass die Verkehrsbeschränkung etwa noch im nächsten Absatz gelten soll. Man mache sich endgültig von der Vorstellung frei, eine einmalige Nennung einer Quelle genüge, wenn der Leser im Unklaren darüber gelassen wird, was genau mit einer solchen Nennung abgedeckt werden soll. Auch den ahnungslosen Plagiator erwartet kein Freispruch.

ANMERKUNG VON MATTHIAS MEYER: In jüngerer Zeit häufen sich an Schule und Universität Fälle, in denen durchaus 'ahnungsvolle' Plagiatoren der großen Versuchung erliegen, längere Textteile aus Internet-Dokumenten direkt aus dem Browser in die eigene Arbeit zu übernehmen, ohne dass dies dem Leser mitgeteilt würde. Man hofft hier offensichtlich, der Korrektor werde die tatsächlich benutzte Internet-Quelle schon nicht finden und vergisst dabei, dass auch Korrektoren Suchmaschinen bedienen können. Hier sei auf den sehr lesenswerten Artikel von Wolfgang Wirth hingewiesen, der beklagt, dass der heute weit verbreitete unkritische Umgang mit dem Internet generell das wissenschaftliche Arbeitsethos korrumpiert:

"Vor allem bei studentischen Arbeiten ist zu vermuten, dass in Einzelfällen nicht nur die Recherche, sondern die ganze Arbeit am letzten Abend vor dem Abgabetermin entsteht. […] Ganze Textpassagen inklusive Grafiken werden vom Netz heruntergeladen und digital zu einem gedanklichen Flickenteppich zusammengeschustert, der dann auch noch als eigenständige geistige Leistung ausgegeben wird. Das gezielte Einkreisen eines Themas oder altmodische, aber bewährte Praktiken wie Bibliographieren oder Exzerpieren sind bei solcher Produktionsweise überflüssig geworden." (2002:19; siehe Bibliografie).

Besonders riskant für die Verfasser ist dies an allen Hochschulen und Schulen, an denen Plagiatsverstöße per Dekret zwangsläufig auch dann zur Gesamtbewertung 'ungenügend' (bzw 'mangelhaft' oder '0 Punkte', je nach Bewertungsskala) führen, wenn nur einzelne Abschnitte betroffen sind. Unter Umständen riskiert man den Ausschluss vom Abitur oder die Exmatrikulation vom Studium. *Caveat auctor!*

Anhang III: Allgemeine Abkürzungen

Die folgende Liste enthält die wichtigsten allgemeinen Abkürzungen im deutschsprachigen Schrifttum, ferner die Mehrzahl der lateinischen Abkürzungen sowie einige der häufigeren Abkürzungen anderer europäischer Sprachen, wobei im letzteren Falle weder die Abkürzungen noch die Auflösungen romanischer Wörter für alle Einzelsprachen aufgeführt werden, auch wenn die Schreibungen wie in lat. academia, *ital.* accademia *divergieren (angedeutet durch 'usw'). Die Liste enthält keine fachspezifischen und physikalisch-technischen Abkürzungen wie zB solche für Maße und Gewichte. Hierfür ziehe man einschlägige Abkürzungsverzeichnisse zu Rate, von denen einige nebst allgemeinen Abkürzungslexika in der Bibliografie verzeichnet sind.*

a.	*ante* 'vor' 'früher als' (zB auch a900)
a.a.O.	am aufgeführten Ort
Abb.	Abbildung
Abh.	Abhandlung
ab init.	*ab initio* 'von Anfang an'
Abs.	Absatz
Abt.	Abteilung
ac., acc., Ak.	*academia* usw
acc.	*accedit* (Zusatz, Zugang)
ad inf.	*ad infinitum* 'usw', 'unendlich'
ad. int.	*ad interim* 'inzwischen'
ad lib.	*ad libitum* 'beliebig'
add.	*addidit* 'hinzugefügt von'
aet.	*aetatis* '… alt'
am., amerik.	amerikanisch
an., ann.	*annales* usw 'Annalen', engl. *annual* usw 'jährlich'
Anm.	Anmerkung
ann.	*annotatio; annotavit* 'Anmerkung(en) von'
Anon.	Anonymos
ante	'oben', 'früher'
Anz.	Anzeiger
app.	*appendix* 'Anhang'
Arch.	Archiv

1	asoc., assoc., Ass.	*'asociación'* usw
	Aufl.	Auflage
	Aufs.	Aufsatz
2	augm.	frz. *augmenté* 'vermehrt'
	Ausg.	Ausgabe
	ausgew.	ausgewählt
3	B.C.	engl. *before Christ* 'ante Christum natum'
	Bd. (Pl. Bde.)	Band
	Bdch.	Bändchen
4	bearb., Bearb.	bearbeitet (von), Bearbeitung, Bearbeiter
	bed. verm.	bedeutend vermehrt
	begr.	begründet
5	Beih., Bh.	Beiheft
	Beil.	Beilage
	Beisp.	Beispiel [nur *zB, z.B.,* nicht *z. Beisp.*]
6	Bibl., bibl.	Bibliothek usw
	Bl.	Blatt
	bol., boll., bull.	*boletin* usw
7	bzw., bzw	beziehungsweise
8	c., ca.	*circa* 'um', 'etwa', 'ungefähr' (auch *c900*)
	cap.	*capitulum* usw 'Kapitel'
	cf.	*confer* 'vergleiche'
	chap.	*chapitre* usw
9	CIP	Cataloguing in Publication Data
	class., klass.	*classico,* klassisch usw
	cod.	*codex, codices*
A I	col.	*columna* usw 'Sammlung'; *collegit* 'gesammelt von'
	comp.	*comparatus* usw 'verglichen (mit)'; engl. *compiled* 'zusammengestellt (von)'
A II	compl.	*completus* usw 'vollständig'
	corr. corr. impr.	*correctis corrigendis imprimatur* 'nach Korrektur des zu Korrigierenden druckfertig'
A III	cp.	engl. *compare* 'vergleiche' (lat. *cf.*)
	crit., krit.	*criticus,* kritisch usw

cur.	*curavit* 'besorgt von'
ders., dies.	derselbe, dieselbe
d.h., dh	das heißt
d.i., di	das ist
dicc., dict., diz.	*diccionario* usw
diss., Diss.	*dissertatio* usw
do., dto.	*dito, ditto* 'dasselbe'
dt., dt	deutsch
durchges.	durchgesehen
ebd.	ebenda, an derselben Stelle
EA	Erstausgabe
ed. (Pl. edd.)	*editio* usw 'Ausgabe', 'Ausgaben'; *edidit* 'herausgegeben (von)', engl. *editor* 'Herausgeber' (Pl. *eds.*)
ed. cit.	*editio(ne) citata* 'in der angeführten Ausgabe' [nicht dasselbe wie *op. cit.*]
e.g., eg	*exempli gratia* 'zum Beispiel' [im Engl. häufig gebraucht]
eingel.	eingeleitet (von)
Einl.	Einleitung
em.	*emendavit* 'verbessert von'
enl.	engl. *enlarged* 'erweitert'
Erg.	Ergänzung
Erl., erl.	Erläuterung, erläutert (von)
ersch.	erschienen
erw.	erweitert
est., ét.	*estudio, étude* 'Studie'
et. al.	*et alii* 'und andere'; *et alibi* 'und anderswo'
etc.	*et cetera* 'usw' (vgl. *usw*)
ex. rec.	*ex recensione* 'aus der Besprechung'
f. (Pl. ff.), f (ff)	folgend, folgende; engl. *following* (auch f, ff)
f., F.	*folio,* Folio usw 'Blatt', 'folium'
fac., Fak.	*facsimile,* Faksimile usw
fasc.	*fasciculus* 'Heft'
Fig., Fig	Figur

1	filol.	*filología, filológico*
	filos.	*filosofía, filosófico*
	fl.	*floruit* 'blühte,' zB *fl. c. 600* 'wirkte um 600'
2	Fn., Fn	Fußnote
	fol., Fol.	*folio*, Folio usw 'Blatt', 'folium'
	Forts., fortges.	Fortsetzung, fortgesetzt (von)
3	Front.	Frontispiz (Vortitel-Bild)
	frz., frz	französisch
	Fs., FS	Festschrift
	Fußn.	Fußnote
4	f.v.	*folio verso* 'auf der Rückseite des Blattes'
5	gedr.	gedruckt
	Ges.	Gesellschaft
	ges.	(1) gesamt; (2) gesammelt (von)
6	ggf., ggf	gegebenenfalls
	Gesch.	Geschichte
	giorn.	ital. *giornale* 'Zeitung'
7	Gld., Gln.	Ganzleder, Ganzleinen
8	H.	Heft
	Hb.-, Habil.-Schrift	Habilitationsschrift
	Hb.	Handbuch
	Hg. (Pl. Hgg.)	Herausgeber [auch Hrsg.]
9	hg.	herausgegeben (von)
	Hld., Hln	Halbleder, Halbleinen
	h.q.	*hoc quaere* 'siehe dies'
	Hs. (Pl. Hss.)	Handschrift(en)
A I	hs.	handschriftlich
	h.t.	*hoc titulo* 'unter diesem Titel'
A II	ib., ibid.	*ibidem* 'ebenda'
	id.	*idem* 'derselbe' [Verfasser], 'dasselbe'
	ill.	*illustravit* 'illustriert von', illustriert
A III	imp(r).	*imprimatur* 'darf gedruckt werden'
	in lim.	*in limine* 'zu Beginn'

inf.	*infra* 'unten'
Inst., ist.	Institut, *istituto* usw
intro.	engl. *introduction* 'Einleitung'
i.q.	*idem quod* 'dasselbe wie'
ISBN/ISSN	International Standard Book / Serial Number
J.	Journal
Jb.	Jahrbuch
Jg.	Jahrgang
Jh., Jahrh.	Jahrhundert
Jsb., Jsber.	Jahresbericht
Kap.	Kapitel
klass.	klassisch
Komm.	(1) Kommentar; (2) Kommission(sverlag)
Kt., kt.	(1) Karte; (2) Karton, kartoniert
l. (Pl. ll.)	*linea, lineae; line(s)* usw 'Zeile(n)'
lat., lat	lateinisch
lett., lit.	*letteratura* usw, literarisch
Lfg.	Lieferung
libr.	*libreria* usw 'Bibliothek', 'Sammlung'
loc. cit.	*loco citato* 'am angeführten Ort', '*ibidem*'
l.s.c.	*loco supra citato* 'an der oben zitierten Stelle'
MA., MA	(1) Mittelalter; (2) Magister Artium
Masch.	Maschinenschrift (Original und Durchschläge)
Masch. vervielf.	Maschinenschrift vervielfältigt (durch Matrizen)
med.	(1) *mediaevalis*; (2) medizinisch
Mh.	Monatsheft
Mitarb.	Mitarbeiter, Mitarbeit
mitget.	mitgeteilt
Mitt.	Mitteilung
Mitw.	Mitwirkung
m.m.	*mutatis mutandis* 'mit entsprechender Abänderung', 'im ganzen'
Ms. (Pl. Mss.)	Manuskript(e) [auch MS., MSS.]

Mschr.	Monatsschrift
n.	(1) *nota* usw 'Anmerkung'; (2) *natus* 'geboren'
N.B., NB	*nota bene* 'beachte'
n.d.	engl. *no date* 'ohne Datum' (ohne Jahr)
Ndr.	(1)Nachdruck; (2) Neudruck
N.F.	Neue Folge
N.N.	*nomen nominandum* 'der zu nennende (unbekannte) Name', auch als *nomen nescio* gedeutet
no, No.	*numero* usw, auch engl. *number* (Pl. *nos.*); dt. jedoch nur *Nr.*
n.p.	engl. *no place* 'ohne Ort'
Nr., Nr (Pl. Nrn)	Nummer(n)
o.a.	oben angeführt [nur attributiv; Kanzleijargon!]
ob.	*obiit* 'verstorben'
OCR	Optical Character Recognition
o.J.	ohne Jahr
o.O.	ohne Ort
o.p.	engl. *out of print* 'vergriffen'
op. cit.	*opere citato* 'im angeführten Werk'
O.S., OS	engl. (1) *original series* 'alte Serie'; (2) *Old Style* (Daten vor 1752)
o.V.	ohne Verfasser
p., P.	(1) *pars* usw 'Teil'; (2) *pagina* usw 'Seite' (Pl. *pp.*); (3) *partim* 'zum Teil'; (4) *post* 'nach'
p.a.	*per annum* 'jährlich'
pass.	*passim* 'hier und da', 'öfter', 'an verschiedenen Stellen'
phil.	(1) philosophisch (zB in *Phil. Diss.*); (2) philologisch
Pl.	Plural
pref., préf.	engl. *preface*, frz. *préface* 'Vorwort'
proc.	engl. *proceeding(s)* 'Sitzungsbericht(e)'
P.S., PS	*postscriptum* 'Nachschrift', Postskriptum
Pseud.	Pseudonym
pt. (Pl. pts.)	engl. *part(s)* 'Teil(e)'
publ.	engl. *publication, published*

q.v.	*quod vide* 'siehe dies' (in Nachschlagewerken)
Qu.	engl. *quarterly* 'Vierteljahresschrift'
r	*recto [folio]* 'auf der Vorderseite des Blattes', die rechte Seite eines aufgeschlagenen Buches (meist hochgestellt, zB *Fol. 7ʳ*, d.i. die Vorderseite von Blatt 7)
R.	Reihe; *rex* 'König'
rec.	*recensio; recensuit* 'besprochen'
red., Red.	*redactio;* redigiert (von), Redaktion
Reg.	Register
repr.	engl. *reprint* 'Nachdruck', *reprinted* 'nachgedruckt'
resp.	respektive 'bzw'
rev.	(1) engl. *revised* 'revidiert (von)'; (2) *review, revue* usw
Rez., rez.	Rezension, Rezensent; rezensiert (von)
rr.	*rarissime* 'sehr selten'
s.	(1) siehe; (2) *sequens, sequentes; suivant* usw 'folgend(e)' (Pl. *ss.*)
S.	Seite [Plural im Deutschen nicht üblich bei S. *7–15;* sonst ausschreiben]
s.a.	*sine anno* 'ohne Jahr'
Sb.	Sitzungsbericht(e)
sc.	*silicet* 'nämlich', 'ergänze'
sec.	*secundum* 'gemäß', 'nach …'
seq. (Pl. seqq.)	*sequens, sequentes* 'folgend(e)' [auch *sq., sqq.*]
s.f.	*sub finem* 'gegen Ende'
sic	*sic* 'tatsächlich so'
Sig.	Signatur, Signet
sign.	*signatum* 'unterzeichnet (von)', signiert
s.l.a.n.	*sine loco, anno, vel nomine* 'ohne Ort, Jahr oder Name'
Slg.	Sammlung
s.o.	siehe oben
soc.	*society, société* usw 'Gesellschaft'
Sp.	Spalte
St., st.	(1) Studie usw; (2) engl. *stanza* 'Strophe'
Str.	Strophe usw
s.u.	siehe unten

Suppl.	Supplement(-Band)	
sup., supra	'oben'	
s.v.. sv	*sub voce* 'unter (dem Stichwort)'	
t., T.	(1) *tomus, tome* usw 'Band'; (2) Teil	
Tab., Tab	Tabelle, *tabula* 'Tafel' usw	
Taf., Taf, T., T	Tafel	
tr., trad., trans.	*traduction, traduit* usw, engl. *translation, translated* (seltener *transl.*) 'Übersetzung'	
Trans.	engl. *Transactions* 'Verhandlungen', 'Sitzungsberichte'	
Ts.	Typoskript (auch Ts, TS)	
u.a.	(1) und andere(s); (2) unter anderem/anderen	
u.Ä.	und Ähnliche(s)	
u.dgl.	und dergleichen	
u.d.T.	unter dem Titel	
übers.	übersetzt (von)	
u.ö.	und öfter, 'passim'	
usw., usw	und so weiter [nur so zu kürzen, weder *u.s.w.* noch *usf.*]	
ut sup., u.s.	*ut supra* 'wie oben [erwähnt]' *u.v.m.* und vieles mehr	
v	*verso [folio]* 'auf der Rückseite des Blattes', die linke Seite eines aufgeschlagenen Buches (siehe *r*)	
v., V., v, V	(1)von, vor; (2) *vide* 'siehe'; (3) *versus* (Pl. *vv*) 'Vers, Verse' (zB V14)	
v.a.	vor allem [nicht zu empfehlen]	
verb.	verbessert	
Verf., Vf.	Verfasser	
Verh.	Verhandlung(en)	
Verl.	Verlag	
verv.	vervielfältigt(e)	
Verz.	Verzeichnis	
vgl.	vergleiche [nicht für *siehe* oder Quellenangabe verwenden]	
v.inf., v.i.	*vide infra* 'siehe unten'	
viz.	*videlicet* 'nämlich'	
Vjs., VJS	Vierteljahresschrift [auch *Vjschr.*]	
v.l.	*varia lectio* 'andere Lesart'	

vol.	*volumen, volumina*, engl. *volume* (Pl. *vols.*) 'Band', 'Bände'
vs., vs	*versus* 'gegen(über)' (auch *v.*)
v.s.	*vide supra* 'siehe oben'
Wb. (Pl. Wbb.)	Wörterbuch, -bücher
Wschr.	Wochenschrift
Z.	Zeile
ZA	Zeilenabstand
Z., Zs., Ztschr.	Zeitschrift
zit.	zitiert (nach)
Ztg.	Zeitung
Z/Z	Zeichen pro Zoll

In diesem Buch benutzte Abkürzungen siehe S. ix

Bibliografie der benutzten und zitierten Literatur

Zu einschlägigen Verzeichnissen von Titeln und deren Abkürzungen siehe auch die in Abschnitt 7.7 angegebene Literatur.

[Adobe Systems]. ⁵2004. *PDF reference: Version 1.6* Berkeley, California: Adobe Press.

Abkürzungen für Juristen: Alphabetisches Verzeichnis der Abkürzungen sowie Zitiervorschläge für Kommentare. ²1993 bearb. v. Hildebert Kirchner. Berlin: de Gruyter.

Bangen, Georg. ⁹1989 [¹1962]. *Die schriftliche Form germanistischer Arbeiten: Empfehlungen für die Anlage und die äußere Gestaltung wissenschaftlicher Manuskripte unter besonderer Berücksichtigung der Titelangaben von Schrifttum.* Stuttgart: Metzler. (Sammlung Metzler, 13).

Bohm, Joachim. ²2002 [¹1992]. *Akronyme und Abbreviata, Abkürzungen aus Naturwissenschaft und Technik / Acronyms and abbreviations in natural science and technology. Deutsch-Englisch / English-German.* Freiberg: Technische Universität Bergakademie Freiberg.

Bünting, Karl-Dieter & Ramona Karatas. 1996. *Deutsches Wörterbuch. Mit der neuen Rechtschreibung.* Köln: Honos Verlag.

[DIN] Deutsches Institut für Normung (Hg.). ³1989 [¹1981]. *Publikation und Dokumentation: Normen für Verlage – Bibliotheken – Dokumentationsstellen – Archive.* 2 Bde. Berlin, Köln: Beuth (DIN-Taschenbuch 153) [Bd. 1 enthält u.a. DIN 1304 "Allgemeine Formelzeichen", DIN 1338 mit Beiblättern "Formelschreibweise und Formelsatz", DIN 1422 "Richtlinien für die Gestaltung", DIN 1502 "Kürzung der Titel von Zeitschriften und ähnlichen Veröffentlichungen" (nebst Beiblatt 1), DIN 5007 "Regeln für die alphabetische Ordnung", DIN 16507 "Typographische Maße" und DIN 16518 "Klassifikation der Schriften". Bd. 2 enthält u.a. DIN 1505 "Titelangaben von Schrifttum"].

[DtR]. 2006. "Deutsche Rechtschreibung: Regeln und Wörterverzeichnis." (PDF-Format online in Form der Dateien "regeln2006.pdf" sowie "woerterverzeichnis2006.pdf"). <www.ids-mannheim.de/reform/> (20.10.2007) [auch als gedruckte Monografie beim Gunter Narr Verlag, Tübingen erschienen].

[Duden]. *Der Duden in 12 Bänden,* hg. v. Wiss. Rat der Dudenredaktion. Bd. 1 *Die deutsche Rechtschreibung* ([24]2006; im Text DR abgekürzt). Bd. 5 *Fremdwörterbuch* ([8]2006). Bd. 9 *Richtiges und gutes Deutsch. Wörterbuch der sprachlichen Zweifelsfälle* ([5]2001). Mannheim: Bibliographisches Institut.

Duden. Das Wörterbuch medizinischer Fachausdrücke. [7]2003 hg. v. der Redaktion Naturwissenschaft u. Medizin (Ltg. Karl-Heinz Ahlheim). Mannheim: Bibliographisches Institut.

Duden Satz- und Korrekturanweisungen: Richtlinien für die Texterfassung. Mit ausführlicher Beispielsammlung. [5]1986 bearb. von Friedrich Wilhelm Weitershaus. Mannheim: Bibliographisches Institut (Duden-Taschenbücher, 5).

[Evangelisches Kirchenlexikon]. Erwin Fahlbusch & Jan M. Lochman & John Mbiti & Jaroslav Pelikan & Lukas Vischer (Hgg.). [3]1986–1997. *Evangelisches Kirchenlexikon (EKL): Internationale Theologische Enzyklopädie.* 5 Bde. Göttingen: Vandenhoeck & Ruprecht.

Fischer, Roswitha. 2002. "Die Etikette der Gleichheit: Political correctness im englischen Sprachgebrauch." *Blick in die Wissenschaft* (Universität Regensburg), Heft 14:56–62.

Hacker, Rupert. [6]1992 [aktuell [7]2000]. *Bibliothekarisches Grundwissen.* München: Saur (UTB 148).

Haller, Klaus & Hans Popst. [6]2003. *Katalogisierung nach den RAK-WB [= für wiss. Bibliotheken]: Eine Einführung in die Regeln für die alphabetische Katalogisierung in wissenschaftlichen Bibliotheken.* München: Saur.

Harnack, Andrew & Gene Kleppinger. 10.06.96. "Beyond the MLA Handbook. Documenting electronic sources on the internet." *Kairos: A journal for teachers of writing in webbed environments,* 1, 2. <http://english.ttu.edu/kairos/1.2/inbox/mla_archive.html> (14.11.2006).

Hauck, Friedrich & Gerhard Schwinge. [9]2002. *Theologisches Fach- und Fremdwörterbuch: Mit einem Verzeichnis von Abkürzungen aus Theologie und Kirche.* Göttingen: Vandenhoeck & Ruprecht (Kleine Vandenhoeck-Reihe 1480).

Hermann, Ursula. 1996. *Die neue deutsche Rechtschreibung.* Bearb. v. Lutz Götze. Gütersloh: Bertelsmann Lexikon Verlag [früher *Knaurs Rechtschreibung*].

Herwijnen, Eric van. [2]1994. *Practical SGML.* Boston u.a.: Kluwer.

Ickler, Theodor. [4]2004 [[1]2000]. *Normale deutsche Rechtschreibung: Sinnvoll schreiben, trennen, Zeichen setzen.* St. Goar: Reichl.

Karow, Peter. 1992. *Schrifttechnologie: Methoden und Werkzeuge.* Heidelberg u.a.: Springer.

Kipp, Harald. 1990. *Lexikon der europäischen Abkürzungen.* Eltville/Rhein: Bechtermünz.

Kist, Joos. 1988. *Elektronisches Publizieren.* Bearb. u. hg. v. Manfred Krüger. Stuttgart: Raabe.

Merz, Thomas & Olaf Drümmer. [2]2002. *Die PostScript- & PDF-Bibel.* Heidelberg: dpunkt. verlag.

Pfeiffer-Rupp, Rüdiger. 1977. *Handbuch des sprachwissenschaftlichen Typoskripts.* Hamburg: Helmut Buske.

Sauthoff, Daniel & Gilmar Wendt & Hans Peter Willberg. [7]1998. *Schriften erkennen: Eine Typologie der Satzschriften für Grafiker, Setzer, Buchhändler und Kunsterzieher.* Mainz: H. Schmidt.

Sawoniak, Henryk & Maria Witt. [3]1994. *New international dictionary of acronyms in library and information science and related fields.* München: Saur.

Springer, Günter (Hg.). 1993. *Abkürzungslexikon: Technik – Wirtschaft – Datenverarbeitung.* Bearb. Peter Schade & Günter Springer & Frank-Dieter Stricker. Haan-Gruiten: Europa-Lehrmittel Nourney (Bibliothek des Technikers).

Schmidt, Alexander. [6]1971. *Shakespeare-Lexikon: Vollständiger englischer Sprachschatz mit allen Wörtern, Wendungen und Satzbildungen in den Werken des Dichters.* Durchgesehen und erweitert von Gregor Sarrazin. Berlin, New York: de Gruyter.

Schuler, Günter. 2000. *Der Typo-Atlas.* Kilchberg: Smartbooks.

Schwertner, Siegfried M. [2]1992. *Internationales Abkürzungsverzeichnis für Theologie und Grenzgebiete: Zeitschriften, Serien, Lexika, Quellenwerke mit bibliographischen Angaben.* Berlin: de Gruyter.

[Sick1] Sick, Bastian. [11]2004. *Der Dativ ist dem Genitiv sein Tod.* Köln: Kiepenheuer & Witsch [Nachdrucke offenbar als Auflagen bezeichnet].

[Sick2] Sick, Bastian. [11]2006 [[1]2005]. *Der Dativ ist dem Genitiv sein Tod: Folge 2.* Köln: Kiepenheuer & Witsch [Nachdrucke offenbar als Auflagen bezeichnet].

Sick, Bastian. 2006. *Der Dativ ist dem Genitiv sein Tod: Folge 3.* Köln: Kiepenhauer und Witsch.

Siemoneit, Manfred. [3]1989 [aktuell [5]2004]. *Typographisches Gestalten: Regeln und Tips für die richtige Gestaltung von Drucksachen.* Frankfurt/Main: Polygraph.

–––– & Wolfgang Zeitvogel. [3]1992 [[1]1979]. *Satzherstellung: Vom Bleisatz zum Computer Publishing* [Lehrbuch der Druckindustrie mit Lösungsheft]. Frankfurt/Main: Polygraph.

Steinhauer, Anja. [5]2005 [[1]1971]. *Duden: Wörterbuch der Abkürzungen: Rund 50 000 nationale und internationale Abkürzungen und Kurzwörter mit ihren Bedeutungen [begründet und bis zur 4. Auflage (1999) bearbeitet von Dr. Josef Werlin].* Mannheim: Bibliographisches Institut (Duden-Taschenbücher, 11).

Tschichold, Jan. 1987. "Willkürfreie Maßverhältnisse der Buchseite und des Satzspiegels." In ders. *Ausgewählte Aufsätze über Fragen der Gestalt des Buches und der Typographie.* 2. Auflage. Basel: Birkhäuser, 45–75.

Vakulenko, Alex. 20.02.2000. "Difference between point systems." <http://www.oberonplace.com/dtp/fonts/point.htm> (14.11.06).

[Wahrig]. 2002. *Wahrig Kompaktwörterbuch der deutschen Sprache,* hg. v. Gerhard Wahrig; neu hg. v. Renate Wahrig-Burfeindig. Gütersloh: Bertelsmann Lexikon Verlag.

Wennrich, Peter & Michael Peschke. 1996–2000. *International encyclopedia of abbreviations and acronyms in science and technology / Internationale Enzyklopädie der Abkürzungen und Akronyme in Wissenschaft und Technik.* 17 Bde. München: Saur [jährlich ergänzt ab 2000 durch 2-bändiges 'Jahrbuch' erstellt von Michael Peschke].

–––– & Paul Spillner. [3]1990–1993. *International encyclopedia of abbreviations and acronyms of organizations / Internationale Enzyklopädie der Abkürzungen und Akronyme von Organisationen.* 10 Bde. Teil I, Bde. 1–6: Abbreviations and acronyms / Abkürzungen und Akronyme; Teil II: Bde. 7–10: Organizations and institutions / Organisationen und Institutionen. München: Saur.

Wirth, Wolfgang. 2002. "Das Ende des wissenschaftlichen Manuskripts." *Forschung und Lehre* 1/2002, 19–22.

Register

Register   273